国家电网
STATE GRID

国网能源研究院
STATE GRID ENERGY RESEARCH INSTITUTE

国际能源署
安全·可持续·合作

能源与空气污染

世界能源展望特别报告

国际能源署　编著
国网能源研究院　组译

Energy and Air Pollution

World Energy Outlook Special Report

Energy and Air Pollution
World Energy Outlook Special Report

机械工业出版社
CHINA MACHINE PRESS

本书就能源与空气污染间的关系进行了论述，并在此基础上，提出了新政策情景与清洁空气情景。对2040年美国、墨西哥、欧盟、中国、印度、东南亚和非洲等国家和地区在两种情景下的空气质量改善情况进行了展望，就如何落实空气质量措施提出了切实可行的路线图。本书的读者对象为政府机构、高校、能源行业与空气污染防治相关研究者，以及对能源发展与空气污染感兴趣的工作者。

图书在版编目（CIP）数据

能源与空气污染：世界能源展望特别报告 / 法国国际能源署（International Energy Agency）编著；国家电网，国网能源研究院组译 . -- 北京：机械工业出版社 ,2 017.5

书名原文：Energy and Air Pollution: World Energy Outlook Special Report

ISBN 978-7-111-56937-4

Ⅰ. ①能… Ⅱ. ①法… ②国… ③国… Ⅲ. ①能源发展－关系－空气污染－研究报告－世界 Ⅳ. ① F416 ② X51

中国版本图书馆 CIP 数据核字 (2017) 第 094767 号

机械工业出版社（北京市百万庄大街22号 邮政编码 100037）
策划编辑：张丰收　　责任编辑：朱　历　　版式设计：郭　霞
责任校对：张万英　　封面设计：郭　霞　　责任印制：陈大立
版式制作：北京睿心达图文设计有限公司
印刷制作：北京宝昌彩色印刷有限公司
2017年5月第1版第1次印刷
160mm × 230mm · 14.5 印张 · 220 千字
0001—2000 册
标准书号：ISBN 978-7-111-56937-4
定价：88.00 元

凡购本书，如有缺页、倒页、脱页，由本社发行部调换

电话服务
服务咨询热线：010-88361066
读者购书热线：010-68326294
　　　　　　　010-88379203
封面无防伪标均为盗版

网络服务
机工官网：www.cmpbook.com
机工官博：weibo.com/cmp1952
金书网：www.golden-book.com
教育服务网：www.cmpedu.com

《能源与空气污染：世界能源展望特别报告》

Energy and Air Pollution：World Energy Outlook Special Report

中文版组译工作组

指 导 专 家 组

张运洲　蒋莉萍　柴高峰　李伟阳　李连存　邱忠涛　张　全

翻 译 工 作 组

马　莉　张晓萱　赵　天　曲昊源　杨　素　廖建辉　蔡　涛
张笑峰　李　景　林晓斌　代红才　杨尚东　高国伟　范孟华
屠俊明　徐　杨　宋海旭　国　庆　张　凡　梁　才　薛　松
陈珂宁　刘龙珠　郑海峰　柴　莹　郭伊琳

国家电网
STATE GRID

国网能源研究院
STATE GRID ENERGY RESEARCH INSTITUTE

国网能源研究院（简称国网能源院）是国家电网公司的全资子公司，是国家电网公司从事软科学研究及重大决策咨询服务的直属科研单位，是国家电网公司的智库机构。国网能源院前身是 1984 年成立的北京水利电力经济研究所，而后几经变化，于 2009 年 10 月 25 日挂牌成立。

近年来，国网能源院紧紧围绕国家电网公司发展战略和核心业务开展研究，密切服务国家有关部门，从事能源电力行业战略规划、电力体制机制改革、企业战略与运营管理领域的决策咨询研究，形成了能源电力发展战略与规划、经济与能源电力供需分析、企业战略与管理、体制改革与电力市场、能源电力价格等优势专业，培养造就了一支专业素质高、研究能力强的研究咨询队伍。

国网能源院承担并完成全球能源互联网战略研究、“世界一流电网”评价体系研究、国家电网公司发展战略研究等企业级重大战略课题，以及能源电力规划研究、中央电力企业发展规划研究等政府部门委托的重要课题，直接参与国家促进智能电网、电动汽车充电基础设施建设相关政策制订。许多研究成果获得国家有关部门奖励，一批重大决策咨询建议得到政府和企业采纳，为能源和电力行业的科学发展作出了积极贡献。

国网能源院拥有国家发改委工程咨询单位甲级资格，获批“国家高新技术企业”资格认定，是世界银行、亚洲银行注册咨询单位，入选成为国家能源局第一批研究咨询基地，进入上海社科院发布的“2016 中国智库影响力排名”名单。

译者序

空气污染问题是世界各国在经济发展和能源使用过程中遇到的共同性问题，为此国际能源署发布了《World Energy Outlook Special Report: Energy and Air Pollution》，通过构建新政策情景与清洁空气情景，力图在模型与数据的基础上，提供有效解决能源相关空气污染问题的一揽子政策措施建议。

近些年，中国高度重视空气污染治理，技术手段、行政手段及管理手段等多管齐下，尤其致力于能源结构优化，取得了显著成果。但中国作为发展中国家，经济发展伴随而来的空气污染问题仍然较严重，需要借鉴发达国家政策经验来实现绿色发展。

为了使国内政策制定者、相关研究者等能更为便捷地了解国际最新的空气污染防治研究成果，国际能源署特别授权国网能源研究院对本报告进行翻译及出版中文版本。

特别感谢国际能源署中国合作部主任涂建军先生以及国家能源局赴国际能源署借调工作人员吕忠先生为本书提出细致的审核意见。感谢机械工业出版社的特别支持。本书翻译组成员为翻译工作付出了很大努力，但因水平有限，译文内容有不当之处，还请各位读者批评指正。另外，本书出版的目的在于方便国内研究人员学习参考国外研究成果，国网能源研究院仅负责报告的翻译工作，内容观点不代表本院立场。

2017 年 5 月 北京

国际能源署

国际能源署是一个自治机构，创立于1974年11月。其在过去和现在都具有两重使命：通过对石油供应的实际中断做出集体响应来促进其成员国的能源安全；为其29个成员国及其他国家提供确保可靠、廉价的清洁能源供应方法的权威研究和分析。国际能源署在其成员国之间开展全面的能源合作计划，每个成员国都有义务持有相当于其90天净进口的石油库存。国际能源署的目标是：

- 确保成员国获得可靠、充足的各种形式能源供应；特别是，在石油供应中断时要通过维持有效的应急响应能力来实现。
- 促进在全球范围内推动经济增长和环境保护的可持续能源政策，尤其是要减少导致气候变化的温室气体的排放。
- 通过采集和分析能源数据改善国际市场的透明度。
- 支持全球能源技术协作，保障未来能源供应并减轻其环境影响，包括通过改善能源效率以及开发和推广低碳技术。
- 通过和非成员国、产业界、国际组织及其他利益相关者进行接触和对话找到全球能源挑战的解决方案。

国际能源署的成员国包括：

澳大利亚
奥地利
比利时
加拿大
捷克
丹麦
爱沙尼亚
芬兰
法国
德国
希腊
匈牙利
爱尔兰
意大利
日本
韩国
卢森堡
荷兰
新西兰
挪威
波兰
葡萄牙
斯洛伐克
西班牙
瑞典
瑞士
土耳其
英国
美国

欧洲委员会也参与了国际能源署的工作.

国际能源署
安全、可持续、合作

International Energy Agency
9 rue de la Fédération
75739 Paris Cedex 15, France
www.iea.org

前言

每天大约有 18 000 人死于空气污染。实际上，根据世界卫生组织（WHO）的统计，每年死于空气污染的人数为650 万，远远超过因艾滋病、肺结核和交通事故死亡人数的总和。同时，空气污染也造成重大的经济损失和环境破坏。人类活动导致的空气污染绝大多数来自于能源的生产和使用。为此，国际能源署首次研究了能源在空气污染中的角色。

本报告以《世界能源展望特别报告》的形式发布，体现了国际能源署的新视角。作为国际组织，国际能源署必须在其展望中解决发展中国家和发达国家最关心的问题。没有一个国家可以声称已经完全解决空气污染的挑战，而国际能源署具有独特的优势将决策者集合在一起，并提供实证分析和政策建议。国际能源署作为全球清洁和高效能源枢纽，将协助世界各国克服能源使用带来的负面环境影响。

国际能源体系极大地推动了世界的经济和社会进步，但是代价昂贵。每年因使用能源而产生数百万吨污染物，包括全球仍有 27 亿人使用传统薪柴做饭，所排放的大量有害物质；以及汽车、载货汽车、工厂和发电厂等排放的有害物质。这不是随着经济和财富增长就能解决的问题，而是需要大家一致采取切实的变革行动。

幸运的是，目前依然有解决方案，这正是本特别报告所展示的。它提供了一个战略——清洁空气情景，由能源部门推动空气污染水平在各国都实现大幅下降。实现这种目的的技术确实存在，且在当今世界广泛应用。这些政策的应用可产生巨大的净经济效益。各个国家需共同努力，承担责任：首先，需要将更多的精力集中于解决发展中国家的能源贫困问题。其次，通过燃烧后控制技术减少污染物排放。最后，通过在全世界范围内促进清洁能源的使用，可以完全避免污染物的排放。这些措施有助于避免数百万人死于环境污染；温室气体排放也会减少，化石燃料进口费用将降低。为了实现这一目标，从现在到 2040 年在能源供应、终端能源效率和污染控制方面的累计新增投资不能超过预期总投资的 7%。就能够实现这一目标。

本研究的主要结论之一就是能源行业必须与众多利益相关者密切合作，来有效应对空气污染问题。令人高兴的是，该 WEO 特别报告正是以这种方式进行的，通过与世界上的许多新兴国家、研究机构和杰出专家合作，使得这项开创性的研究成为可能。非常感谢国际能源署 WEO 团队的出色工作和艰巨努力。

现代能源非常重要，但是清洁空气是人类最珍贵的资源。

法提赫·比罗尔 博士
国际能源署 署长

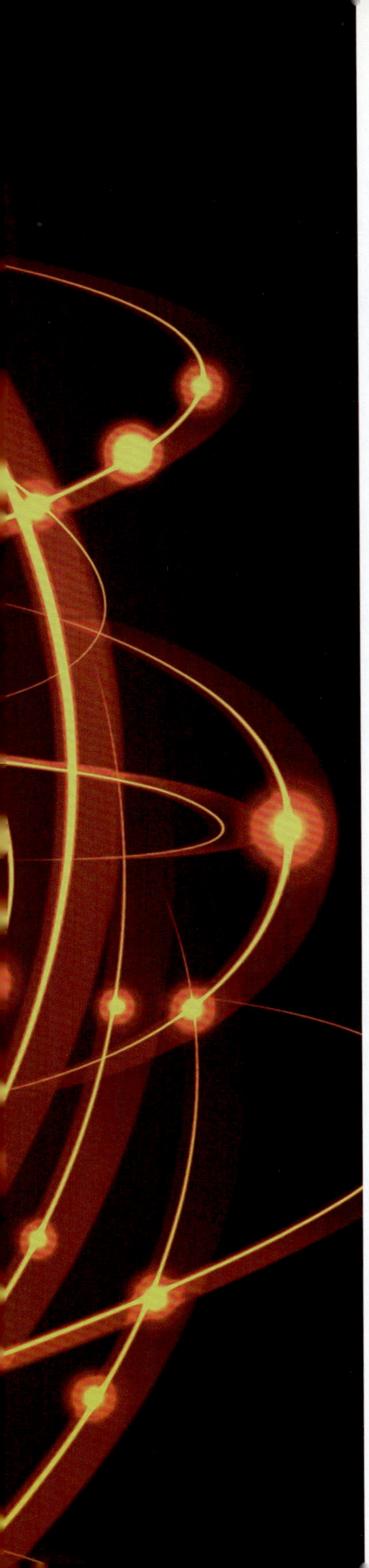

上篇

全球能源与空气污染趋势

下篇

国家概况

附录

空气污染是一种重大公众健康危害源，造成空气污染的许多根本原因和解决方案都与能源行业息息相关。空气质量差每年会造成大约 650 万人死亡，使其成为继高血压、饮食风险和吸烟之后的人类第四大健康威胁。世界生产和利用能源的方式若不改变，空气污染给人类生命带来的重大损失则必将增加。这就是为何本期 World Energy Outlook（《世界能源展望》，WEO）特别报告首次专门讨论能源、空气污染和健康之间的关联。该报告详细阐述了空气污染问题的规模、原因和影响，以及能源行业如何可以为解决这一问题做出贡献。

能源的生产和利用，尤其是在未受监管、监管不力或效率低下情况下的燃料消耗，是迄今最重要的人造空气污染物排放源：85% 的颗粒物和几乎所有的硫氧化物和氮氧化物都来自于此。这三种污染物造成了最广泛的空气污染影响，它们会直接污染空气或者通过大气层中的化学反应转变成其他污染物。污染物排放主要是由于以下几方面的原因：

- **贫困：**目前全球有超过 27 亿人使用木柴和其他固体燃料进行炊事活动，还有人使用煤油进行照明（在某些国家煤油也用于炊事），这两者造成的烟尘环境每年会致使大约 350 万人过早死亡。这些影响多见于亚洲发展中国家和撒哈拉以南非洲，在这些国家，半数以上的颗粒物排放都是由生物质的不完全燃烧产生。较细的颗粒可以深入肺部，不管是在室内吸入还是在室外吸入，都会对健康造成严重损害。
- **化石燃料密集型发展和城市化：**尽管煤炭和石油推动了很多国家的经济增长，但是其在电厂、工业生产设施和车辆中的使用并未减少，这是造成室外污染的主要原因，而室外污染每年会造成大约 300 万人早亡。在全球由燃料燃烧所产生的二氧化硫排放中，约有 60% 来自煤炭燃烧。二氧化硫会引发呼吸系统疾病和导致酸雨。交通运输燃料产生的氮氧化物占到全球氮氧化物排放的一半以上，其中最主要的是柴油，氮氧化物可以引发呼吸系统问题，形成其他有害颗粒和污染物，包括臭氧。由于人员、能源消费、建设活动和交通活动密集，城市很容易变成污染热点地区。由于城区车辆不是通过高耸的烟囱进行排放，而是直接排放到行人呼吸的街道周边的空气中，更加重了城区车辆排放的影响。

虽然解决方案众所周知，但问题解决任重道远

随着人们对空气污染的关注日益增加与后 COP21 时代能源行业加速转型，使得 2040 年之前主要污染物的排放总量呈缓慢下降趋势。在我们的主要情景（NPS）中，燃料消费量稳步增加，助推全球能源需求较目前增长 1/3。但是，到 2040 年这段时期，全球颗粒物排放总量预计会下降 7%，二氧化硫会下降 20%，氮氧化物会下降 10%。燃料消费和污染物排放发展趋势脱钩，主要归功于空气污染控制技术的使用，以及全球在更广泛的范围内向清洁能源转型。在能源需求不断上涨的消费中心，尤其是亚洲，污染控

制力度不断加大，空气质量监管工作紧跟迅速的工业化和城市化。同样，在巴黎气候协定的推动下，能源行业正在进行更广泛的转型，这意味着全球能源消费预计增长的三分之一以上将由不排放空气污染物的能源提供，包括水电、风能、太阳能和核电。还有另外 30% 来自天然气，其排放的空气污染物要少于其他化石燃料或生物质。

在我们的主要情景中，工业化国家污染物排放继续减少，中国开始出现下降，印度和东南亚温和增长，许多非洲国家则增速较快。在许多经合组织国家，多数主要污染物的排放已经开始下降，随着能源需求总量减少，低碳替代能源发展加速，日益严格的燃烧控制规定生效实施，这一趋势会继续保持。在中国，针对空气质量出台的强力政策已开始奏效，最近的污染物排放下降成为长期趋势：随着能源消费增速放缓，能源结构实现多元化，对煤炭的依赖减少，严格的污染控制措施得以贯彻落实，到 2040 年时，颗粒物排放会减少 40%。在印度，尽管在电力行业和交通运输行业实行了更加严格的标准，采用液化石油气替代传统的炊事燃料，制定了雄心勃勃的风能和太阳能发展目标，能够帮助把污染物排放的增长控制在 10% 左右，但能源需求会增加 150%，这会造成到 2040 年的空气污染状况更加恶化。在撒哈拉以南非洲（不包括南非），由于监管力度不够，空气质量稳步恶化注定将与经济增长相伴而行：尽管预计撒哈拉以南非洲的能源结构对煤炭的依赖会减少，但到 2040 年时人均 GDP 和人均空气污染物排放会达到当今印度的水平。

尽管政策力度加大，但区域人口发展趋势和不断上涨的能源消费和城市化（尤其是在亚洲发展中国家）意味着由于室外空气污染造成的早亡人数会继续增加，会从现在的 300 万增加到 2040 年的 450 万。亚洲占到早亡增量的几乎 90%：在该地区许多不断发展的城市中，空气污染会继续成为一种重大的公共健康危害，而且，实际上会影响到更高比例的快速城镇化的人口。例如，在中国，虽然污染物排放总量在下降，但人口老龄化会让人体健康更容易受空气污染的影响。家庭空气污染造成的影响虽然有所改善，但形势依然严峻。炉灶得到改进，固体生物质得到替代，意味着不能享有清洁炊事设施的人数会下降将近 10 亿人，降低到 18 亿人。得益于此，每年由于室内污染造成的早亡人数会从如今的 350 万左右降低到 2040 年的不足 300 万。

实用的定制方案：清洁空气情景（CAS）

国际能源署基于现有的技术和成熟的政策提出了一项经济有效的战略，把污染物排放在主要情景基础上削减一半以上。在这一政策路径中，能源行业会采取坚决行动，并与其他行业进行有效配合，实现全面改进。本 WEO 特别报告提出了政府可以作为的三个领域：

1）制定雄心勃勃的**长期空气质量目标**，所有利益相关方都可认领目标，并对照这一目标评估各种污染防治方案的效果。

2） 落实**能源行业一揽子清洁空气政策**，实现长期目标，建立涵盖直接排放控制措施、监管措施和其他措施的经济有效的政策组合，适当考虑其他能源政策目标的协同效益。

3） 确保有效的**监督、执行、评估和宣传**：要保持正确的战略方向就需要有可靠的数据，需要持续遵守规章，需要完善政策，需要向公众提供及时透明的信息。

这一情景是基于世界不同地方各级地区政府（它们在制定应对空气污染政策方面经常发挥着先驱作用），通过全国性和国际性努力在改善空气质量方面已经取得的成功而设计的。该情景也注意到一些令人警惕的情况：比如，柴油车污染物排放测试数据大大低于实际数据，这突显了充分执法和遵守规章的必要性。

清洁空气情景中建议的措施考虑了不同国家和地区的具体情况，包括如何采取有效行动实现清洁炊事燃料和电力全覆盖。考虑到各地情况的差异性，无法制定改善空气质量的统一政策。清洁空气情景依赖于一套政策措施，根据具体情况定制政策组合，以反映各个国家、各个地区的不同情况，可以实现针对性的空气质量改进。这些措施围绕 A-I-R（A、I、R 分别为英语单词 Avoid、Innovate、Reduce 的首字母）拓扑结构展开：

- 通过提高能源服务效率或以不涉及燃料燃烧的方式提供能源服务，**避免**（Avoid）污染物排放。具体措施包括制定更高的能效标准，加大对非燃烧可再生能源和用于交通的液体燃料的替代品的支持力度，改善公共交通和城市规划。
- 进行**创新**（Innovate），通过技术改进减少污染治理成本，这些改进也会减少巴黎会议后能源转型的成本。
- 通过对化石燃料工厂和车辆进行严格的排放限制，控制工业生产过程，把燃料转变为污染较少的燃料，严格监管燃料品质，**减少**（Reduce）大气中污染物的排放。

在清洁空气情景下，到 2040 年期间能源投资总额增长只有 7%，与我们的主要情景相比，清洁空气情景 会大大改善健康状况：到 2040 年时，室外空气污染造成的早亡人数会减少 170 万，而室内污染造成的早亡人数会减少 160 万。清洁空气情景中的投资包括额外的 2.3 万亿美元用于先进污染控制技术（其中的 2/3 用于满足更高的车辆排放标准），2.5 万亿美元用于加快能源行业转型。由此而获得的收益会成倍增加。到 2040 年时，全球二氧化硫和氮氧化物排放会降低 50% 以上，而颗粒物排放会减少将近 3/4。发展中国家的降低幅度是最大的。因此，印度暴露于含有高浓度细颗粒物（高于世界卫生组织过渡期目标中的最松目标）空气的人口比例会从如今的超过 60% 减少到 2040 年的不到 20%；在中国，其占比会从远远超过一半缩减到低于 1/4，在印度尼西亚和南非，会减少到几乎为零。人人享有清洁炊事对于保障颗粒物排放减少、拯救生命至关重要。清洁空气情景下能源转型加速意味着到 2040 年时全球能源需求会比我们的主要情景低将近 15%，这主要是得益于能效提高，而可再生能源（生物质除外）利用增长更快。到 2040 年时，在所燃烧的能源中，有 3/4 要受先进污染控制措施的调控，而这一占比目前只有 45% 左右。

设计良好的空气质量战略将会与其他政策目标产生协同效益：清洁空气情景可引领二氧化碳排放及早达到峰值，这是巴黎气候变化协定的一个核心目标。空气污染防控政策不能割裂来看：它不只是与能源政策密切相关，而且也与致力于解决气候、交通、贸易、农业、生物多样性及其他问题的政策密切相关。减少污染物排放可以改善水质和土壤质量，提高农作物产量，从而改善食品安全。通过提高能效和增加可再生能源的推广可以改善空气质量，这与 COP21 上达成的更广泛的能源行业转型是一致的。通过提供现代能源用于炊事和照明解决家庭空气污染，能够促进解决贫困、教育和性别平等等问题的可持续发展目标的实现。政策制定者需要协调行动，考虑一个领域所采取的行动对其他领域的潜在影响，各领域之间相互影响的利弊。例如，解决气候变化问题的措施在某些情况下会导致更多的空气污染：仅仅把重点放在通过鼓励使用木柴炉灶、柴油车或生物燃料来减少二氧化碳排放上，将反而增加细颗粒物对人类的风险。同样，如果只关注直接的污染控制，而不是采取清洁空气情景中提出的一揽子措施，会导致高碳能源基础设施建设的增加，比如燃煤电厂。解决世界面临的迫切的空气污染问题是可以实现的，但是解决方式必须避免阻碍其他领域的进步。采取综合的政策方案是必需的。国际能源署在加强其在发展清洁高效能源方面的全球枢纽作用时，会继续推动综合政策方案：清洁空气情景的收益超过清洁空气本身。

目　　录

上篇

全球能源与空气污染趋势

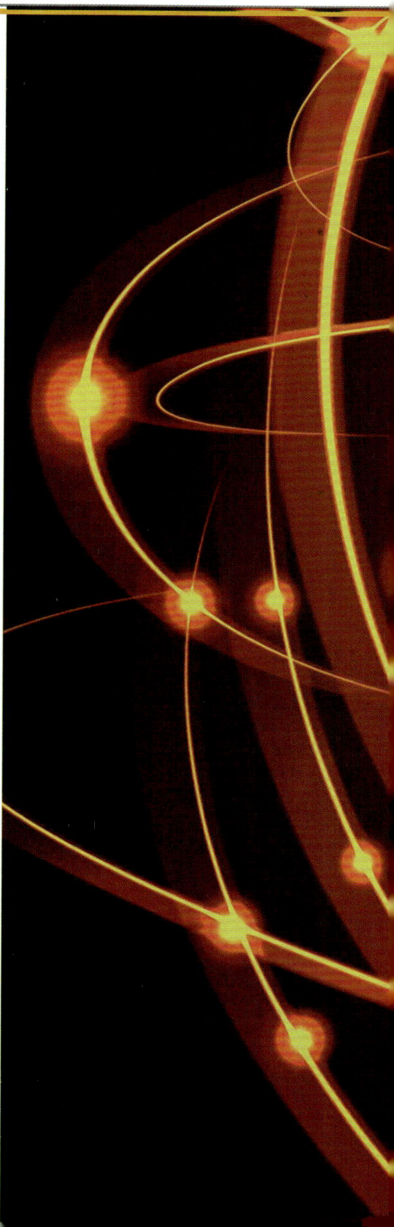

《能源与空气污染：世界能源展望特别报告》上篇共分为 3 章。

第 1 章对能源与空气质量进行了简要说明。首先概述了空气污染的主要原因和影响，然后详细介绍能源行业发挥的特殊作用和职责，包括因使用不同来源和类型能源的相关空气污染，污染物在不同环境中分散的程度、达到危害、可衡量的影响和损害的浓度标准。

第 2 章对能源和相关排放的未来前景进行了展望。通过与人类健康价值作比较，评估了大幅度减少能源消耗带来的空气污染物的成本，并进行了总结。其体现了不同国家、部门和污染物到 2040 年因能源消耗造成空气污染趋势的最新评估。旨在提供一个清晰和透明的蓝图，展示世界努力的方向和可能改善的领域。该分析基于两个方案作出：新政策情景，包括 COP21 中各国承诺的“国家自主减排贡献”的能源相关部分，以及直接或间接减少空气污染的现行和规划政策；清洁空气情景，其中提供了一系列实用措施，以利用成熟的能源政策和技术并根据具体的国情减少污染物的排放。

第 3 章在前两个章节的分析结果的基础上展开分析。重点强调应在三个领域采取措施，从而使能源消耗带来的空气污染在全世界范围内急剧下降。并探讨了通过积极的行动解决空气污染问题，以在气候变化、能源贫困和能源安全方面实现理想的合作效益。

第 1 章　能源与空气污染：它们是如何联系在一起的？

• 空气污染成为继高血压、饮食风险和吸烟之后的第四大人类健康威胁。根据最新估计，每年约 650 万人因空气污染过早死亡。在主要的空气污染物中，细颗粒物对人类健康最具破坏性，硫氧化物（SO_x）、氮氧化物（NO_x）和臭氧（O_3）三大污染物导致了许多疾病。除了人类健康，空气污染对环境、经济和食品安全也带来了风险。

• 由于人类活动带来的空气污染物绝大多数来源于能源生产和使用，主要是化石燃料和生物质的燃烧。书中详述了这三大污染物。几乎所有排放到大气中的二氧化硫（SO_2）和 NO_x 都与能源有关，同时还包括大约 85% 的颗粒物（PM）。在能源行业，发电和工业活动中煤炭的使用是 SO_2 的主要来源，车辆和发电领域中石油的使用是 NO_x 的主要来源。生物质、煤油和煤炭在建筑领域以及工业领域的使用是大气中 PM 的主要来源。

• 随着人口、经济活动和能源需求日益向城市集中，通常空气质量差被认为是城市问题。然而空气质量差也影响到许多农村地区，尤其是那些继续用固体生物质做饭、用煤油照明的家庭。此外，主要的污染物，包括大气中由于化学反应形成的二次污染物，可以长距离扩散。

• 作为空气污染的主要来源，能源行业必须率先采取措施在全球范围内改善空气质量，可以采用一些成熟的政策和技术。在美国、欧盟和日本，虽然挑战依然存在，但制定的法规使得很多领域的排放量显著下降。而在亚洲发展中国家，尽管改善空气质量变得日益迫切且成为许多国家的政策重点，但与燃料质量、能源效率及燃烧后处理技术相关的法规却不健全，导致污染物排放量因近年来能源需求迅速增长而随之上升。没有任何地区可以宣称已完成治理空气污染的任务。

1.1 导言

世界上4/5以上的城市人口居住区，空气污染物——排入大气中的化学物质、烟尘或其他有害物质浓度（见专栏1-1），均超过《世界卫生组织空气质量指南》（WHO，2006），每年导致数以百万人的过早死亡，全球经济为此付出巨大代价。能源行业是经济和社会进步的推进器，但是由于人类活动导致化石燃料和生物能源㊀的燃烧（见图1-1）也成为空气最大的污染源。因此，能源行业必须率先采取策略来改善空气质量。事实上，这也促使越来越多的国家做出决策。正因为认识到问题的严重性和能源行业的重要性，国际能源署（IEA）发表《世界能源展望特别报告》，与来自世界各地的能源和空气质量专家共同探讨这个关键问题的方方面面。IEA已经采取措施，主要包括收集统一数据、政策评估、建模和分析，为相关决策者，特别是能源行业的决策者，提供重要见解。

专栏1-1 什么是空气污染?

空气污染是空气中的固体、液体或气体达到一定浓度，对周围环境和人产生负面影响的现象。这样的污染物有很多,包括可见或不可见的,有气味或无气味的,来自于自然活动（如沙尘、火灾和火山）或人类活动的。各种空气污染物可在大气中停留几分钟至数年不等，虽然通常被认为是地方性问题，但是其范围还涉及国家、区域甚至全球。

一次污染物直接来自于人类活动或自然过程，二次污染物由大气中的一次污染物、阳光和大气中的组分互相作用产生。人类活动产生的空气污染物包括：

- **硫氧化物（SO_x）**。特别是SO_2，化石燃料、煤和石油的硫含量不同，如果不事先除去，在发电或工业燃烧等过程中就会释放SO_x。如果不处理或收集，SO_x排放物将直接排入大气。这些排放物可对健康和环境产生不利影响，同时成为二次PM形成的前体。
- **氮氧化物（NO_x）**。一氧化氮（NO）和NO_2：NO_x主要源于运输和发电过程中的高温燃烧或大气中的NO氧化为NO_2。NO_2是一种有毒气体，会导致颗粒物和O_3的形成。
- **可吸入颗粒物（PM）**。是固体/液体有机和无机物质的混合，其可能是一次或二次污染物。PM可对健康造成极其不利的影响。体积是决定这些影响的一个重要因素：直径介于2.5～10 μm之间是"粗颗粒"，直径小于2.5 μm的是"细颗粒"。PM_{10}对于健康的负面影响没有细颗粒那么严重，但是对PM_{10}的数据监测却有较长历史，而今天很多城市仍缺乏监

㊀ 生物能源是指来源于生物质原料的固体、液体和气体产品中的能量，它包括固体生物材质（木材、木炭、农作物秸秆和动物粪便等）、生物燃料和沼气。

a）化石燃料发电厂（特别是煤和石油）

b）道路运输（汽车、载货汽车和两轮车）

c）住宅使用化石燃料和生物能源

d）工业（燃烧和工业过程）

e）非道路运输（飞机、船舶和火车）

f）采矿工程

图 1-1　能源相关空气污染来源案例

控室外 $PM_{2.5}$ 浓度的设备。黑炭粒子是化石燃料和生物能源的不完全燃烧生成的一种特殊的细颗粒物，为短期气候污染物（SLCP）。

- **一氧化碳（CO）**。是一种无色、无味的有毒气体，来自于车辆运输燃料、天然气、煤炭和木材的不完全燃烧。
- **挥发性有机化合物（VOCs）**。由化学物质、溶剂和燃料（以及自然资源）蒸发或升华到周围的空气中时释放，可导致一系列的负面健康影响。甲烷（CH_4）是天然气的主要成分（SLCP），因具有不同的特征，通常与其他挥发性有机化合物区分开来。
- **氨（NH_3）**。由农业和废弃物管理活动释放，NH_3 进入大气会与氮氧化物和硫氧化物反应生成二次粒子。

- **地面臭氧（O_3）**。是由 NO_3 和挥发性有机化合物在阳光的作用下形成。在高浓度时，O_3 成为短期气候污染物。

其他污染物包括重金属，如工业、发电、垃圾焚烧、燃料运输而排放的铅（一些国家）和主要因煤炭燃烧产生的汞。

空气污染通常被理解为一个城市问题。确实，城市经济活动和能源服务需求集中，往往会导致空气污染达到危害最大的浓度。污染物的具体成分和对健康影响的严重程度从巴黎到德里，从洛杉矶到拉各斯，从北京到墨西哥城都有所不同，但是其空气质量均会降低预期寿命。空气污染并不限于城市：污染来源广泛，有时候来自农村。尽管有些污染物只能在本地扩散，其他污染物却可在大气中远距离扩散，并具有地区性和全球性影响。在世界上许多贫困地区的人们在做饭、取暖和照明时，通常会大量接触有毒气体。

能源消耗造成空气污染的类型和程度往往与一个国家的经济发展阶段有关。低收入水平的室内往往严重依赖固体生物质（如许多非洲和亚洲的发展中国家），通常会接触有害颗粒物，从而导致过早死亡。随着经济的工业化发展，化学燃料在发电和工业中的占比普遍上升，从而导致 SO_2 和其他污染物的排放。现代农业技术，包括机械化、化学肥料和杀虫剂的使用，会加剧空气污染，同时产生其他有害物质影响环境。随着生活水平进一步上升，室内空气污染可能消退（如改用清洁能源），但能源服务需求增长，包括电器的电力需求和运输的石油需求，可能导致排放更多的 SO_x、NO_x 和其他污染物。通常经济发展早期阶段的人口变化，诸如人口增长、城市化推进，也会加剧能源消耗，并造成空气污染。

专栏 1–2 该报告中的污染源是什么？

本报告重点研究能源和空气质量之间复杂且多方面的联系，因此要明确研究范围。鉴于本报告的研究目的，需要指出：

- 本报告的重点是根据数据、分析和预测研究人类活动导致的一次空气污染（不包括自然界的排放（如火山喷发），这通常具有变化性、不确定性并超出决策者的影响范围）。
- 具体而言，本报告指出了能源在空气污染中的影响。范围涵盖了能源生产、转换和使用，即从获取到最终使用的整个过程。
- 分析集中在人为排放的 SO_2、NO_x 和 PM，这些污染物主要来源于能源行业，且危害最大。
- 在一些情况下，处理这些污染物的措施也可帮助减少其他污染物的排放，但在这不量化研究这些协同利益。本报告探讨了能源行业相关政策的协同和权衡，用以解决空气质量和气候变化问题（见第 3 章），但是气候变化和温室气体并非主要重点。（它们是《世界能源展望》之能源与气候变

化特别报告的重点 [IEA，2015]）。

- 虽然有越来越多的证据表明，长期接触 O_3 会对健康造成影响，但针对 O_3 的建模和分析不在本研究范围。
- 燃烧和非燃烧排放均包括在内（统称为能源相关排放）。
- 燃烧排放直接来源于锅炉、运输及发动机、涡轮机、炉灶、水泥窑和加热器等的燃料燃烧。
- 非燃烧排放包括工业过程排放和运输过程中非消耗型排放。工业过程排放与非燃烧化学合成或粉尘产生释放的化合物有关，源于钢铁、铝业和制砖、矿业、化工及石化生产等活动。非消耗型排放在交通运输中很重要，来源于车辆零部件（如轮胎、制动器）和道路表面的磨损和腐蚀物质排放，在很多情况下与不存在尾气排放的新能源车辆依旧有关。

对于任何定量研究，本报告中的分析和预测依赖于基础数据的质量。空气污染的信息日益完善，但仍然不完整，无法覆盖所有国家和污染物，参考的数据也是几年前的。对于该研究而言，已经采取措施预测 2015 年的排放量，并用于支持国际能源署的能源预测和国际应用系统分析研究所（IIASA）的温室气体和空气污染互动和协同效应（GAINS）模型。这是一个明显的进步，但有必要强调这些预测可能由于方法论上的差异和各国预测有所不同，仍然需要采取重要措施来提高空气污染数据的质量、覆盖范围和更新频率。也就是说，尽管还有不足之处，但不足以否定这份报告的分析和结论。

各级政府并非无力解决这个问题，可采用成熟的政策和技术解决与能源消耗造成的空气污染。近几十年来，许多国家和能源行业已经就如何应对不断变化的环境挑战积累了大量的经验，并找到了不使污染物排放水平与经济增长同步的有效措施。尽管没有任何一个地区可以宣称这项工作已经完成，但是 1952 年“伦敦烟雾事件”期间发生的那种空气污染灾难（当时可见度仅为几米）已经通过能源行业环境监管和变革使之成为了历史。同样，美国的许多城市也从 1970 年《清洁空气法案》颁布以前的污染水平上有了极大改善（发生巨大变化的美国洛杉矶就是最好的例子）。采用低排放燃料与燃料转换（为发电、工业和运输）使用各种污染控制系统，应用更节能的技术，利用非燃烧形式的能源供应，采用新技术进行城市规划和废弃物管理都有利于健康、生活质量、经济生产力和脆弱的生态系统保护。重要的是，对历史经验分析表明，一般来说，带来的利益远远大于成本，保证提高空气质量不会阻碍发展经济。在许多情况下，政策干预可能同时解决空气质量和气候变化问题，虽然有时需要权衡利弊（见第 3 章）。

本章旨在简要说明能源和空气质量，首先概述了空气污染的主要原因和影响，然后详细介绍了能源行业发挥的特殊作用和职责，包括因使用能源造成的不同来源和类型的空气污染，污染物在不同环境中分散的程度，达到危害以及可衡量的影响和损害的空气浓度标准。本报告重点介绍 3 种主要空气污染物：SO_2、NO_x 和 PM（尤其是 $PM_{2.5}$）（见专栏 1-2）。能源活动带来的空气污染最具破坏性，本报告已提供最可靠的系统数据。

1.2 空气污染：原因、浓度和影响

1.2.1 原因

从来源到影响描绘空气污染途径是揭露现实中复杂和多面问题的一个有用方式，如图 1-2 所示。这个过程包括最初的排放源或排放物是如何在空气中扩散，如何发生转化，人类 / 环境接触污染物的危险程度、浓度水平以及接触的后果。

能源行业是目前人类活动造成空气污染排放物的最大来源。它们主要来自燃烧化石燃料和生物能源，但也包括煤炭开采和其他形式的矿业（油砂，铀）和工业生产、煤的处理 / 洗涤、煤和天然气的运输、炼油和焦炭生产以及交通部门的非消耗型排放（主要是轮胎、制动器磨损和道路磨损）。

人类的能源生产和使用活动不仅是导致空气污染的主要原因，也导致了一些主要污染物的排放。比如 SO_2 和 NO_x，其排放几乎完全归因于能源生产和使用，以及 85% 的一次颗粒物（见图 1-3）。三大污染物（SO_2、NO_x 和一次 PM）是本报告的研究重点。

本章对主要的污染物依次进行分析，2015 年能源行业排放 80 Mt SO_2，其中超过

图 1-2　空气污染来源到影响

资料来源：国际能源署改编自（EEA，2016）

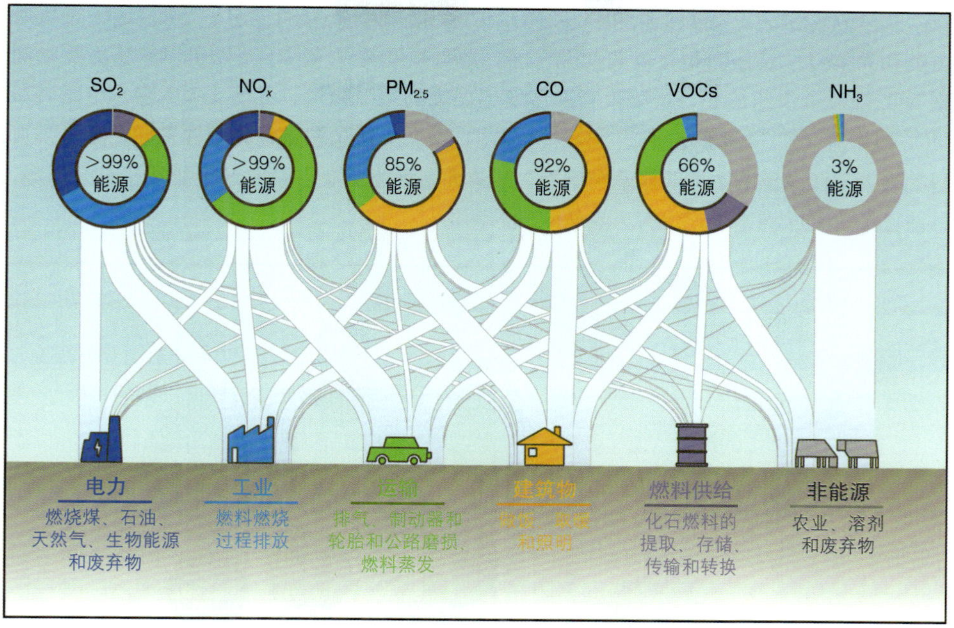

图 1-3　2015 年部分一次空气污染物及其来源

45% 来自于工业，1/3 来自于电力行业。超过 1/4 因能源使用产生的 SO_2 排放物来自中国（22 Mt），工业占总数的近 2/3，电力行业在过去的 10 年里迅速采用各种减排技术，如图 1-4 所示。印度是 SO_2 排放的第二大来源（9 Mt），亟需增加监管力度，处理以煤炭主导的电力行业的排放问题。

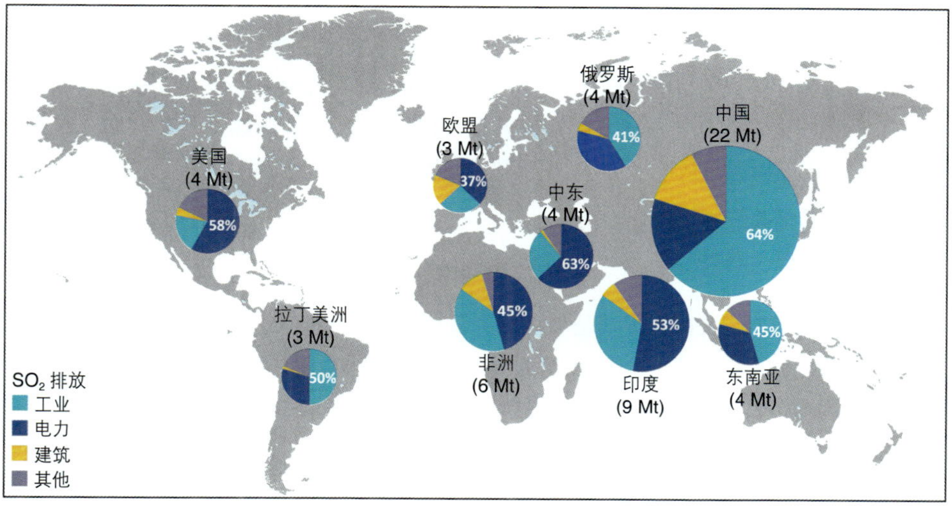

图 1-4　2015 年不同地区和部门因能源消耗排放的 SO_2

资料来源：国际能源署基于 IIASA 的数据分析。

在全球范围内，能源消耗排放的 NO_x 在持续增加。2015 年为 107 Mt，运输领域所占的份额最大（超过 50%），其次为工业（26%）和电力行业（14%）。许多发展中国家 NO_x 排放量快速增长，增幅大于许多发达国家的下降幅度，如图 1-5 所示。中国（23 Mt）和美国（13 Mt）约占全球 NO_x 排放量的 1/3。交通运输是世界上许多地区此类排放物的最大来源，但是中国明显是个例外，其最大来源为工业。印度 NO_x 排放呈上升趋势，目前已经达到欧洲水平，但其人口是欧洲的两倍。

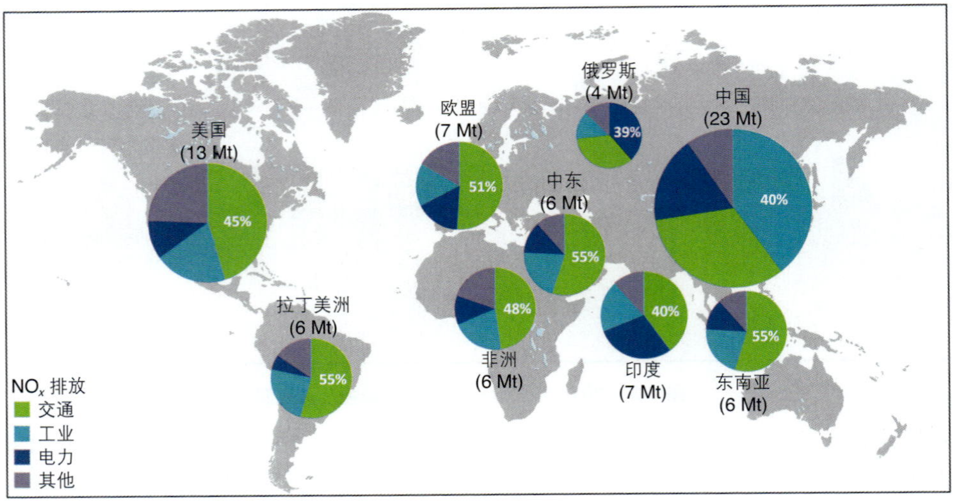

图 1-5　2015 年不同地区和部门因能源消耗排放的的 NO_x

资料来源：国际能源署基于 IIASA 的数据分析。

全球因使用能源排放的颗粒物超过一半来自住宅领域。图 1-6 中的区域分布大部分在非洲和亚洲（特别是中国和印度），占全球总数的 80%。PM 排放主要由于室内燃料的不完全燃烧所致，特别是烹饪（生物能源）、取暖（生物能源和煤炭）和照明（煤油）。相对于其他主要能源排放的污染物，PM 排放更集中在发展中国家和一个领域。

1.2.2　浓度

污染物浓度的主要决定因素是当地经济活动的规模和组成、人口规模和密度、能源结构、局部污染管理力度、影响污染物在大气㊀中扩散的地理和气象条件。通常情况下，污染物的在大气中停留不超过几天，高浓度与高排放的时间有关。例如，城市运输的排

㊀ 可以对室内（利用传统生物质做饭和取暖，利用煤油照明）和室外（发电厂、汽车、飞机）排放的污染物做一个实用的区分。尽管污染物往往是相同的或可能从室内转移到室外，反之亦然，但当分析其影响（如浓度水平和接触标准在室内可能更高）和潜在的政策干预时，区分两者尤为重要。

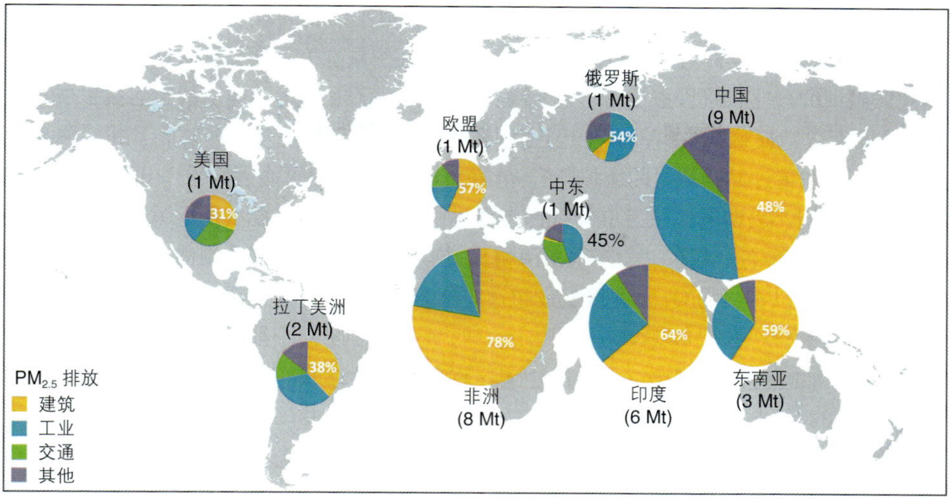

图 1-6 2015 年不同地区和部门因能源消耗排放的 PM2.5

资料来源：国际能源署基于 IIASA 的数据分析。

放在交通高峰时达到峰值，室内排放在寒冷季节达到峰值，电力行业的排放在高电力需求时达到峰值，工业排放在工作日达到峰值，农业排放在种植季节的特定阶段达到峰值。气候和气象条件（尤其是风速、将污染物隔绝在地面的大气层之间的温度差异、导致 O_3 形成的热量和阳光）是导致污染物高浓度的季节性分布的重要原因。例如，在北半球，PM 污染集中发生在冬季，而 O_3 污染发生在夏天。一些持久性污染物，如有毒金属进入食物链，会对人类产生数年、几十年甚至在某些情况下几个世纪的影响。

空气污染源和浓度之间的关系远不止这么简单，测量和评估任务相当复杂。一次污染物在大气中发生反应生成二次 PM 和 O_3。例如，一旦释放在大气中，一些 SO_2 和 NO_x 转化为二次 PM：分别为硫酸盐和硝酸盐气溶胶，然后通过与 NH_3、黑炭粒子、有机碳或其他物质发生化学反应、缩合、聚集或化合作用，形成不同大小和化学组分的二次 PM。此外，在高温和阳光下，NO_x 可与 CH_4、其他挥发性有机化合物或 CO 反应生成 O_3。

污染源的影响在很大程度上取决于污染源位置、堆积高度（在适当的地方）和受影响的人口分布。污染源位置和堆积高度的不同导致一次污染物尤其是 PM 的很大不同。大多数电厂和工业园区在城市之外并具有高烟囱：它们的污染在进入人口中心前通常都稀释和扩散了。相比之下，汽车更为直接地将污染物排放入人们呼吸的空气中。例如，大城市（如巴黎）汽车排放 1 kg $PM_{2.5}$ 的影响比农村地区高烟囱排放的相同重量的 $PM_{2.5}$ 要大两个数量级。如果在臭氧层，污染源和堆积高度的影响较弱，如果是硫酸和硝酸气溶胶，这种影响更弱，因为这些污染物是在距离污染源几十（O_3）、几百（硫酸和硝酸气溶胶）千米的途中逐渐形成的。

一次污染物往往被认为是“本地污染物”（尽管在某些情况下它们可以移动至相当远的距离），二次粒子和 O_3 经常被视为一个跨地区的现象。20 世纪 70 年代，北欧大部分地区湖泊的酸化在很大程度上是由于跨地区排放导致的。今天，在像巴黎这样的城市，PM 浓度高常常反映来自欧洲其他地区污染物排放导致当地浓度的增高。基于卫星和地面数据在多个偏远站点进行的全球测量（如没有本地污染源的偏远岛屿），提供了越来越多的定量证据，表明有多少污染物从污染源进行了远距离转移。在东亚顺风方向已测出 O_3 浓度大幅度提高，而在欧洲西部海岸和北美洲的一些地点测量结果清楚地表明，横贯大陆的气流可以携带的 O_3 浓度接近或超过空气质量标准或目标（《远程跨界空气污染公约》，2010）。

人口密度和能源消耗是一个重要因素，许多（但并非全部）类型的能源活动导致空气污染集中在城市或周边。超过 39 亿人（占全球 54% 的人口）生活在城市地区，占全球经济活动的 80% 左右。城市通常为向这众多人口的能源服务提供了有效的途径，但也可能带来挑战，如道路交通拥堵和空气污染物在人口密集地区的集中排放。密集的道路网络和大容量的交通、公共交通运输能力不足，建筑密度和高度、地形和气象动态都可以成为空气污染的危险因素。

不同国家和地区的空气质量目标的覆盖范围和严格程度不同，但是世界卫生组织《空气质量指南》提供了阈值和健康风险的国际参考点，见专栏 [1-3]。然而，现在世界各地的人口生活区域的空气质量始终未满足 WHO 设定的 PM 年平均浓度标准。根据 WHO 全球城市环境空气污染数据库[⊖]，近 80% 的人口生活在城市地区，空气质量检测不符合世界卫生组织《空气质量指南》（WHO，2016a）标准。在高收入经济体的很多城市空气污染水平超过 WHO 指南的规定。大约 90% 的欧洲城市人口接触的空气污染物超过了 WHO 指南中的标准，但是不足 10% 的欧洲人居住城市的空气污染物标准超过欧盟自己制定的（不严格）空气质量标准（欧洲环境署 [EEA]，2015）。新兴经济体的许多城市地区情况更严重，特别是在中国和印度（见图 1-7），浓度可能比 WHO 指南高出好几倍。该标准根据各种排放源的污染物组成制定，包括工业、交通、道路和施工（尘埃）、家用生物质燃烧、发电和露天废物燃烧。

专栏 1–3 多少才是太高？ WHO 空气质量指南

世界卫生组织已经就若干空气污染物发布了《空气质量指南》，包括 SO_2、NO_2、PM 和 O_3（见表 1-1）。这份指南基于专家对科学证据的评价，全球均适用。对于 $PM_{2.5}$，除了年平均浓度为 10 μg/m^3 的空气质量标准，世界卫生组织推出了一系列不太严格的临时目标，但却是可以实现的阶段性目标，最终改善空气质量（见

⊖ 该数据库于 2016 年发表，包括在 3 000 个城市测量的地面可吸入颗粒物浓度，见 www.who.int/phe/health -topics/outdoorair/databases/cities/en/.

表 1-2）。在本报告中，“WHO 指南”指的是最终建议目标而不是临时目标（除非另外规定）。

表 1-1　PM、NO_2 和 SO_2 的 WHO 空气质量标准　　（单位：μg/m^3）

名称	$PM_{2.5}$	PM_{10}	NO_2	SO_2
年平均值	10	20	40	
24 h 平均浓度	25	50		20
1 h 平均浓度			200	
10 min 平均浓度				500

注：空气质量测量通常以每年或每天每立方米的空气中 PM 的平均浓度计算（μg/m^3）。其中的数据与确定的时间段有关，即 500 μg/m^3 浓度的 SO_2 持续时间平均不应超过 10 min。
资料来源：WHO，2006。

表 1-2　PM 的世界卫生组织空气质量标准和临时目标　　（单位：μg/m^3）

项目	$PM_{2.5}$	PM_{10}	等级划分的依据
过渡期目标 -1（IT-1）	35	70	相对于最终指南而言，这些标准将长期死亡率的风险提高了 15%
过渡期目标 -2（IT-2）	25	50	相对于 IT-1 标准而言，除了其他健康福利，这些标准将过早死亡的风险平均约降低 6%（2% ~ 11%）。
过渡期目标 -3（IT-3）	15	30	相对于 IT-2 标准而言，除了其他健康福利，这些标准将死亡的风险平均约降低 6%（2% ~ 11%）。
空气质量指南	10	20	低于这一标准，没有证据（95% 的概率）证明心肺和肺癌死亡率增加与长期接触 $PM_{2.5}$ 有关

注：年平均浓度。
资料来源：WHO，2006。

美国环境保护署（US EPA）确定了 6 种污染物浓度最高值，包括一次 $PM_{2.5}$ 的平均最高浓度 12 μg/m^3。欧盟标准目前为 25 μg/m^3，并计划到 2030 年达到 WHO 指南的标准。中国设定 PM 最高平均浓度为 35 μg/m^3，允许一些工业最发达地区在一定时间内达到这个水平。

高浓度的 NO_2 对，高、中、低等收入经济体的城市都有影响。1990 年中期以来，由于汽车辆数量的增加，发电和工业的发展，通过卫星监测可以发现中国、印度和中东的许多城市区域 NO_2 的浓度急剧增加（Hilboll，Richters 和 Burrows，2013）。在同一时期，在大多数高收入经济体的城市，NO_2 的浓度却呈现下降趋势，尽管和标准相比仍然很高。2013 年，几乎所有人口超过 50 万的城市年度 NO_2 浓度均超过 WHO 指南中规定的水平，也明显超过了一些城市规定的目标，如巴黎、伦敦和米兰（EEA，2015）。此外，特别是 NO_2，各个城市的污染水平显著不同，公路成为污染路径[1]，机场、港口和工业区（或其顺风区）成为热点区域。高 O_3 浓度与前期排放物增加有关（如 NO_x、O_3、NO 和挥发性有机化合物），这种现象在高收入经济体的夏季相对频繁，现在由于 O_3 远距离

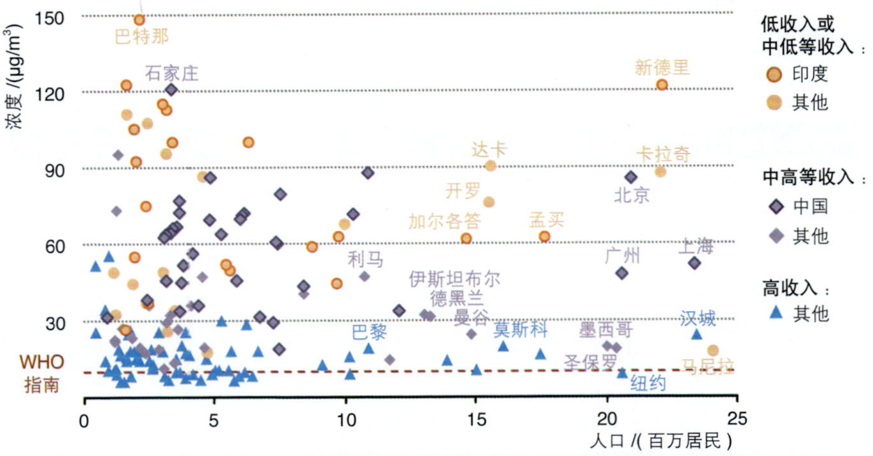

图 1-7　部分城市地区室外 $PM_{2.5}$ 的年度平均浓度

资料来源：WHO（2016）全球城市环境空气污染数据库，人口统计（2015），基于世界银行的国家人均收入分组（2016）。

传输，很大程度上影响新兴经济体，并造成区域和全球后果（韩国、日本甚至美国西海岸）。

由于有效的污染控制措施，SO_2 浓度在高收入经济体显著下降。但是在热点区域仍然存在，如中欧和东欧的部分地区（EEA，2015）。新兴和发展中国家的城市，尤其是工业活动密集的地方，可导致浓度非常高的 SO_2。在沿海地区，特别是在港口，船舶排放会导致高浓度 SO_2（Merk，2014）。

1.2.3　影响

空气污染有很多不良影响，其程度由污染物浓度的不同决定。空气污染对植被（导致农业产量降低）产生各种不利影响，可导致酸化（“酸雨”）和富营养化㊁。一些形式的空气污染也导致气候变化。不同污染物的特征决定其具有特定的健康影响：即使相对轻微的接触可能也会对身体较弱的人群产生健康风险。

1.　健康影响

空气污染成为继高血压、饮食风险和吸烟之后第四大人类健康危害因素（WHO，2014，见专栏 1-4）。它是一种持续的健康危机，很多原因和治理方法都与能源行业息息

㊀ 比如，尽管伦敦并未列为世界上污染最严重的城市之一，据牛津街（在伦敦市中心的一条繁忙的商业街）报告称，其 2013 年的年度平均 NO_2 浓度为 134 μg/m³（是 WHO 指南中的标准的 3 倍多），超出 WHO 指南中最高每小时 200 μg/m³ 接触量的时间为 1 600 h，最高浓度为 489 μg/m³。

㊁ 水体中由于营养物质含量过多，促进藻类的生长，从而导致消耗水中的氧气，进而导致鱼类和其他生物的死亡。

相关。$PM_{2.5}$即使浓度较低，由于其可渗透到肺部深处，也可导致一系列疾病，对于人类健康造成最显著的影响。O_3、NO_2和SO_2也均对健康有负面影响。

1

专栏 1–4 空气污染的健康影响

无论短期（几小时或几天）或长期（几个月或几年）接触空气污染，均会损害健康。颗粒物可导致肺癌、慢性阻塞性肺疾病和心脏疾病。全世界5岁以下儿童的最大杀手为肺炎，每年室内空气污染约造成50多万人过早死亡（WHO，2016c）。空气污染也会导致低出生体重儿、肺结核、白内障和咽喉癌症。O_3、NO_2和SO_2可导致哮喘、支气管疾病、肺部功能衰减和肺部疾病。

空气污染对健康的影响性质和程度主要取决于一个人接触污染物的浓度、接触时间以及其本身的身体状况，儿童和老年人最容易受到影响[㊀]。影响程度从持续感到轻微不适到死亡。各种指标用来衡量这些影响，但死亡率是首要指标。本报告只侧重于死亡率指标，并使用了两种最常见的标准：

- **过早死亡人数**：该死亡人数指标根据既定的风险因素（在这种情况下，空气污染）统计，如果消除这种风险，就可避免这种死亡。所有年龄的死亡人数均考虑在内。
- **寿命损失年数（YLL）**：由于过早死亡导致的潜在寿命损失年数（相对于预期寿命而言）。YLL将死亡年龄考虑在内，更侧重于年纪较轻的人数死亡统计。

2012年，650万人由于空气污染过早死亡（包括室内和室外）（WHO，2016b）—占全世界死亡人数的1/9以上。甚至相对较低水平的空气污染也会对健康构成风险。由于大量人群的接触，相对较低水平的空气污染，也会导致所有国家的发病率和死亡率上升。当所有人口都受到空气污染的影响，不良健康后果的负担主要落在最贫穷人口身上。按照年龄划分，儿童（尤其是5岁以下的儿童）和老年人最容易受到影响。由于空气污染导致的过早死亡人口较多的国家大多在亚洲或非洲。但是，当考虑到一个国家人口时（即每10万人死亡人数），由于空气污染造成高死亡率的情况也涉及到世界其他地方，如东欧（见图1-8）。空气污染的全球影响随着时间的推移而增加，尽管其隐藏了巨大的地域差异。欧洲、美国和许多其他国家的过早死亡率有所下降，但是在很多国家，尤其是亚洲和非洲，死亡率却在增长。

2012年[㊁]，室内空气污染是造成约430万人过早死亡的主要原因，主要集中在低收

㊀ 近期，英国皇家内科医学院和皇家儿科和儿童健康学院发表了“从摇篮到坟墓”——空气污染的终身影响的文章（伦敦皇家内科医学院，2016）。

㊁ 室内和室外空气污染之间的界限往往比较模糊（室内空气污染可迅速排至室外，反之亦然），意味着每种类别导致的过早死亡人数并不能相加求和。

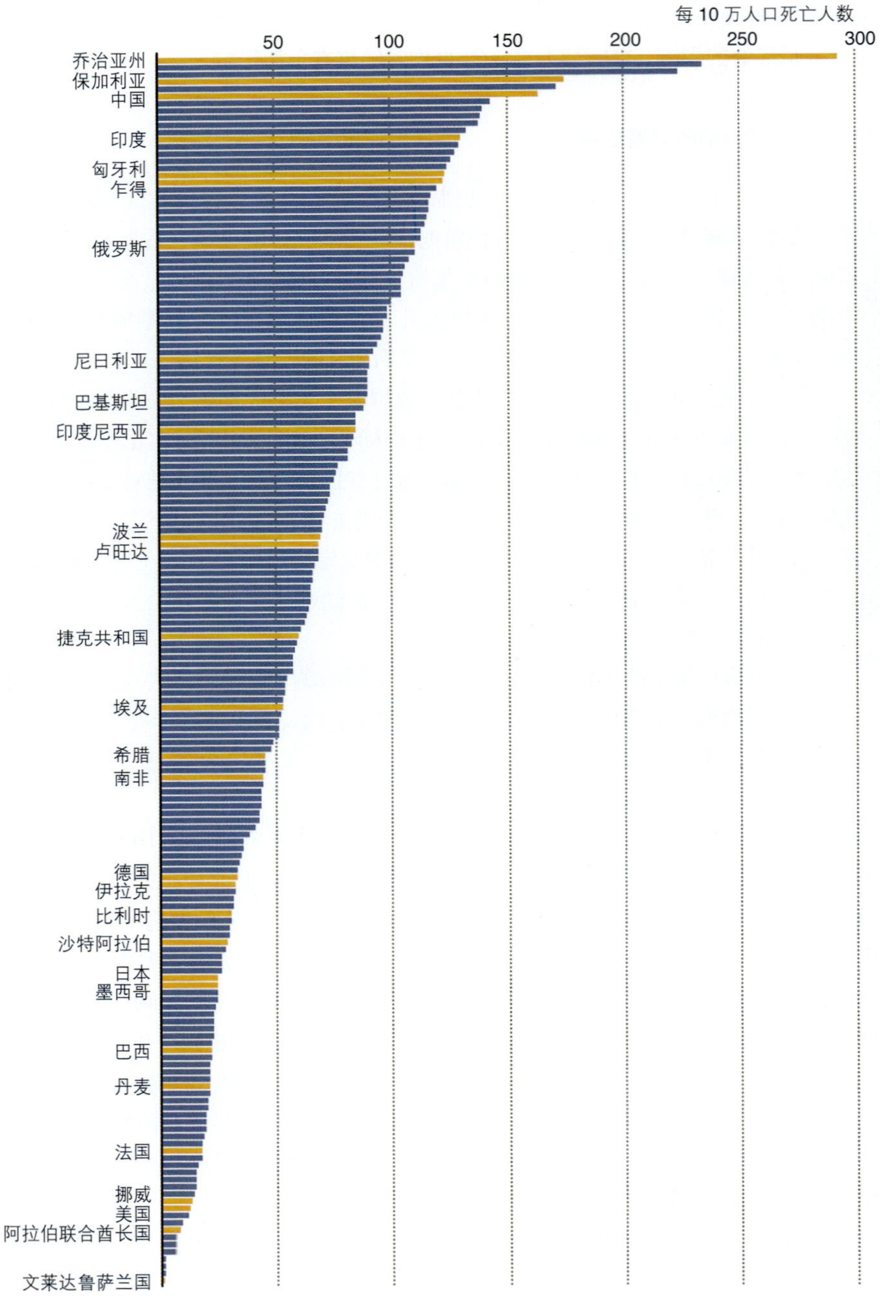

图 1-8　2012 年不同国家和城市由于空气污染导致的死亡率（室内和室外）

注：只选择了部分国家和城市。

资料来源：WHO（2016b）和 IEA 分析。

入和中等收入国家（WHO，2016c）。约 80% 的过早死亡人数集中在亚洲，因为在亚洲约 19 亿人使用传统的固体生物能源烹饪，并依赖煤油照明。按照国家分类，过早死亡人数最多的国家是中国（150 万）和印度（125 万），其次为印度尼西亚（16.5 万）、尼日利亚（13 万）、巴基斯坦（12 万）、孟加拉国（8.5 万）、刚果民主共和国、菲律宾、越南和缅甸，如图 1-9 所示。

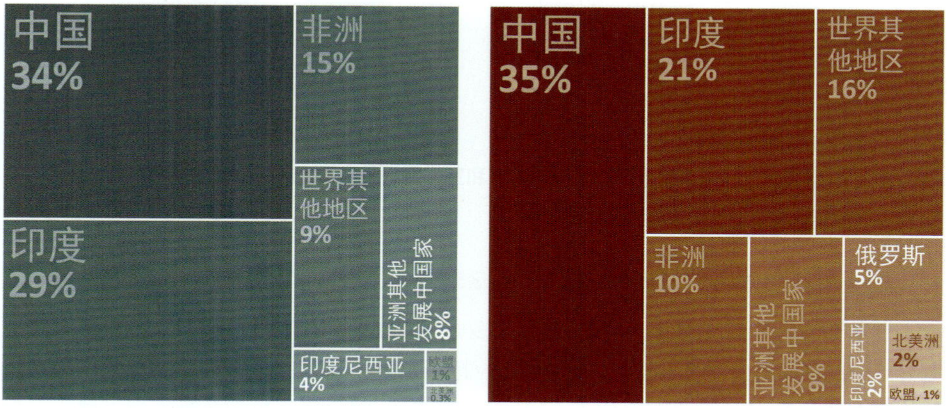

a）室内：430 万　　b）室外：300 万

图 1-9　2012 年由于室内和室外空气污染造成的死亡人数

资料来源：WHO（2016d）和 IEA 分析。

2012 年，颗粒物质造成的室外空气污染导致 300 万人过早死亡（WHO，2016d），另有约 20 万死亡人数与地面 O_3 有关（Forouzanfar，2015）。迄今为止，PM 造成的室外空气污染导致过早死亡人数最多的国家是中国（高于 100 万），其次为印度（62 万）。在这两个国家，煤燃烧排放是颗粒的主要来源。在欧盟，由于与 PM[㊀] 和地面 O_3 接触分别导致超过 17.5 万人和 1.6 万人过早死亡（EEA，2015）；其次为俄罗斯（14 万）、印度尼西亚和巴基斯坦（6 万左右），乌克兰和尼日利亚（5 万左右），埃及和美国（4 万左右）。

寿命损失年数（YLL）的分析表明，世界各地的公民遭遇空气污染对于健康造成的不同程度的负面影响，受影响的人数多于过早死亡人数。亚洲和非洲的影响最为严重，尤其是在室内空气污染，但是欧洲和其他国家的人们多受到户外空气污染的影响，如图 1-10 所示。从绝对意义上讲，中国和印度由于空气污染导致的 YLL 最大。在考虑人口基数后，可以很明显地看到，健康影响的范围越来越广泛，非洲国家受影响最严重。空气质量和健康结果之间的关系不是线性的（特别是在高浓度情况下），但是，通过降低空气污染水平，国家可以减少疾病带来的负担，如中风、心脏病、肺癌、慢性和急性呼吸道疾病等。

㊀ 需指出，欧洲环境署发布报告称，PM 排放导致约 40 万人过早死亡。

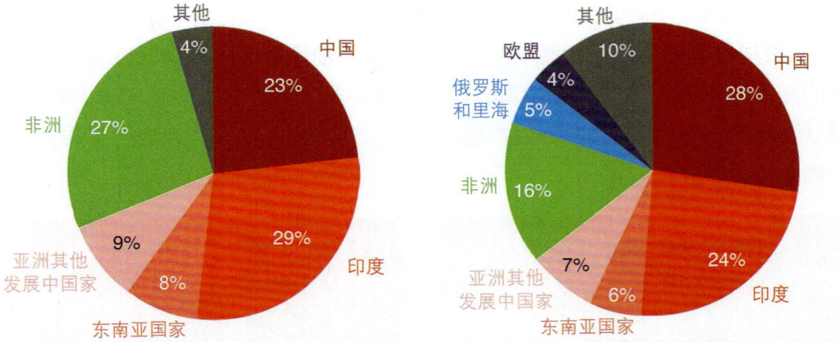

a）室内空气污染寿命损失总年数为 1.39 亿　　b）室外空气污染寿命损失总年数为 8 300 万

图 1-10　2012 年不同地区由于家庭和室外空气污染导致的寿命损失总年数

资料来源：WHO（2016d）和 IEA 分析。

2.　经济和其他影响

对空气污染的经济影响，现有研究在很多方面存在差异（例如地理、行业范围和方法），但大部分的结论是，不作为的代价非常大，超过了采取缓解措施的成本。与健康影响相关的成本往往在总经济评价中处于支配地位。例如，对欧盟的影响分析发现，健康影响占与 PM 排放相关的外部成本的 100%，SO_2 排放成本的 95%，NO_x 排放成本的 80%（Rabl，Spadaro 和 Holland，2014）。因此，因空气污染而承受最大的健康负担的国家与那些被认为遭受最大经济影响的国家具有高度一致性。然而，这种看似简单的关系有着复杂的因素：主要因素与评估成本的不同有关，其可能是财务条款中规定或也可通过“统计生命价值”（VSL）㊀ 的概念寻求成为社会福利成本。在这两种情况下，国家收入水平是有影响力的变量，在各个国家之间差异显著。结果，发展中国家健康影响较高，人均收入较低，经济成本可能就会显示较低，而一些发达国家的情况可能正好相反。使用这种方法，估计中国遭受的影响最大（健康影响大，中高收入），其次为印度（健康影响大，中低收入），俄罗斯（相对较低的健康影响，高收入）、美国、印度尼西亚、德国和其他国家，如图 1-11 所示。

目前已经有一些关于空气污染产生的经济影响㊁ 的国家层面的研究。虽然经常没有可比性，但他们一致确认空气污染成本在不同国家和部门都比较高，且政策带来较高利益。

㊀ 纯金融方法将健康影响价值作为由于生产降低和健康支出增高造成的损失。社会福利方法将不良健康影响的重要性考虑在内。对于死亡率成本而言，该估值通过过早死亡人数乘以“统计生命价值”得到，反映了个人降低死亡率的支付意愿。VSL 在不同的估值研究中往往差距较大，范围介于 40 万～ 880 万美元之间。基于区域研究的广泛性，OECD（2012）就其成员国提出了介于 150 万～ 450 万美元之间的 VSL。注意，VSL 随着平均收入的增加而增加。

㊁ 在本章，对于空气污染的经济影响的估计按照 2010 年美元购买力平价进行计算，因此其可能与参考报告中引用的数值不同。

在欧盟，2010 年健康影响的价值估计介于 4 400 亿～ 12 500 亿美元之间（EC，2013）。2012 年，由于空气污染，仅仅是来自最大的工业设施导致的损害成本就预计达到 550 亿～ 1 550 亿美元，其中大约一半由于仅有 1% 的工厂排放导致（EEA，2014）。在美国，符合《1990 年清洁空气法修正案》的成本到 2020 年预计将上升到每年约 650 亿美元，健康和环境条件改善带来的经济价值估计约 2 万亿美元（US EPA，2011）。其他研究指出，2011 年美国仅由于化石燃料供应和发电导致的不利健康影响超过 1 600 亿美元（Jaramillo 和 Muller，2016）。

在整个经济合作与发展组织（OECD），据测算，公路运输行业约占室外空气污染导致的总健康相关经济相关成本的一半，2010 年公路运输成本约为 8 650 亿美元（OECD，2014a）。在新兴经济体国家，发电厂、工业（主要为煤炭）和建筑业（主要依赖于煤炭和固体生物质）是导致健康影响、产生空气污染成本的主要行业。在中国，经济成本的估计值随时间增加（因为平均收入快速增长）：2003 年经济成本估计介于 850 亿～ 2 800 亿美元之间（世界银行，2007）。在印度，2009 年空气污染的估计成本约为 1 600 亿美元（世界银行，2013）。其他国家的研究确认了与空气污染有关的经济成本：2006 年尼日利亚的经济成本为 800 亿美元（Yaduma，Kortelainen 和 Wossink，2013），2005 年巴基斯坦的经济成本为 60 亿美元（Sanchez-Triana 等，2014）。

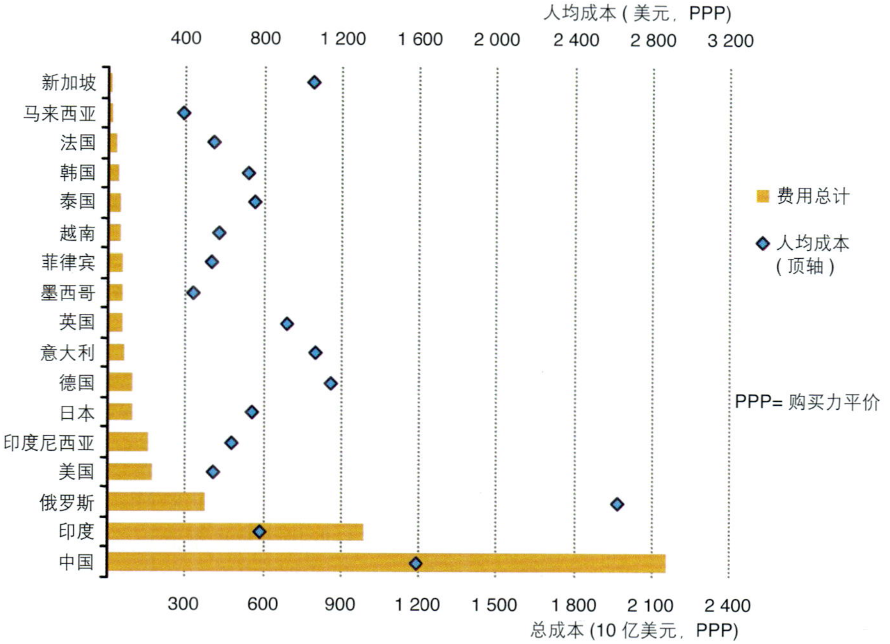

图 1-11　2012 年由于室内和室外空气污染导致的过早死亡的估计福利成本

注：上坐标为人均成本（美元，PPP），下坐标为总成本（10 亿美元，PPP）；福利成本 = 过早死亡人数乘以统计生命价值。死亡人数与 WHO 公布的人数相对应（2016d）。VSL 数据来源于 OECD 国家（OECD，2014a）、印度、中国、东南亚国家（OECD，2014b）；WHO 和 OECD（2015）中的俄罗斯。

有些农作物损失造成的经济损失也归因于空气污染。地面 O_3 对于全球作物产量㊀有重大的影响，一直被视为影响全球粮食安全的重要问题（Tai、Val Martin 和 Heald，2014）。北美洲和欧洲的 O_3 浓度峰值由于整体排放量的下降而下降（Ashmore，2005），但是在很多发展中国家呈现相反趋势（并将继续）。意料之中的是，发展中国家作物生产规模大、污染水平相对较高，也因此遭受了巨大的额外损失。据估计，在印度，O_3 污染对农业造成的年度损失约为 350 万 t 小麦产量和 210 万 t 大米，这足以养活 9 000 多万人（Ghude 等，2014）。

除了农业，地面 O_3 和其他空气污染物会影响植被和动物，也会造成生态系统的长期变化。NH_3、NO_x 和 SO_2 也是酸雨的主要前期成分，影响土壤和水（对于植被和动物生活造成负面影响），并加速设备和物质遗产的损坏。污染爆发往往降低能见度，产生异味，并阻碍旅游业的发展。某些空气污染物（主要是 CH_4、黑炭和 O_3）属于短期气候污染物，因此与气候变化直接相关（见第 3 章）。

1.3 能源在空气污染中的角色

化石燃料将继续主导全球能源结构。尽管低碳能源越来越受关注，全球能源消耗中石油、煤炭和天然气的比重在过去的 25 年内非常稳定：1989 年这些燃料在能源使用中所占的比例为 81%，和 2014 年的比例相同。在此期间，石油的份额有所下降，从 37% 下降至 31%，但是天然气（从 19% 到 21%）和煤炭的比重增加（从 25% 到 28%）。生物质能一直保持稳定，满足全球能源需求的 10%。

燃料、燃料利用和排放物之间的关系并不是直接的。并不是所有的燃料都会排放所有污染物，不同等级 / 质量的燃料中包含各种污染物的数量不同。这些污染物可在燃烧之前的不同阶段从这些燃料中减少或清除（如洗煤和炼油），燃烧过程本身影响排放水平（如燃烧温度），燃烧后处理技术可用于化学改变或收集有害排放物（如催化转化器）。这意味着每一单位的特定燃料没有单一固定的排放水平，更确切地说，一系列的排放因子取决于这些变量。然而，很明显的是特定燃料主要产生特定类型的空气污染物，无论是每单位燃料的排放量还是其在总排放量中所占份额，如图 1-12 所示。煤炭的使用是 SO_2 排放量的主要来源，每万吨煤炭排放的 SO_2 相当于每 100 万 t 石油产生的 SO_2，占能源相关的 SO_2 排放总量的一半以上（其次为石油）。根据煤炭质量、电厂效率和控制技术，煤电厂间 SO_2 平均排放量差异较大，低的不到 1 kt/Mt，高的超过 30 kt/Mt。对于 NO_x 而言，石油的排放量最大，占总排放量的一半以上（煤炭的排放量也不低）。在终端用能部门，每种燃料的排放因子区别很大，取决于技术选择：具有催化转化器的汽油车可排放 1.4 kt/Mt NO_x，但是无过滤器的柴油载货汽车可排放 50 kt/Mt 的 NO_x。对于 PM 而言，由于

㊀ 根据一项研究，玉米、小麦和大豆分别占 2.2% ~ 5.5%、3.9% ~ 15% 和 8.5% ~ 14%（Wilkinson 等，2012）。

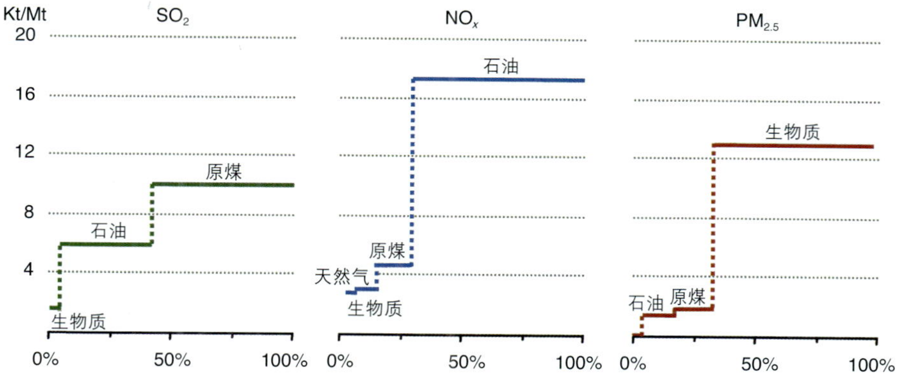

图 1-12　2015 年全球平均排放因子和主要污染物的排放量比例

注：显示排放因素最相关的燃料；没有显示的燃料可以忽略不计。全球平均排放因子通过所有类型的行业活动和技术进行计算。

生物能主要应用于传统家用炉灶，所以其是 PM 的主要来源，平均排放量为 13 kt/Mt，占能源相关的 PM 排放总量 50% 以上。在所有情况下，天然气的排放较少，因为考虑到安全因素和避免管道运输系统的腐蚀，天然气在生产之后必须立即脱硫。

本节详细探讨了能源与空气污染的关系，着眼于与能源生产相关问题，包括燃料质量、发电部门和主要终端用能部门（运输、工业和建筑）的关键问题。它显示了改变能源使用模式及污染减排技术应用如何不断重塑能源使用和主要空气污染物之间的联系。

1.3.1　化石燃料的生产

污染物排放发生在化石燃料从提取到最终使用的整个生命周期过程中。在所有情况下，生产阶段涉及现场能源消耗，主要是柴油或生产的天然气。此外，有时非生产性燃烧会导致 CO_2 排放，如石油行业内燃烧滞留的伴生气，以及直接将天然气排放至大气中。有时 CH_4 从不密封的阀门、密封圈或管道泄漏，同时其他挥发性有机化合物和气体污染物从生产现场内和周围排放。

煤炭开采只对当地特定地区的空气质量产生影响，但是从开矿活动中排放的主要污染物为 PM 和煤层气（CH_4）。粉尘排放会扩散到开采区域之外，在很大程度上是由于露天开采（约占全球煤炭生产的 30%）的爆破和土方搬运。若无抑尘技术，在干燥的气候条件下，矿开采导致的排放物非常严重。开矿过程中最常见的除尘措施是在相关挖掘区、暴露废矿石堆和煤炭上喷水。当地大量的粉尘排放也可能来源于煤炭运输和存储；覆盖轨道车、载货汽车和传送带是限制这种污染的有效措施，许多煤矿区已实行这一措施。

关于上游行业污染物排放的信息较少：CH_4（天然气的主要组分）是最重要的研究课题，但是即使在本报告中，估计值范围比较广。国际能源署的最新估计显示，能源行业总体通过消耗石油、天然气、煤炭和生物能等，每年可人为排放约 100 Mt CH_4，约占总量的1/3（IEA，2015）。其中，石油和天然气行业约占55 Mt（上游行业所占比例为60%），煤炭开采占30 Mt。其余的15 Mt中，据估计，绝大多是来自于终端用能部门生物质的不完全燃烧（主要是在住宅领域）。

1. 燃料质量——煤炭

燃料质量是影响空气质量的重要决定因素。例如，煤炭含有各种杂质和化学成分，如矿物、金属、挥发分和硫黄。煤炭燃烧过程中，如果不充分处理烟道气，一些成分就会排放至大气中。煤中的矿物质（通常被称为灰）很大程度上决定了烟道气中的PM量，而含硫物在燃烧过程中形成SO_2的含量的主要决定因素。金属成分（如汞）也可能存在于煤炭中并被释放到烟中排放。

煤的化学成分取决于煤几百万年前形成的条件，地区不同，化学成分也不同。例如，印度的大多数煤炭含有非常高的矿物质（大部分含量在30%～50%之间），而印度尼西亚煤因其含硫量低而闻名（含量在0.1%～1%之间）。在美国，伊利诺伊州盆地煤的硫含量高达3%，而怀俄明州粉河盆地煤炭含硫量较低，许多发电厂使用这个符合SO_2排放限制的煤炭，无需使用控制技术。

洗煤的主要目的是减少矿物质的含量，以减少运输成本、提高电厂效率。洗煤也可降低硫含量。然而，如果矿物颗粒并未嵌入到煤中的可燃部分，其可成功去除(即无灰分)。同样，脱硫需要无机硫（而不是有机硫，通常不可洗）。但是，洗煤是否有意义主要是一个经济问题，即燃烧后清理污染物比燃烧前洗煤的成本低。

2. 燃料质量——石油

对于石油，大约只有1%的石油是在原油的状态下被消耗的（主要是中东地区的发电厂）。世界上几乎所有的石油都是通过炼油厂或分馏厂（液化天然气）生产的石油产品消耗的。炼油过程本身是高耗能的，将原油加热以分离出不同的馏分，然后常压渣油经过更高温的裂化和焦化过程产生较轻的燃料。炼油行业的能源消耗每年可排放2 Mt SO_2和1.2 Mt NO_x。其并非全球PM排放物的主要来源，但是如果大型焦化装置周围的人口比较密集，其可对当地产生较大的影响。

从石油产品中除硫（通过加氢和高耗能的过程，如裂化和焦化）是炼油过程的主要部分，政府通常会监管燃料的含硫量，从道路运输燃料到住宅供暖、工业燃烧（包括发电）和农业生产[⊖]。原油中天然硫含量介于0.2%～4%之间，而公路运输中汽油和柴油的硫比重最低可严格限制为0.001%（如OECD和一些发展中国家），最高可超过0.05%（如亚洲和非洲不受监管的市场），如图1-13所示。燃油含硫量在海运燃料中达到最大上限，为3.5%。天然气并不和石油经过相同的精炼过程，但是其需要在天然气加工厂进行处理，

⊖ 除去燃料中的硫通常在销售点进行，而非炼油商的义务。炼油商可以继续生产含硫量较高的燃料；然而，他们通常会找到出口市场。虽然在美国，炼油商必须遵守除硫规范，尽管有一个燃料排放信用体系，不符合要求的炼油商可从其他炼油商那里购买信用，以达到规定的质量标准。

除去硫和液体。天然气中硫含量范围介于 0 ~ 30% 之间，在一些特殊井中，这一数值甚至更高。

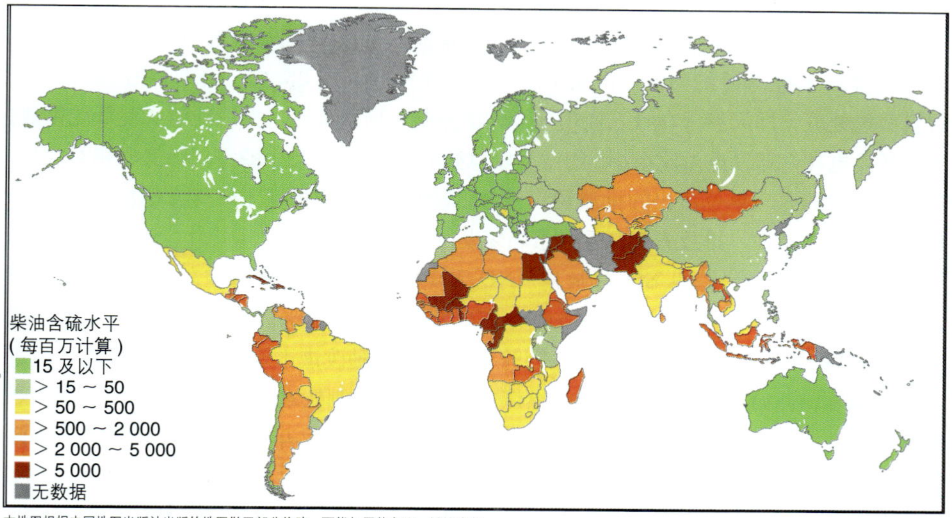

本地图根据中国地图出版社出版的地图做了部分修改，可能与原著有不一样的地方。

图 1-13　柴油运输燃料的规定含硫水平（截至 2016 年 1 月）

资料来源：联合国环境规划署（2016）。

石油消耗具有一些独特的特征，从而确定了污染控制政策面临的挑战和具体内容。煤和天然气主要用于相对固定的大型行业（发电、工业），石油主要在移动应用中：运输方面的石油需求占 55% 以上，小规模的固定使用（如建筑和农业）占 10% 左右。因此，只有 1/3 的石油用于工业和发电中的大型固定源，煤炭约为 95%，天然气超过 70%。

1.3.2　固定污染源

1.　发电

尽管近年来可再生能源高速发展，但全球绝大部分电力来源仍由化石燃料主导，燃煤发电仍是全球供电系统的支柱（约占全球发电量的 40%）。燃料的种类和数量、发电厂的类型（是否使用污染治理技术）、地点和烟囱高度均对发电厂的污染程度及其影响起着重要的作用。大部分来自发电厂的可见排放物是源于冷却塔的水蒸气，以及源于烟囱的颗粒和 SO_2（如发电厂未作充分控制）。

发电是全球 SO_x 排放的主要来源（2015 年 SO_2 排放接近 27 Mt，占全球总量的 1/3）。但是 NO_x（占总量 NO_x 的 14%）以及 PM（占总量 $PM_{2.5}$ 的 5%）的不容忽视的来源之一。电力行业中，煤炭仍是造成空气污染的主要燃料，占该行业 SO_2 排放量的 3/4，

NO_x 的 70% 和 $PM_{2.5}$ 的 90% 以上。燃油发电在全球发电量的占比较少，仅为 4%，因而其 SO_2 排放量也仅占全球的 7%。燃油发电大多是几乎没有污染控制技术的老旧发电厂(特别是中东地区)。燃油发电会产生大量的 NO_x，在一些情况下也会产生 $PM_{2.5}$。一般而言，与燃煤和燃油发电厂相比，天然气发电厂排放的空气污染物较少。在 2015 年，天然气发电排放了约 20% 的 NO_x，但几乎没有排放任何 SO_2 或 $PM_{2.5}$。天然气中的硫含量一般会经过处理，即天然气在投入商用前会先清除硫，所以天然气发电能够实现低硫排放。生物质发电在全球发电占比极小，约占全球总量的 2%，因此产生的空气污染亦相对较少。然而，相对而言（单位产出的排放量），生物质的 NO_x 排放仅低于燃煤发电厂，$PM_{2.5}$ 排放也较低，但在 SO_2 排放方面却远低于燃煤发电厂。

在过去的 10 年，全球 SO_2 排放量（NO_x 和 $PM_{2.5}$ 排放量也有所控制）并未随着燃煤发电的增加而增长。从 2005 – 2015 年，燃煤发电增长了 34%，而整个电力行业排放的 SO_2、NO_x 和 $PM_{2.5}$ 分别减少了 55%、34% 和 32%。这种改进主要是由于燃煤发电厂引进了排放标准，开始使用含硫量更低的燃煤或采用污染控制技术。许多国家颁布了限制燃煤发电厂排放 $PM_{2.5}$、SO_2 和 NO_x 的规定。自 20 世纪 70 年代开始，美国、欧洲和日本政府均已开始监管燃煤发电厂导致的空气污染，并自 21 世纪初，许多新兴经济体也颁布了相关规定。尽管排放标准在全球范围得以推行，但各国的执行力度存在显著的差异。中国、韩国、日本、美国和欧盟目前都设有全球最为严格的排放标准。

2. 工业

在 2015 年，制造业和其他转换业（例如炼油和采矿业）约占全球因消耗能源排放 SO_2 总量（37 Mt SO_2）的 50%，NO_x（28 Mt）和 $PM_{2.5}$（10 Mt）的 30%。燃烧产生的 SO_2 和 NO_x 排放量与原料里含有或反应生成的（即过程相关的排放）大致相同。大部分的 $PM_{2.5}$ 均为与过程相关的排放。

不同的燃料和燃烧工作条件（包括减排技术的实施）是燃烧造成污染物排放的重要因素。煤炭占目前全球工业最终能源使用的 31%，其排放的 SO_2 超过整个制造业因能源燃烧排放 SO_2 总量的 3/4。相比之下，该行业的 NO_x 排放量主要源于燃煤和燃油（分别为 38% 和 35%），而生物能和煤炭则是排放 $PM_{2.5}$ 的主要来源（分别为 44% 和 37%）。

与过程相关的污染物有着广泛的工业来源，数量和浓度各有不同。在全世界范围内，与过程相关的 SO_2 排放最高的工业排放源分别是水泥（13%）、钢铁（9%）和炼油厂（9%），尽管目前为止制浆造纸业的排放强度最主（从全球来看，造纸业[㊀] 排放强度为 3.7 kt SO_2/Mt 纸，而其他行业则介乎 0.6 kt SO_2/Mt（水泥）至 0.2 kt SO_2/Mt（粗钢）不等）。与过程相关的 NO_x 排放大多源于水泥制造（每 1 Mt 水泥排放的 NO_x 占全球与过程相关的 NO_x 排放量的 50% 以上），而制浆造纸次之（1.2 kt NO_x）。铝业是单位产出 PM 排放密度最

㊀ 在制浆造纸业生产化学浆时，原材料与各种过程流反应生成一些硫化物，这些硫化物在回收炉中氧化，从而排放 SO_2。

大的行业（每 1 Mt 铝排放 2.1 kt $PM_{2.5}$），相比之下，其他工业活动低于 0.7 kt $PM_{2.5}$/Mt。全球与过程相关的 $PM_{2.5}$ 排放量的最大份额源于水泥和钢铁（总共约占 70%）。

从区域上看（考虑燃烧和过程排放），在制造业方面，中国是 2015 年 SO_2、NO_x 和 $PM_{2.5}$ 的最大排放国，占 SO_2 排放量的 44%、NO_x 的约 40% 和 $PM_{2.5}$ 的约 35%。除了中国，印度的 SO_2（9%）和 $PM_{2.5}$（14%）排放量占比最大，而美国的 NO_x 排放量（11%）最高（仅次于中国）。考虑到中国在全球制造业的比重（2013 年，中国消耗全球终端工业能源的 35%），中国在工业污染物排放方面占支配地位并不令人感到意外。然而，就每单位工业产量而言，南非在 2015 年因燃料燃烧而排放的 SO_2 浓度（每 1 MJ 0.5 kt SO_2）位列榜首，里海地区则紧随其后。就燃烧燃料排放的 NO_x 浓度而言，智利的最高（每 1 MJ 0.4 kt NO_x），随后分别是北非国家、里海地区和美国。

至于发电业（其次是运输业），多年来，发达国家已经减少了 NO_x 和 SO_2 的工业排放量，但发展中国家的排放量却大幅增加。近几十年来，美国的工业 NO_x 及 SO_2 排放量已急速下滑，但中国和印度工业排放量却高速增长。污染物主要受不同的地区工业生产趋势的影响；但无论在任何情况下，即便程度不尽相同，生产与污染物排放已呈脱钩发展趋势。这既反映了能源发展的影响（例如提高能源效率），也反映了采用排放控制技术的影响。

工业生产和空气污染物排放增长的脱钩主要是通过监管来实现的。应用于工业的政策与应用于发电类似，并且大体上都涉及实施标准，要求设备采用污染控制的最佳可行技术。在 20 世纪 70 年代和 80 年代，美国和欧洲都采用了这些标准，而发展中国家也正在逐步引进空气污染标准（虽然不如发达国家的严格）。然而，在发达国家和发展中国家，空气污染物排放标准似乎只适用于大型设备。与通常设有大型设备的发电业相比，工业呈差异化发展，有各式各样和规模各异的设备。例如，与大型工业能源用户（例如水泥或钢铁）相比，规模较小的工厂在非能源密集型行业较为常见，例如机械制造或纺织业。截至目前，考虑到合规成本，监管机构都不愿对这些小规模企业进行监管。但总体上，工业规模越大，空气污染控制技术[㊀] 的单位成本则越低。

3. 固定污染源的控制措施

对主要空气污染物强制实施排放标准刺激了企业在新工厂安装最新的控制设备，投资现有厂房以改进控制技术，以及在某些情况下使用低硫煤炭（见表 1-3）。许多国家初始监管重点是减少微粒物质，SO_2（对酸雨影响的担忧日益增加）和 NO_x 紧随其后。在空气污染物减排技术方面，发电业与工业活动存在许多共同点。它们被分为两类：初始燃烧技术或措施——防止产生特定排放物，以及末端处理技术，即在对污染物进行捕集以避免排放到环境中。

㊀ 克服这一障碍和改善整体减排潜力的方法是，监管机构针对整体工业集群 / 工业园，要求整个集群采用减排技术，以整治工业活动产生的尾气和废气流。

表 1-3　部分国家 / 地区的现有及新建发电厂的排放限制　（单位：mg/m^3）

国家和地区	政策	SO_2		NO_x		PM	
		现有	新建	现有	新建	现有	新建
中国	火电厂大气污染物排放标准	200 ~ 400	100	200	100	30	30
欧盟	《工业排放指令》	200 ~ 400	150 ~ 400	200 ~ 450	150 ~ 400	20 ~ 30	10 ~ 20
美国①	新污染源执行标准	160 ~ 640	160	117 ~ 640	117	23	23
印度	2015 年《环境（保护）修订案》	200 ~ 600	100	300 ~ 600	100	50 ~ 100	30
印度尼西亚	《第 21 2008 号环境条例》	750	750	850	750	150	100
日本②	《空气污染控制法》	—	—	123 ~ 513	123 ~ 513	30 ~ 100	30 ~ 100
墨西哥③	《墨西哥官方标准 NOM-085-ECOL-1994》（SO_2 及 NO_x 本积百万分率）	550 ~ 2 200	30 ~ 2 200	110 ~ 375	25 ~ 375	60 ~ 450	60 ~ 450
菲律宾	《固定污染源颗粒物的国家排放标准》	1 000 ~ 1 500	200 ~ 700	1 000 ~ 1 500	500 ~ 1 000	150 ~ 200	150 ~ 200
南非	政府颁布了《最低排放标准》。	3500	500	1100	750	100	50
韩国	《城市空气质量改善特殊条例》	286	229	308	164	40	20 ~ 30
泰国	《泰王国政府公报》	700 ~ 1 300	180 ~ 360	400	200	80 ~ 320	80
越南	灰尘及无机物的工业排放标准	1500	500	1000	650 ~ 1000	400	200

注：“现有限制”是指适用于目前正在运营的发电厂所的排放限制。“新限制”是指适用于计划或拟建发电厂的限制。
①假设 F 因子为 1 800 标准立方英尺 CO_2，以及废气中的 CO_2 含量为 12%，美国排放限制由 Ib/MBtu 转换为 mg/m^3。
②日本的《空气污染控制法》根据设施的规模、技术和地区明确了硫氧化物、氮氧化物及颗粒物的排放限制。在日本，建设新厂房前，当地政府部门和发电企业通常会订立一份较《空气污染控制法》规定更为严格的双方污染控制协议。
③对于墨西哥，SO_2 和 NO_x 以百万分体积比列示。

用以减少热力型 NO_x 排放的初始燃烧技术包括采用改进的燃烧技术和在流程加热、工业加热和发电厂安装低氮燃烧器。这些燃烧器，通过调整空气和燃料喷射降低火焰温度，利用燃烧温度和 NO_x 热生成之间的指数关系（正相关）。另一个初始燃烧技术是固体燃料流化床燃烧技术，就能减少 SO_2 和 NO_x 的排放。末端处理技术主要是在废气中的 SO_2、微粒物质和 NO_x 排放到大气前，通过物理隔离或化学反应的方式对其进行处理。该组技术包括静电发生器（将微粒物质与气体流分开）和废气脱硫装置，该装置使用吸收剂（一般是碱性化合物，例如石灰石）以将 SO_2 吸收和 / 或进行氧化，转化为固体物质，与烟道气分离；以及选择性催化还原系统（使用氨）或选择性非催化还原系统（使用尿素），以分解烟道气中的氮氧化物，使之转化为氮气和水（见图 1-14 和表 1-4）。

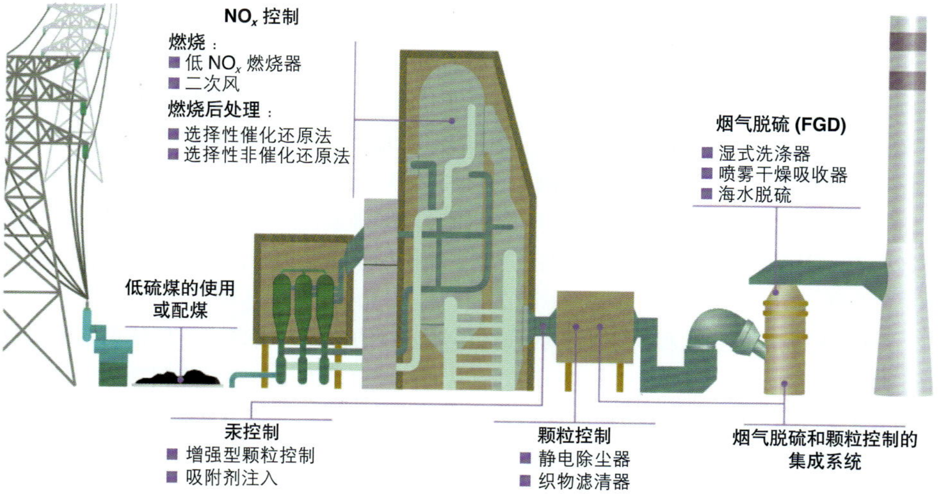

图 1-14　发电厂的常见排放控制系统

表 1-4　发电及工业领域部分空气污染物减排技术

污染物	减排技术	技术类型	减排效率（%）
SO_2	湿法烟气脱硫	末端处理	70 ~ 98①
	喷雾干燥吸收	末端处理	50 ~ 70
NO_x	超低氮氧化物燃烧器	燃烧过程的一部分	20 ~ 30
	选择性催化还原法	末端处理	90
	选择性非催化还原法	末端处理	＜ 50
PM2.5	纤维过滤	末端处理	＞ 99
	静电除尘器	末端处理	＞ 99

①含硫量为 0.3% ~ 4.8% 的燃煤减排效率。
资料来源：Nalbandian-Sudgen，H；IEA 清洁煤炭中心（2006）和 IEA 分析。

由于安装成本较低，初始燃烧技术和措施比末端处理技术更受欢迎。然而，强制性空气污染物减排的落实，通常要求实施后处理减排技术，尤其对于 $PM_{2.5}$ 等污染物而言。控制技术的另一项备选方案是使用低硫煤发电。不同煤矿的煤炭含硫量差异很大。在一些情况下，与改进废气脱硫装置相比，混合使用多种类型的燃煤实现达标的成本更低。在工业领域，各项工业活动均对可行的减排措施有具体的限制。例如，当前钢铁行业高度依赖煤炭炼焦，为使用低硫煤提供了可能，但也限制了使用 SO_2 含量较少的燃料，如天然气㊀。

1.3.3 交通运输

尽管采用了许多政策和先进技术，交通运输业仍旧是空气污染物的主要来源。交通运输业约占能源消耗排放 NO_x 总量的一半（2015 年为 56 Mt），并且是一次颗粒物的重要来源（约占能源消耗排放一次 $PM_{2.5}$ 总量的 10%）。目前，道路运输是该行业 NO_x 和 $PM_{2.5}$ 排放量的最大来源（分别占总量的 58% 和 73%），而航空业的 SO_2 排放量占比最高。道路车辆在人口稠密区域应用广泛，导致城市区域的排放密度增加，加之车辆的尾气管接近地面，因而较其他来源相比，居民会更多地接触车辆产生的污染物。这些排放物大体上能够按如下分类：

• **废气排放**：燃烧过程所产生的各项污染排放物的含量主要取决于所使用的燃料类型，甚至发动机及后处理技术。例如，柴油发动机较汽油发动机更具燃料效率，但排放更多 NO_x 和 PM（取决于所应用的排放控制技术㊁）。尽管新型柴油车辆能够通过微粒过滤器（也见于经改良的货车）大幅减少 PM 的排放，达到汽油机的水准，但燃料经济政策和处理空气污染政策仍需折衷。

• **磨损排放**：由车辆部件、道路材料和安全护栏磨损和腐蚀产生的排放。轮胎、制动器和离合器的磨损，以及道路表面的磨损和车辆出现的腐蚀会产生大量的颗粒物。

• **蒸发排放**：燃料蒸发或变成蒸气而产生的排放物，这些排放物可源于车辆的油缸和喷射系统（例如密封装置和套管）。蒸气排放常见于汽油车辆，产生挥发性有机化合物，在某些情况下（例如北美城市）会占挥发性有机化合物的相当大一部分。新车型㊂已设计了减少蒸气排放的系统。

石油占交通能源需求的比例超过 90%（就最终能源而言），不同的石油产品满足不同交通方式的需求，产生不同的排放影响。经历长时间的发展，柴油车在部分国家轻型车辆的占比有所增长。人们将这种现象称为柴油化发展，在欧盟及欧洲自由贸易联盟国家和印度最为常见。许多欧洲国家制定了让柴油汽车的购买价格及用车成本低于汽油车的政策（包括降低机动车购置税和燃油税税率），推动了柴油化发展。

公路运输是石油消耗量最大的领域，但采用汽油（2 200 万桶 / 日）与柴油（1 600 万桶 / 日）的交通工具在一定程度上是有差异的，如大多重型车辆均使用柴油，例如货车。

㊀ 焦炭用作铁矿石在高炉中生产生铁的还原剂。

㊁ 柴油车辆排放的 NO_x 中，有害的 NO_2 含量高于汽油车辆的排放量，部分原因是排放控制技术（例如含催化剂的微粒捕集器），它比起 NO_2 本身能更有效地降低非 NO_2 化学物质排放的 NO_x。

㊂ 这些排放物并未被纳入估计和预测当中。

汽油和柴油在轻型车都很常见，但不同的地区呈现巨大的差异。在美国，乘用车大多使用汽油；而在欧洲，逾半数的汽车使用柴油。除道路运输外，航空业依赖于煤油，而海运业则主要依赖重质燃料油（72%），柴油（25%）次之。在许多国家，对于城际轨道，当中至少有部分依赖于柴油（尽管许多城际铁路网已经电气化并继续发展）。整体而言，非道路运输领域所使用的石油是道路运输总量的 22%。

1. 公路交通

由于重型车辆的发动机较大、使用频率高并极度依赖柴油，因此重型车辆排放量要更高，远高于该类型车辆在全球车辆保有量（不含两轮及三轮车辆，占比为 7%）或活动（25%，按照车辆 - 公里计量）中的占比。在全球范围内，2015 年重型车辆占运输业 NO_x 排放量的比例超过 40%，$PM_{2.5}$ 排放量的比例超过 50%。然而，由于轻型车辆主要用于人口稠密的地区，因此轻型车辆的使用对周边人们健康的影响加剧，人们接触污染物的程度更大。即便如此，尽管在城市中轻型车辆一般更多，还是重型车辆（行驶每公里）排放的污染物更多，因此对城市地区造成极大的影响。非尾气排放物（包括轮胎和制动器磨损，以及道路损耗）预计占道路运输排放的一次 $PM_{2.5}$ 总量的 13%。

一系列的监管措施和更广泛的财政和空气质量政策，已开始有效减弱汽车排放量的增长，尽管车辆数量不断增加，但 NO_x 排放却未见增长。限制各个车型最大排气尾管和蒸发排放量（单位距离、时间或最终能耗）的标准，以及规定燃油质量（要求逐渐减少车用燃油铅含量，以及最大硫含量）的标准开始发挥作用，采用和执行这些标准的国家和城市，均已减少道路车辆的排放量。事实上，随着控制尾气排放技术的进步，各国和城市要求提供更高质量的燃油（例如无铅及低硫汽油和柴油），以保证车辆更高效的运转和更为耐用。除此之外，在解决汽车排放问题上，在美国加利福利亚州等地，已率先对所有在用车辆实施强制性年检和认证，从而确保高排放车辆的排放控制设备得以维修、替换或禁止这些车辆上路。

空气质量标准，以及当地实施的交通管理措施（例如更好的交通规划和公共交通激励机制），已帮助限制城市和城市群的道路运输排放物（见表 1-5）。在全球范围内，道路运输活动在过去的 10 年增长了 1/4，但 NO_x 和 PM 排放量分别增长了 5% 和 6%。然而，欧盟的规定（欧盟标准）未能有效减少轻型车辆在实际行驶中排放的 NO_x，阻碍了全面落实改进措施（欧洲尤为明显），如图 1-15 所示。

道路车辆的首个排放标准于 20 世纪 60 年代在美国颁布，以应对加利福利亚州不断恶化的空气污染。自此，美国、欧洲和日本均制定了监管计划。许多国家直接引用或采用部分标准（大多是欧盟标准），以监管当地尾气排放和低硫燃料要求。目前乘用车采用的欧洲标准（欧盟 6 号标准）能大幅降低柴油车的全年 $PM_{2.5}$ 和 NO_x 排放。美国和日本的轻型车辆排放标准比欧盟 6 号标准更为严格。

个人交通工具主要是轻型车辆，以及两轮和三轮摩托车。轻型车辆排放的控制技术已广泛运用，可符合最严格的低硫燃料和尾气排放标准（ICCT，2015a）。控制技术的成

表 1-5 部分地区的排放物和燃料含硫标准

地区	排放标准						燃料含硫标准	
	轻型车辆			重型车辆			柴油 1×10^{-4}%（年）	汽油 1×10^{-4}%（年）
	2014 年全球车辆销售（%）	乘客公里活动（%）	国家标准	2014 年全球车辆销售（%）	公里活动（%）	国家标准		
中国	23.9	15.2	中国 5 号标准（2018）	48.5	19.8	中国Ⅳ号标准	10（2017）	10（2017）
欧盟	21.0	14.7	欧盟 6 号标准	9.4	9.3	欧盟Ⅵ号标准	10	10
美国	19.0	15.9	3 级（2017）	11.8	10.9	美国 2010	10（2017）	10（2017）
日本	7.1	2.8	PNLTES	2.9	1.4	PNLT	10	10
巴西	5.5	4.1	L-6	2.8	6.4	P-7	50	500
印度	8.8	4.3	印度 3 号标准	3.9	11.4	印度Ⅲ号标准	150	350
俄罗斯	3.4	3.6	欧盟 5 号标准	1.9	1.7	欧盟Ⅴ号标准	10（2016）	10（2016）
加拿大	2.4	1.5	3 级	1.5	1.2	阶段 2	30	15
韩国	1.8	1.4	CARB NMOG/欧盟 6 号标准（柴油）	1.5	1.0	欧盟Ⅵ号标准	10	10
印度尼西亚	1.4	1.0	欧盟 2 号标准	2.5	1.5	欧盟Ⅳ号标准	500	500
墨西哥	2.0	2.7	欧盟 3 号标准	0.9	2.9	欧盟Ⅳ号标准	80	500
澳大利亚	1.4	1.0	欧洲 6 号标准（2018）	0.5	0.5	欧盟Ⅴ号标准	50	10
沙特阿拉伯	0.7	1.0	欧盟 2 号标准	0.5	5.3	欧盟Ⅱ号标准	n/a	500
土耳其	1.2	1.4	欧洲 5 号标准（2016）	1.5	1.8	欧盟Ⅵ号标准	10	10
南非	0.8	1.7	欧盟 2 号标准	0.6	1.0	欧盟Ⅱ号标准	500	500
阿根廷	0.8	0.8	欧盟 5 号标准	0.3	0.9	欧盟Ⅴ号标准	150	10

标准					
较欧盟 6 / Ⅵ号标准更为严格	等同于欧盟 6 / Ⅵ号标准	等同于欧盟 5 / Ⅴ号标准	等同于欧盟 4 / Ⅳ号标准	等同于欧盟 3 / Ⅲ号标准	等同于欧盟 2 / Ⅱ号标准

资料来源：IEA 移动模型（MoMo）和 ICCT（2015）。

本取决于车辆使用汽油还是柴油，以及是否严格遵守相关排放标准。使用汽油发动机的轻型车辆排放 NO_x 及 $PM_{2.5}$ 的控制技术，以空气 - 燃油控制和催化剂处理（包括三元催化剂）为基础。随着汽油直喷技术，以及火花点火发动机的其他先进的燃烧技术的到来，新的后处理技术正在研发，以处理 PM 排放。2012 年的研究预计，四缸汽油发动机车辆

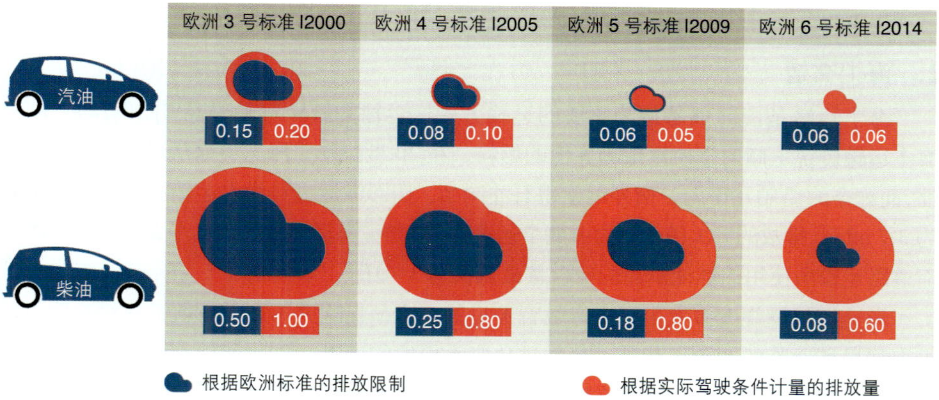

图 1-15　欧洲不同类别乘用车的 NO_x 排放量标准对比（克每行驶公里）

注：实际驾驶的计量结果表明，符合欧盟 6 号标准的汽油车辆的氮氧化物排放量稍高于此前符合欧盟第 5 号标准的车辆（格拉茨工业大学，2013）。
资料来源：EEA (2016)。

遵守欧盟 6 号标准的成本介于 361 ~ 461 美元之间（ICCT，2012）。对柴油车辆而言，选择性催化还原（SCR）、稀燃 NO_x 捕集器（LNT）和废气再循环（EGR）是主要的技术方案。无论是选择性催化还原还是稀燃 NO_x 捕集器（较为少用），一般都需要配合废气再循环，共同发挥作用 PM 减少 NO_x 排放。选择性催化还原的成本介于 418 ~ 494 美元，稀燃 NO_x 捕集器介于 320 ~ 509 美元，而废气再循环则介于 142 ~ 160 美元，这取决于发动机功率的大小（ICCT，2015b）。

通过采用颗粒过滤系统，可减轻 $PM_{2.5}$ 的排放，但该系统需要与特定的发动机类型相匹配。因此，柴油颗粒过滤器（DPF）和汽油颗粒过滤器在设计、工作原理和成本上存在差异。即便技术成熟而成本又并不昂贵，在实施更为严格的排放和燃油标准方面，不同的地区也存在巨大的差异。摩托车与汽油车辆采用类似的控制技术，包括氧化催化、电子燃油喷射和二次空气喷射。短时间内减少摩托车 PM 排放的最有效方式是禁止销售二冲程发动机摩托车（这种发动机的 PM 排放远高于四冲程发动机），以及实施报废奖励计划（如有需要，可进行置换优惠），以取消使用二冲程发动机摩托车。

对于重型车辆，排放控制技术与柴油车辆相同，但由于车重、用途、使用周期、道路使用寿命及排放标准的不同，技术的成本和配置还是存在巨大的差异。为了符合全球领先的标准，柴油货车一般既需要催化还原技术，又需要柴油颗粒过滤器，以及缸内排放控制（包括燃料和空气喷射系统和废气再循环技术）。目前，在美国（US 2010）和欧洲（欧盟Ⅵ号标准）的重型车辆标准的规范下，NO_x 及 $PM_{2.5}$ 排放量较基础标准（美国 NO_x1994 年标准及欧盟Ⅱ号标准）减少了约 95%。这些基础标准依赖于 5×10^{-2}% 含硫柴油，并于 20 世纪 90 年代初颁布（ICCT，2016）。开发和集成排放控制技术，以符合更为严格排放标准，其成本分别为 426 美元（遵守欧盟Ⅲ号标准）、50 美元（遵守美国 1998 年标准）、7 000 美元（遵守现有标准，即欧盟Ⅵ号标准和美国 2010 年标准）不等，但这还不到美国市场上货车售价的 5%（ICCT，2016）。

2. 海上交通

海上运输是国际贸易最为重要的运输方式，运输的国际贸易商品[1]比例超过 80%。海上运输传统上倾向于使用最为廉价的燃料。在 20 世纪初，海上运输从燃煤转而使用石油，而如今的船舶几乎无一例外地使用石油制品。国际海运燃料约占运输石油需求的 7%，约 3.7 mb/d，排放的 SO_2(9 Mt)约占整个运输业的 90%。海运燃油的硫含量最高达到 3.5%，而道路运输所使用的燃油制品的硫含量最低仅为 1×10^{-3}%。

海运燃料燃烧大多发生在离岸数百英里的地方，但这并不能缓解航道或港口附近的沿海居民所面临的问题。此外，船舶排放废水引发的二次污染物能够在大气中移动数百公里，对陆地空气质量构成潜在隐患。船舶经由主要大洋航线时的排放物往往是该地区 SO_x 和 NO_x 的最大来源（Dalsoren 等，2009）。在人口密集的港口城市，海运船舶排放物甚至比当地污染排放占比更大。除了进出港口要燃烧燃料，船舶可能会在离口岸数英里处逗留数日，以装载或卸载货品，与此同时也会继续燃烧燃料。香港地区在采取行动处理污染前，海运活动所产生的硫排放物为 44%，而 NO_x 为 33%[2]。在美国洛杉矶的长滩，处理污染前的海运排放物占比约为 45%（Merk，2014），而在加拿大的温哥华，采取治理污染行动[3]前，海运船舶是 SO_2（和柴油 PM）排放物最大来源。尽管并未取得全面的数据，但亚洲港口和邻近地区可能受海运活动的影响最大，因为亚洲占全球船舶停泊时间逾 40%，欧洲次之，为 31%（Dalsoren 等，2009）。许多港口开始更加积极地减轻海运污染。部分港口会要求或鼓励"岸电"方案，即船舶停泊后接用在岸电源，避免再使用柴油发电机。尽管这一方案涉及的燃料消耗量估计仅占全球的 1% ~ 2%，但它的减排成效在靠近海岸的港口极为重要。诚然，这会在管理港口基础设施和供电方面会带来挑战，但也表明，减少海运排放需要更全面的方法，而并非简单地设定排放限值和控制机制。

预防远洋船舶造成海洋污染（包括空气污染排放）是国际海事组织（隶属联合国）的职责之一。在 1997 年，国际海事组织颁布了全球首个船用燃料的硫含量限值（4.5%），在 2012 年降低为 3.5%，沿用至今。此外，国际海事组织在多个海岸区域指定了排放管制区（ECA），执行更为严格的硫排放规定，即含硫量排放管制区（SECAs）：波罗的海管制区在 2006 年生效，北海含硫量排放管制区在 2007 年生效，北美和加勒比海排放管制区分别在 2012 年和 2013 年生效。在 2015 年 1 月，这些排放管制区的含硫量限制由 1.5% 下调至 0.1%。据目前估计，海上燃烧的燃料平均硫含量接近 2.5%（国际海事组织，2016 年）。在亚洲，许多当地政府和港口管理机构颁布了多项措施。香港是亚洲首个研究、监控、关注海运污染导致空气污染的地区。香港首先采取措施鼓励主动转换燃

---

[1] www.imo.org.

[2] www.epd.gov.hk/epd/english/environmentinhk/air/data/emission_inve.html.

[3] www.bc.lung.ca/sites/default/files/media/State%20of%20the%20Air%20Report%202015_1.pdf.

料，并在 2015 年要求所有船舶在港时使用硫含量仅为 0.5%的燃料。中国珠江三角洲的深圳港也出台了一系列措施，包括提供补贴，鼓励在港船改用含硫量较低的燃料。2015 年 12 月，中国政府公布了中国水域内的三个排放管制区的实施时间。这三个排放管制区包括：珠江三角洲、长江三角洲和渤海。首先针对主要港口采取措施，逐渐覆盖所有港口，到 2019 年，将推广至所有指定区的水域。届时，硫排放上限将设定为 0.5%。2019 年后，政府将讨论对这些地区燃油消耗产生的硫排放量限制在 0.1%，进一步接近国际海事组织对欧洲和美洲排放管制区的规定。

1.3.4 建筑㊀

建筑内的能源使用占人类活动排放的所有细颗粒物（$PM_{2.5}$）的 55%（2015 年为 19.3 Mt），NO_x 的 5%（2015 年为 5.0 Mt）和 SO_2 排放量的 7%（2015 年为 6.0 Mt）。然而，在这些总数字背后，有各种不同的区域情况和挑战。发展中国家（特别是撒哈拉以南的非洲、印度和低收入亚洲国家）的主要挑战是获得现代能源技术。对于没有电力服务的 12 亿人口，包括印度的 8 000 万户，石油 / 煤油灯广泛应用于照明。对于没有现代炊用燃料或先进的生物质炉具的 27 亿多人口，使用固体生物质（木材、木炭、农业废弃物和动物粪便）的传统开放式火炉是炊事的主要选择。在 2015 年，这些固体生物质不充分燃烧的排放占所有室内 $PM_{2.5}$ 排放量的 90%。如果在通风状况不佳的封闭空间，这些排放物会对健康构成重大影响：由于技术不当及缺乏通风，室内烟雾的微小颗粒浓度可能超过可接受浓度的 100 倍。

解决方案是以电力代替煤油照明（见专栏 1-5），以及提供清洁的炊具。尽管已有所进展，尤其是在电力供应上，但 UN SE4All 进展跟踪报告清楚地表明，对于实现全民享有现代化能源服务的目标，整体进度远低于到 2030 年实现该目标的要求。特别是普及清洁能源炊具的努力大体上被人口增长所抵消，这就意味着接触烟雾和不安全生活条件的人口（一般是妇女和儿童）数量并未减少。与解决户外空气污染的其他能源体系所需的控制技术成本相比，采用更清洁的炉灶来解决室内空气污染更经济有效。人们已经有许多方案可供选择，尽管这些方案在性能（污染物排放、效率）和成本方面的差异很大㊁。

在新兴和发达国家，室内能源使用的模式，以及相关空气污染的挑战大相径庭。尽管中国家用天然气供应网络不断扩大，在家用供热方面，煤炭的持续使用仍相对强劲。南非也有类似的现象。

放弃使用生物质燃料在不断发展的城市区域尤其明显。因此，尽管全球建筑行业产生的 SO_2 排放量在 20 世纪 80 年代达到顶峰，之后又下降了 35% 多，但家用煤（烹饪和加热）

㊀ 建筑行业包括住宅（家庭）、商业和机构建筑内所使用的能源。这包括空间加热和制冷、水加热、照明、家用电器和烹饪等设备。

㊁ 全球清洁炉灶联盟已建立了炉灶性能指南（国际研讨会协议——性能分级），以便对目录中的炉灶进行比较 (www.cleancookstoves.org)。

在所有市场并未减少。在经济合作与发展组织（OECD）市场，建筑行业使用的主要燃料为电力和天然气。然而，在部分发达国家（特别是欧盟）中，用生物能来加热的现象亦有所增加。由于欧盟和美国缺乏控制木柴燃烧炉 PM 的排放（截至最近），PM 的排放量均有所增加。

专栏 1–5 照明的负面影响

煤油灯不仅是没有电力供应的 12 亿人中的众多人口的常用照明用具，还是许多“供电不足”（即经常供电中断）人口的常规照明来源。但煤油灯存在多种风险：煤油灯存在安全隐患、产生污染且不利于人类健康。它们产生非常细小的颗粒，会引发各种呼吸问题和疾病；煤油灯存在火灾隐患；照明效果不佳，有损视力（联合国儿童基金会，2015）。此外，联合国儿童基金会还报告称，发展中国家儿童中毒的主要原因是意外摄入煤油，因为煤油通常用饮料瓶存放，常被儿童误食。

通过电力供应或太阳能灯具逐渐淘汰煤油灯，以及采取措施普及清洁炊事，是减少室内空气污染、改善健康的关键。减少黑炭（PM 的特别有害成分）的排放是当务之急。近期研究表明，简单灯具所使用的煤油中约有 8% 会转化为纯黑炭（超过此前估计的 20 倍），而对于木材燃烧而言，只有其排放物 1% 的一半会转化为黑炭（Lam，2012）。减少黑炭排放的效益并不局限于公众健康，因为尽管它是短暂的大气污染物，但对全球变暖的影响巨大。据估计，煤油灯散发 270 kt 的黑炭约等同于 240 Mt 的 CO_2。

参考文献

[1] Ashmore, M. (2005), “Assessing the Future Global Impacts of Ozone on Vegetation”, Plant, Cell and Environment, Vol.28, pp.949–964.

[2] Convention on Long-range Transboundary Air Pollution (2010), Hemispheric Transport of Air Pollution 2010 Executive Summary, Convention on Long-range Transboundary Air Pollution .

[3] Dalsoren, S., et al. (2009), Update on Emissions and Environmental Impacts from the International Fleet of Ships: The Contribution From Major Ship Types and Ports, Atmospheric Chemistry and Physics, Vol.9.

[4] EC (European Commission) (2013), Clean Air Policy Package, COM(2013) 917 final, COM(2013) 918 final, COM(2013) 919 final, COM(2013) 920 final, SWD(2013) 532 final. Commission Staff Working Document, EC, Brussels.

[5] EEA (European Environment Agency) (2014), Costs of Air Pollution from European Industrial Facilities 2008–2012: Updated Assessment, Technical Report No 20/2014, EEA, Copenhagen.

[6] — (2015), Air Quality in Europe: 2015 Report, EEA. Luxembourg.

[7] — (2016), Explaining Road Transport Emissions: A Non-Technical Guide, EEA, Copenhagen.

[8] Forouzanfar, M. (2015), “Global, Regional and National Comparative Risk Assessment of 79 Behavioural, Environmental and Occupational, and Metabolic Risks or Clusters of Risks in 188 Countries, 1990–2013: A Systematic Analysis for the Global Burden of Disease Study 2013”,

The Lancet, Vol.386.
[9] Ghude, S., et al. (2014), "Reductions in India' s Crop Yield Due to Ozone" , Geophysical Research Letters, Vol. 41.
[10] Graz University of Technology (2013), Update of Emission Factors for EURO 5 and EURO 6 Vehicles for the Handbook Emission Factors for Road Transport (HBEFA) Version 3.2 Final Report, Graz University of Technology, Graz, Austria.
[11] Hilboll, A., A. Richters and J. Burrows (2013), "Long-term Changes of Tropospheric NO2 over Megacities Derived from Multiple Sattelite Instruments" , Atmospheric Chemistry and Physics, Vol.13, pp. 4 145-4 169
[12] ICCT (International Council on Clean Transportation) (2012), Estimated Cost of Emission Reduction Technologies for Light-Duty Vehicles, ICCT, Washington, DC.
[13] — (2015a), Policies to Reduce Fuel Consumption, Air Pollution, and Carbon Emissions from Vehicles in G20 Countries, ICCT, Washington, DC.
[14] — (2015b), NOx Control Technologies for EURO 6 Diesel Passenger Cars, International Council on Clean Transportation, Washington, DC.
[15] — (2016), Cost of Emission Reduction Technologies for Heavy-Duty Diesel Vehicles, ICCT, Washington, DC.
[16] IEA (International Energy Agency) (2015), Energy and Climate Change: World Energy Outlook Special Report, OECD/IEA, Paris.
[17] IEC (Industrial Economics, Incorporated) (2011), Health and Welfare Benefits Analyses to Support the Second Section 812 Benefit-Cost Analysis of the Clean Air Act, Final Report, prepared for the Office of Air and Radiation of the US Environmental Protection Agency, IEC, Cambridge,Massachusetts.
[18] IMO (International Maritime Organization) (2016), Sulphur Monitoring for 2015, IMO, London.
[19] Jaramillo, P., and N. Muller (2016), "Air Pollution Emissions and Damages From Energy Production in the US: 2002–2011" , Energy Policy, Vol. 90, pp. 202-211.
[20] Lam, N. et al. (2012), "Household Light Makes Global Heat: High Black Carbon Emissions from Kerosene Wick Lamps" , Environmental Science & Technology, Vol. 46 (24), pp. 13 531-13 538.
[21] Merk, O. (2014), Shipping Emissions in Ports, International Transportation Forum Working Paper, ITF, Paris.
[22] Nalbandian-Sudgen, H., IEA Clean Coal Centre (2006), Air Pollution Control Technologies and their Interactions, IEA Clean Coal Centre, London.
[23] — (2015), New Regulatory Trends: Effects on Coal-Fired Power Plants and Coal Demand, IEA Clean Coal Centre, London.
[24] OECD (Organisation for Economic Co-operation and Development) (2012), Mortality Risk Valuation in Environment, Health and Transport Policies, OECD, Paris.
[25] — (2014a), The Cost of Air Pollution: The Health Impacts of Road Transport, OECD, Paris.
[26] — (2014b), Towards Green Growth in Southeast Asia, OECD, Paris.
[27] — (2016), The Economic Consequences of Air Pollution, OECD, Paris.
[28] Rabl, A., J. Spadaro and M. Holland, M. (2014), How Much Is Clean Air Worth?, Cambridge University Press, Cambridge.
[29] Royal College of Physicians (2016), Every Breath We Take, Royal College of Physicians, London.

[30] Sánchez-Triana, E., et al. (2014), Cleaning Pakistan's Air, Policy Options to Address the Cost of Outdoor Air Pollution, International Bank for Reconstruction and Development, Washington, DC.

[31] Tai, A., M. Val Martin and C. Heald (2014), "Threat to Future Global Food Security from Climate Change and Ozone Air Pollution", Nature Climate Change, Vol.4, pp. 817-821.

[32] UNEP (2016), UNEP Partership for Clean Fuels and Vehicles, accessed 6 June 2016, DOI: www.unep.org/transport/new/pcfv/

[33] UNICEF (2015), Why sustainable energy matters to children: The critical importance of sustainable energy for children and future generations. UNICEF, London.

[34] US EPA (United States Environmental Protection Agency) (2011), Benefits and Costs of the Clean Air Act 1990-2020, US EPA, Washington, DC.

[35] Wang, Y., et al. (2014), Sapital and Temporal Variations of Six Criteria Pollutants in 31 Provincial Capital Cities in China during 2013-2014, Environment International, Vol. 73, pp. 413-422.

[36] WHO (World Health Organization) (2006), WHO Air Quality Guidelines for Particulate Matter, Ozone, Nitrogen Dioxide and Sulfur Dioxide - Global Update 2005, World Health Organization, Geneva.

[37] — (2014), Burden of Disease from Household Air Pollution for 2012, Summary of Results, WHO, Geneva.

[38] — (2016a), "Air Pollution Levels Rising in Many of the World' s Poorest Cities", Press release, www.who.int/mediacentre/news/releases/2016/air-pollution-rising/en, accessed 13 May 2016.

[39] — (2016b), World Health Statistics 2016, WHO, Geneva.

[40] — (2016c), Burning Opportunity, Clean Household Energy for Health, Sustainable Development, and Well-being of Women and Children, WHO, Geneva.

[41] — (2016d), Air Pollution: A Global Assessment of Exposure and Burden of Disease, WHO, Geneva, forthcoming.

[42] WHO and OECD, (2015), Economic Cost of the Health Impact of Air Pollution in Europe, WHO Regional Office for Europe, Copenhagen.

[43] Wilkinson, S., Mills, G., Illidge, R., & Davies, W., (2012), How is ozone pollution reducing our food supply? Journal of experimental botany, Vol.63(2), pp. 527-36.

[44] World Bank (2007), Cost of Pollution in China: Economic Estimates of Physical Damages. World Bank, Beijing.

[45] — (2013), Diagnostic Assessment of Select Environmental Challenges: An Analysis of Physical and Monetary Losses of Environmental Health and Natural Resources, World Bank, Washington, DC.

[46] — (2016), Country and Lending Groups, accessed 1 June 2016, DOI: data.worldbank.org/ about/country-and-lending-groups.

[47] Yaduma, N., M. Kortelainen and A. Wossink (2013), Estimating Mortality and Economic Costs of Particulate Air Pollution in Developing Countries: The Case of Nigeria. Environmental and Resource Economics, Vol. 54, pp. 361-387.

第 2 章　空气污染展望：迎向蓝天？

• 国际能源署对 2040 年能源与空气污染政策对空气污染物排放的影响，进行了首次的评估。《世界能源展望特别报告》指出，尽管全球污染排放有所减少，但现有及拟定的能源政策并不足以改善空气质量。其中，由户外污染而导致的过早死亡数量将由目前的每年 300 万人增加至 2040 年的 450 万人，而由于室内空气污染而导致的过早死亡数量则将由目前的每年 350 万人下降至 290 万人。

• 全球结果表现出很大的区域性差异，这主要取决于能源结构、能源效率和空气质量政策。其中，工业化国家的排放会持续下降，中国近期也呈现下降的迹象。印度、东南亚和非洲一些国家的排放量普遍上升，这是由于能源需求的增长抵消了改善空气质量的政策效果。质量不良的空气会继续影响最贫困的人口：到 2040 年，仍有 18 亿人缺乏清洁炉灶（目前为 27 亿人），而且暴露于室内空气污染的大多为妇女和儿童。对减少排放影响最大的措施包括：在发展中国家普及现代能源服务，提高能源效率，推动燃料多样化和控制空气污染物排放。

• 空气质量展望是一项政策选择。新能源和空气质量措施会带来更清洁的空气，这就是为什么国际能源署提出清洁空气情景。该情景以实践经验和具有实际意义的能源和空气质量政策为基础，并且只使用现有技术。该情景的实施能带来更为洁净的空气并改善健康状况。在清洁空气情景下，2040 年因户外空气污染导致的过早死亡数量将下降至 280 万人，室内空气污染导致的过早死亡数量则下降至 130 万人。获益最多的为发展中国家：暴露在高于世界卫生组织的最低目标的 $PM_{2.5}$ 浓度 F 的印度人口比例将在 2040 年下降至 18%（目前为 62%），中国则降至 23%（目前为 56%），而印度尼西亚和南非则降至接近为零。

• 清洁空气情景的效益实现取决于一系列政策的实施：家家使用清洁炉灶，对于减少低效的生物质炉灶使用以及相关 $PM_{2.5}$ 排放具有关键作用。道路交通中强制严格实施排放标准，尤其是在城市中，对于降低 NO_x 排放起到主要作用。在电力行业中通过控制排放、使用替换燃料，以及提高工业领域中能源使用效率来降低二氧化硫排放。额外投资的需求问题并非不可克服：清洁空气情景中的累计投资比新政策情景中高 7%（即 4.8 万亿美元），带来的效益价值高出数倍。

2.1 导言：情景框架

从未来能源生产和使用的角度来看，现有和规划中的空气质量政策将对空气污染物排放造成什么影响？已发布和预期的政策是否被证明能够充分改善空气质量，还是需要更为严厉的措施？专门应对空气污染的政策有哪些作用？在 COP21 和其他政策推动下的能源行业改革又有哪些广泛的效益？在第 1 章分析能源和空气质量之间相互作用的基础上，本章基于多种推测来评测未来前景，并且分析大幅度降低能源相关空气污染物的成本，以及在人体健康方面的效益。本报告包含了首个按照国家和地区对 2040 年与能源相关的空气污染物排放的前景分析。报告的目标是提供一个清晰和透明的蓝图，以及未来可能的改进领域。结论的得出依赖于 4 个主要领域的研究分析：

1）以国家为单位详细回顾了影响空气污染发展趋势的能源相关政策，包括现有政策和待定政策。从影响能源生产和改革的政策到那些在终端领域影响能源消费的政策，覆盖了整个能源价值链[㊀]。

2）评估了上述政策对改善或损害与能源相关的空气污染的中长期影响。这一评估基于最新的世界能源展望（WEO）新政策情景，它的实现有赖于世界能源展望团队和国际应用系统分析研究所的建模和分析工作（见专栏 2-1）。

3）介绍了一个主要的新情景——清洁空气情景，它整合了一套能够切实大幅降低空气污染物的附加政策。清洁空气情景中附加政策的选择因地制宜，基于在其他地区实施政策和技术的经验。

4）量化分析了每个情景对人体健康的影响以及空气污染的最大经济成本。这是通过衡量以下方面实现的：空气中的因能源消耗所产生的悬浮微粒的预期浓度，当前和未来由于室内和室外空气污染造成的过早死亡人数，以及空气污染对平均预期寿命的影响（见第 1 章，专栏 1-3）。

专栏 2-1 为本特别报告分析未来空气污染趋势——国际能源署的世界能源模型和美国国家航空航天局的 GAINS 模型的整合

国际能源署世界能源展望系列的主要分析工具是世界能源模型（WEM）[㊁]，它是一个覆盖世界 25 个地区的能源体系模型，包含了对能源行业从供应到转化、运输、分配再到使用的详细描述。通过细致研究例如行业活动的演进（如交通中车辆行驶的公里数，对钢铁或铝材的工业需求，建筑行业对照明、燃气和供热的需求）等问题，分析技术表现、效率、投资需求和燃料成本，以及能满足需求的

㊀ 该回顾使用了 IEA 世界能源展望的能源与气候政策数据库，并以专门研究空气污染措施的资料做为补充，尤其是 www.tramsportpolicy.net/，以及 www.unep.org/Tramsport/Airqnality/ 和各国政府来源。

㊁ 详情见 www.worldenergyoutlook.org/weomodel/

价格，该模型建立了行业和地区的能源平衡。该模型的重要贡献是对能源相关温室气体排放的预测，例如 CO_2、CH_4 和 N_2O。然而，该模型不能单独对与能源相关的空气污染的预测。

因此在本世界能源展望的专题报告中，同时使用了 WEM 与国际应用系统分析研究所的温室气体和空气污染相互关系和协同效应（GAINS）[⊖] 模型。GAINS 是一个广受认可的模型，它以国家为单位，使用国际能源和工业统计数据、各国提供的排放清单和数据，来估算空气污染物的历史排放。利用该历史排放，以国家为单位，每 5 年为一个间段，针对不同的方案和一揽子政策，分析到 2050 年污染物的排放路径。GAINS 模型还计算不同排放水平对空气质量造成的影响，以及对人体健康和生态系统造成的后续影响。

GAINS 和 WEM 在过去也被一同用来分析能源政策对空气污染的影响。在本报告中，为使 GAINS 能够严密地重现 WEM 的行业活动的历史数据、未来预测以及所带来的未来能源需求，将两个模型的结合程度进行了大幅深化。这使得本报告能够详细地评估现有的和规划中的能源和空气质量政策对空气污染物的影响，并使得开发替代方案成为可能，以期为政策制定者在政策和技术间的权衡提供重要见解。

2.1.1 解决与能源相关的空气污染问题的政策

进入大气的污染物水平以及它们影响人体健康的方式取决于一系列因素和政策。目前影响能源行业的不同政策，可按照不同方式分类，在本分析报告中将其分为两组 ：

（1）减免污染物排放的政策，或者使提供能源服务的效率更高，或者使能源服务的提供不涉及燃料燃烧。例如 ：

1）在建筑、工业和交通行业中，提高能源效率的政策包括针对照明、风扇、空调、工业锅炉、电动机、小汽车和载物货车等的最低能效标准[⊜]。在工业中促进工艺提高或材料节约的政策具有相似的效果。在发展中国家中，还包括推广更高效生物质炉灶从而降低室内空气污染的政策。

2）推进可再生能源发展的政策，例如促进风力或太阳能发电发展的上网电价或竞拍制度。该组类还包括以可再生能源为基础的能源普及政策，例如提供太阳能炉灶或太阳能照明的项目。

⊖ 详情见 www.iiasa.ac.at/web/home/research/modelsData/GAINS/GAINS.en.htm/

⊜ 提高能源效率对空气污染的某些影响是间接的。例如，能效更高的电冰箱或电视机并不会减少建筑部门中的室内空气污染，但更低的整体用电需求会减少电力行业的空气污染。对于道路车辆，每公里更低的燃油消耗不会必然地降低氮氧化物的排放，但能够降低履行排放标准的成本。

3）通过提供更好的公共交通、鼓励步行出行或自行车出行的措施，以及将道路交通向铁路或水路交通疏导的措施，改善交通网络和城市规划等措施，降低对个人车辆的依赖。

（2）减少燃料燃烧和能源相关工艺影响的政策[㊀]，通过限制废气中污染物浓度的强制标准（从而鼓励排放控制技术的发展），或通过在废气排放后立即中和其影响，或鼓励使用燃烧后污染水平更低燃料的措施等，例如：

1）限制单个来源或设施在燃烧或能源消耗过程中的污染物排放，或强制推广必须应用控制技术的工业和电力行业排放标准。该类型法规的例子包括对发电厂或特定工业设施的具体排放限制，例如欧盟的大型燃烧设施法令（2001）和工业排放法令（2010）[㊁]。

2）限制烟囱高度或改善通风条件（对于室内空气污染物），从而降低被吸入人体肺部的污染物浓度的法规。

3）汽车排放标准，例如美国对不同类型车辆的 1 ～ 3 级排放限制。

4）燃油质量法规，例如运输用燃料的含硫量限制（大部分 OECD 国家低至 $1 \times 10^{-3}\%$）或推广洗煤的措施。

5）使用污染水平更低的替代燃料，尤其是发展中国家的发电或工业完成从煤炭向燃气的转变，海上运输从重燃油向液化天然气（LNG）的转变，或厨房烹调从固态生物质向液化石油气（LPG）的转变。

6）以具体燃料或活动为目标的法规，例如在很多中国城市的建筑不得使用低等级煤炭的禁令，或在城市地区交通中实行严格的排放标准、不断增加“低排放区”。

7）现有设备 / 车辆的监控和改装项目：措施包括常规检查和维护项目，以及鼓励加装排放控制系统的产品。

尽管并非完全一致，但引导消除空气污染排放物的政策与措施趋向于和使能源行业更高效和降低对化石燃料依赖的大方向合二为一：在可预见的未来，解决空气污染最简单的方式是在源头上不产生污染物。引导降低排放或排放影响的政策和措施，通常针对解决空气污染问题而专门引入。

公共政策制定者为消除或降低污染物排放做出的努力具有普遍性，并且已经在很多国家证明了其有效性。如果采用燃料定价政策提供经济诱因来改变消费行为或将污染水平降低到规定水平或更低水平，个体消费者的投资或运营决策将被充分影响，这一有效

㊀ 也可采取在非能源活动中限制排放的措施，例如限制建筑工程中产生的尘土或住宅、农村中的废物燃烧。

㊁ 日本通过空气污染控制法设定排放限值，但一直以来，电力公司和行业的传统做法是与地方当局制定标准更严格的污染防治协议。如今，日本已经制定了超过 2 万个此类协议。

性可进一步加强[⊖]。交通行业提供了有用的示例：改善交通网络和城市规划消除污染，能够通过影响消费者选择的定价政策来提供支持，因为改善公共交通以减少空气污染离不开消费者的实际参与。

此类价格策略的典型例子包括：

1）化石燃料消耗补贴改革，例如最近在印度、印度尼西亚和中东部分地区进行的能源定价改革。

2）燃料税和过路费是很多国家燃料价格制度的组成部分，尽管柴油比汽油排放更多的 PM 和 NO_x，但相对汽油而言，柴油在很多国家被征的税更少（OECD，2015）。

3）拥堵费，例如要求缴费才能进入特定地理区域（以及为超低排放车辆提供折扣）的伦敦拥堵收费区。

所有这些政策无论是作为城市交通政策的一个要素，还是通过向更高效和更低排放车辆转变来改善经济情况，都是有效的。

2.1.2 情景定义

本报告基于两个情景：作为现有和规划政策延续的新政策情景，以及实施附加措施而实现空气污染物排放大幅降低的清洁空气情景。

1. 新政策情景

通过以国家和行业为单位对已经采用的或者已经公示作为预期政策的（即使执行措施尚未完全确定）所有相关政策和措施进行考量，新政策情景评估与能源相关的空气污染的前景。对于那些已经宣布的政策和措施，其实施的范围和时间按照当前的组织、政策和经济情况进行评估。

已实施和正在考虑中的解决空气污染问题的政策因国家和地区情况不同而存在较大差异，其中经济发展水平是重要的变量（见第 42 页聚焦点）。它们包括降低污染物排放的政策（例如，设定废气中单一污染物浓度的上限值）。它们还包括改变能源消费结构的政策，因此也对排放物趋势造成影响（例如，支持可再生能源、改善能源效率或对碳排放收费的政策）。重要的是，该类政策还包括由国家政府提交的、在预备阶段作为向《联合国气候变化框架协议》第 21 缔约方大会（COP21）提出承诺，并作为巴黎协议一部分

⊖ 如今，尽管政策制定高度重视直接通过监管措施来消除或降低排放，但经济激励在降低空气污染中也扮演了重要角色。一个突出的例子是美国酸雨项目，它按照清洁空气法设立，要求电力行业大幅降低 SO_2 和 NO_x（酸雨的主要成分）的排放。SO_2 项目对发电厂可能排放的 SO_2 总量设定了永久限值。项目分阶段实施，最后在 2010 年将 SO_2 排放限值设定为 895 万 t，约为 1980 年电力行业排放的一半。美国经验的启示使得安大略（加拿大）和首尔（韩国）的都市地区分别引入了空气污染物排污权交易方案。其他经济激励的例子包括排放税：瑞典自 1990 年起对 NO_x 排放征税，日本于 20 世纪 70 年代开始对 SO_2 排放引入征税机制。

的国家自主贡献预案中说明的能源相关目标。本报告的下篇包括特定国家和地区的新政策情景中的更多政策细节，以及它们对污染物排放长期趋势的影响。

聚焦点：经济发展和空气质量之间的联系是什么？

一个国家的经济发展阶段决定了其对不同能源服务的利用水平。因此，经济发展水平可以作为各类污染物排放水平的重要决定因素。概括地说，低收入国家趋于使用固态生物质作为烹调能源，容易造成更高的 PM 排放。中等收入国家的能源体系通常必须与快速的经济发展和工业化相匹配，结果就是 SO_2 排放的不断上升。而随着收入进一步提高（主要是由于交通的发展），这些国家会面临 NO_x 排放的强劲增长。

个体中表现出的情况也极可能表现在国家层面。尽管 1990 – 2010 年（见图 2-1）间收入和空气质量趋势间关系的一些一般性观察结果是真实的，但污染物之间以及不同国家和地区之间存在变化。经济及能源构成的结构化差异能够从很大程度上解释这些变化。另外，空气质量控制的政策的出现（或缺失）对于确定收入和污染物排放之间的关系具有重大作用。

就 SO_2 和 NO_x 而言，一个令人鼓舞的趋势是，相比北美和欧洲在过去几十年间达到的超高水平而言，所有新兴和发展中国家的人均排放处在更低的发展轨迹上。另一个观察结果涉及显著的转折点，一旦这些国家达到中等收入水平，上升的人均排放趋势便会向相反的趋势发展，说明收入的提高会推动与空气质量紧密相关的优先政策，并使资金更多地流向对控制技术的投资。自 1990 年起，北美、欧盟和日本更强硬的监管行动已经大幅降低了人均 SO_2 和 NO_x 排放。对于 $PM_{2.5}$ ㊀，总体上，平均收入的提高和排放的降低之间存在很强的相关性，这是因为更多家庭开始采用更清洁的烹调设备。但在 2000 – 2010 年期间有两个重要的注意事项。在中国的建筑领域中，作为固态生物质的替代能源，煤炭的使用逆转了 $PM_{2.5}$ 排放下降的趋势。在欧盟，采暖中更多的应用生物能源已经对 CO_2 排放的降低做出了贡献，但同时也造成了人均 $PM_{2.5}$ 排放的增长。

2. 清洁空气情景

与现在相比，很多国家中现行和规划中的政策不足以大幅度地降低空气污染的影响。随着能源需求（或人口）的增长，污染物排放仍可能上升，结果是随着经济发展，污染对人体健康和环境的影响随之恶化。在一些国家中，尽管做出了相当的政策努力，仍受

㊀ 颗粒大小是决定这些 PM 的健康影响的一个重要因素：直径介于 2.5 ~ 10 μm 直接的“粗颗粒”，以及直径小于 2.5 μm 的“细颗粒”。

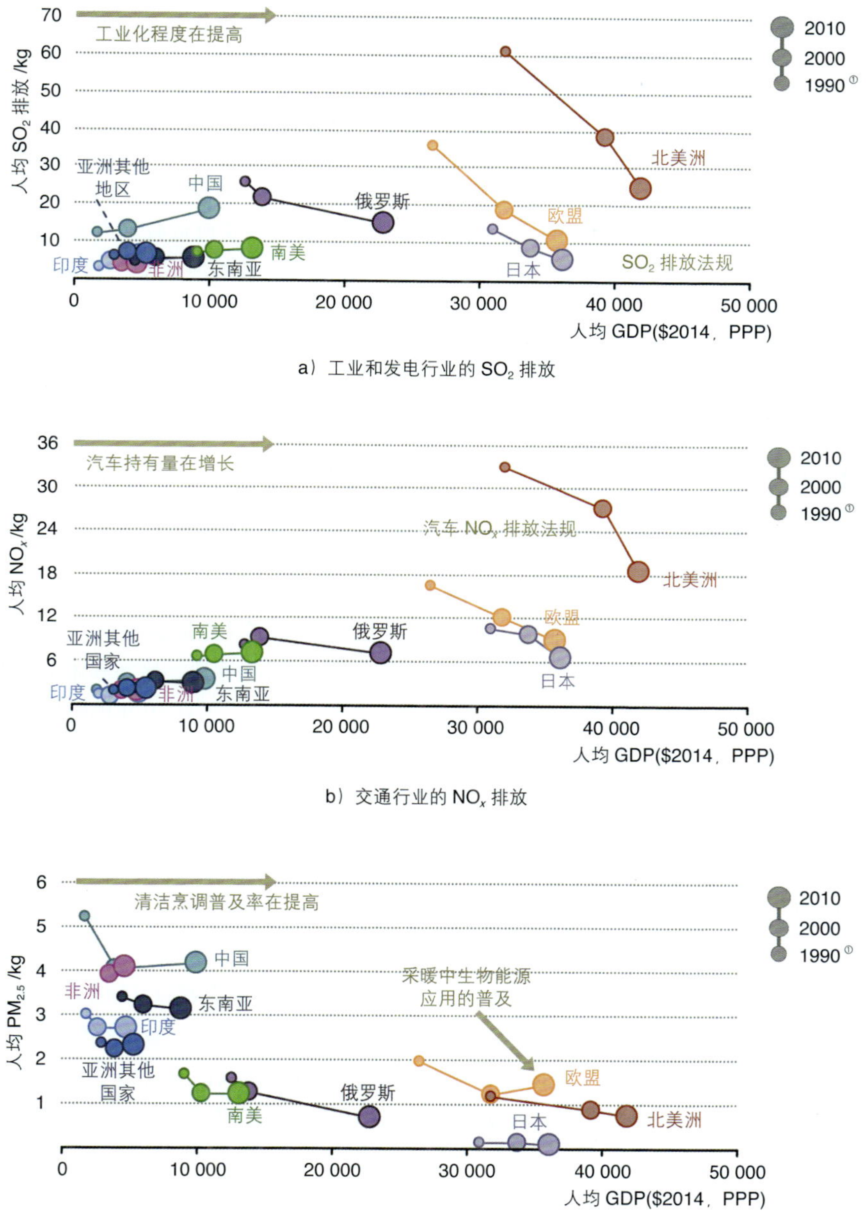

a）工业和发电行业的 SO_2 排放

b）交通行业的 NO_x 排放

c）建筑行业的 $PM_{2.5}$ 排放

图 2-1　关键行业不同类型的空气污染物排放

注：基于 2014 年国内生产总值的购买力平价（PPP）进行计算。

① 对于俄罗斯，1995 年的数据已经作为第一个系列分数被考虑在内。

资料来源：Crippa 等，2016。

制于其他复杂的相互关系的影响：即使现有和规划的政策对降低空气污染物排放起到了一定作用，对人体健康的影响仍可能因城市化程度的提高（能增加接触污染的人口范围）或其他人口变化（会增加易受空气污染人口的比重）而恶化。

这也正是本特别报告开发替代情景——清洁空气情景的原因，该情景展示了通过更有力的政策行动可能实现的成效，能够大幅地降低污染物排放和对人体健康的影响。清洁空气情景中各个政策举措的实施无法确保在大气中不存在任何污染物，但是它切实提供了一个实用的变革议程，更多的成果改善不依赖于任何技术突破或政策方面的激进创新㊀。与新政策情景中一样，清洁空气情景假设现有技术能够实现成本和效率的提升，例如，电池技术和可再生能源大范围部署的成本持续降低，但是该情景实质上依赖于已经广为人知且已被验证的技术途径的实施㊁。

在上一部分对类型的概述基础上，清洁空气情景中包含的政策分为两类（见表 2-1）：减免污染物排放的，以及减少污染排放或减轻其影响的。它们的实施以经济激励作为辅助支持，且不同的国家从不同的起点开始实施这些政策。总体而言，清洁空气情景中的政策都提高了治理目标，但具备完善监管框架国家的成效可能会最终走得更快、更远。对于其他国家来说，这些政策的充分实施要求在相当长的时间内保持政策的延续性。这就是为什么在同一个通用框架内，不同国家和地区的政策实施时间线是有差异的，一般来说：当前的法规离规定的基准越远，清洁空气情景中要求的调整期就越长。

假设 2025 年前这段时期逐步执行更严格的排放限制和控制手段，这将具体取决于所涉及国家的状况。自采用更严格排放限制起，现有大型燃烧设施还有 10 年的时间来升级改造以满足更高的标准。同样地，更高的道路车辆排放标准将在 2020 年以前被大部分国家执行，其余国家 2025 年以前执行，它们都有 5 年时间全面实现车辆上路标准。关于效率措施，新 MEP 的引入时间取决于国家状况，但在所有情况下都支持在 2030 年以前完成低效设备和装置的逐步淘汰。针对新轻型和重型车辆的更高的燃料效率标准最终将在所有国家实现，使这些车辆的平均燃料消耗效率在 2030 年前较当前水平提高 1.5 倍。截止到 2025 年，所有国家的油类产品的最大硫含量标准达到规定。

2040 年前实现电力和清洁烹调设施的全面普及，而现今则有超过 27 亿人的烹调依赖于对生物质的使用，12 亿人无法使用电力。这些情形还是造成由室内空气污染引发过早死亡的最大原因。这里采用的 2040 年的目标日期意味着清洁空气情景提供了额外 10 年的时限使这些目标全面实现，而联合国可持续发展目标第 7 项中规定的目标日期为

㊀ 清洁空气情景中的措施包括提高能源效率，降低效率最低的火力发电厂的使用并禁止其建设，提高对可再生能源的投资，以及逐渐取消矿物燃料补贴，其中很多措施还被提议作为国际能源署桥梁战略的一部分用来提高 2030 年前的气候治理目标（桥梁战略是国际能源署能源部长签署的一系列政策举措）（国际能源署，2015）。空气质量和气候变化政策之间的联系将在第 3 章中讨论。

㊁ 在清洁空气情景中一些可再生能源技术的学习速度高于新政策方案，因为学习过程获得了更高水平的预期发展的推动。

表 2-1　清洁空气情景中避免或减少空气污染物排放的政策支柱

减免	减少
大力推进工业和电力行业效率： 在工业行业，执行和强化电动机驱动系统现有的最低能源绩效标准（MEPs） 在电力行业中，减少低效火力发电厂（一般是亚临界发电厂）的应用，禁止新建低效火力发电厂	严格限制新建和现有燃烧设施的排放： 对于使用固体燃料，超过 50 MWth 的工厂，PM 的排放限制被设定为 30 mg/m³，NO_x 和 SO_2 的排放限值被设定为 200 mg/m³。现有设施需要在 10 年内进行改造 根据规模、燃料和燃烧工艺，限制小型工厂（低于 50 MWth）的排放① 工业生产要与最佳可用技术相匹配，才可获得运营许可②
装置和建筑物须采用高能效政策： 为装置、照明、采暖和制冷引入或强化现有 MEP 强制节能建筑法规简介。	住宅建筑中应严格控制生物质锅炉： 生物质锅炉的 PM 排放限制设定为 40 ~ 60 mg/m³，NO_x 排放限制设定为 200 mg/m³③
引入更高的燃料效率标准： 对道路车辆采取或强化燃油经济性标准，包括轻型车辆和重型车辆	更高的车辆排放标准： 对于轻型柴油车辆：NO_x 限制在 0.1 g/km 以下，PM 限制在 0.01 g/km 以下 对于重型柴油车辆和机械：NO_x 的限制为 3.5 g/km 以下，PM 的限制为 0.03 g/km 以下 对于所有车辆，在 2025 年前应全面符合上路标准 禁止不安装三元催化剂和严密蒸发控制装置的轻型汽油车辆上路，逐渐淘汰二轮和三轮车的二冲程发动机
对非热力可再生能源发电的更大支持： 电力行业中对可再生能源科技的投资提高	向排放更低的替代燃料转变： 在海上运输中使用低硫燃料，提高煤炭向燃气的转变
更好的公共交通和城市规划，对替代交通燃料的支持： 提倡公共交通，向电动二轮和三轮车、电动商用车辆和天然气公交车转变	改善的燃料质量： 油类产品的最大硫含量限制，重燃油为 1%，轻油为 0.1%，汽油和柴油为 1×10^{-3}%。
使用电力 / 清洁烹调设施： 加强电力供应和以可再生科技为基础的清洁烹调技术的使用	使用电力 / 清洁烹调设施： 加强改良烹调炉灶和现代烹调燃料的推广
通过经济激励支持避免和 / 或减少污染物排放	
分阶段撤销化石燃料消费补贴 定价改革，避免对化石燃料浪费性消费的刺激	

注：MWth = 百万瓦特热能。

①自 2015 年起，欧盟中型燃烧设施法令以及修订后的美国清洁空气标准，为这些案例中可达到的排放限制提供了指导方针。

②欧盟工业排放法令的 BAT 会议文件以及美国的新污染源行为标准是最佳可用技术的重要来源。

③欧盟生态设计法令为实施提供了指引。

2030 年。这反映了全球追踪框架报告的最新评估，结果表明现有速度无法从根本上满足 2030 年前实现联合国目标的要求（国际能源署和世界银行，2015）。尽管如此，清洁空气情景中的成就水平，要比新政策情景中的预期高出许多。

2.2　新政策情景中与能源相关的空气污染的展望

政府、国家或城市——均在采取措施应对与能源相关的空气污染。它们的行动是多方面和多样性的，从短期到长期措施，从能源行业到空气质量政策，从采取最佳技术方案到城市规划，以及其他深远影响人类行为的举措。新政策情景中采取此类政策的范围因国家而不同，取决于国家的发展状况和能源结构[⊖]。所有这些举措结合起来为新政策情景中与能源相关的空气污染的展望提供了指引。

在新政策情景中，由于人口增长（相比现在的水平增长约 1.25 倍）和收入增长（2040 年的经济规模是现在的 2.1 倍）的驱动，全球一次能源需求在 2040 年时将提高 1.33 倍，如图 2-2 所示。因此，能源强度（即每单位国内生产总值消耗的能量）每年降低 2.4%，是过去 25 年降低速度的 2/3。将在 COP21 所做出的气候承诺的能源相关部分考虑在内，满足全球总能源需求增长（占总量的 35%）的主要贡献来自于正常使用中不会排放任何空气污染物的能源，包括核能、水电、风能和太阳能。天然气是第二大的贡献能源，占总需求增长的 31%。而煤炭、石油和生物质（包括生物燃料）等其他能源的贡献占比几乎相同，是能源行业中燃烧相关空气污染物的主要排放来源。

尽管全球能源需求持续增长，但截至 2040 年（见图 2-3）很多国家与能源相关的空气污染物排放（包括过程相关排放）呈下降趋势。2040 年时全球 SO_2 排放相比 2015 年

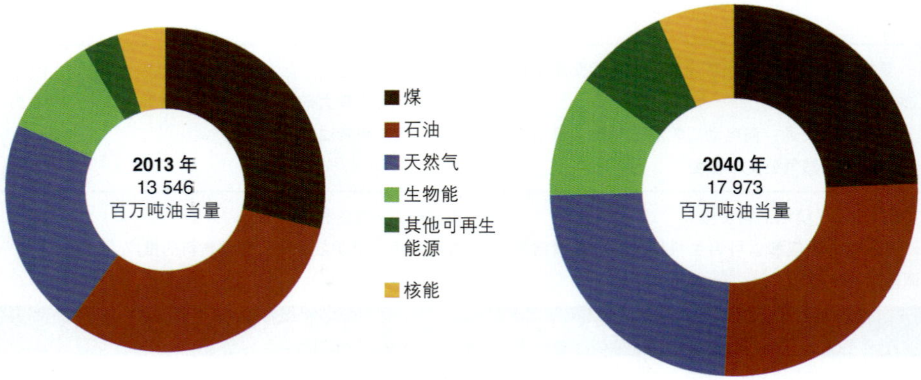

图 2-2　新政策情景中的世界一次能源需求

⊖ 空气质量和能源政策框架详细的国家和地区分析，以及它们对能源相关污染和空气质量前景的影响在 B 部分的数据图表中呈现。数据图表还详细论述了清洁空气情景的相应结果。

降低 20%，NO_x 排放降低 10%，$PM_{2.5}$ 排放降低 7%。尽管这反映了当前政策实施的积极效果，但不同地区和经济发展状况下的趋势实质上是不同的。当单独分析每个国家或地区时，没有一个国家或地区能够完全地消除与能源相关的空气污染物的排放。

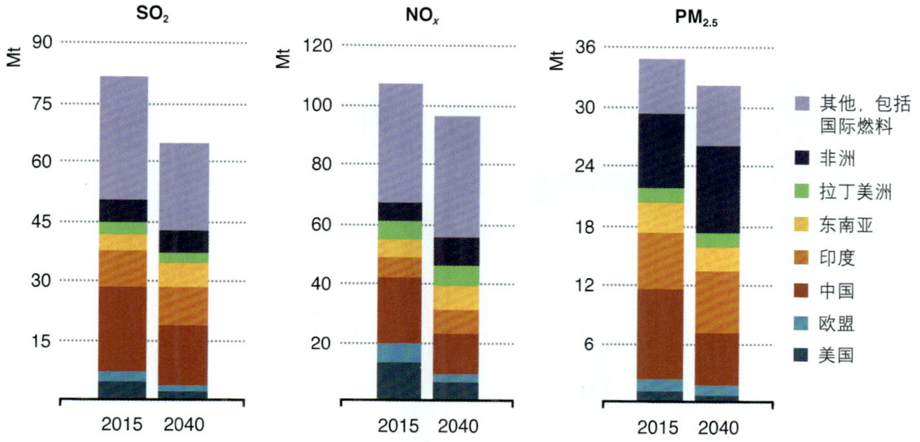

图 2-3　新政策情景中按地区划分的能源行业空气污染物排放

资料来源：IEA，IIASA。

2.2.1　不同国家和地区空气污染物变化趋势

在很多工业化国家中，绝大部分污染物的排放已经呈下降趋势，并将在新政策情景中随着能源总需求的降低（反映了能源效率的增长），低碳替代能源的增长，更严格的燃烧控制法规收到成效（见图 2-4）而持续下降。在美国，现有和规划的能源政策将使得在 2040 年前煤炭使用降低超过 1/3，石油使用降低 1/4，同时低碳能源（包括生物质）的使用快速增长，并且 2040 年时在能源结构中的占比将提高 10 个百分点，达到 27%。与空气污染政策结合，所有主要污染物的排放都有所降低：到 2040 年，SO_2 和 NO_x 排放降低超过 50%，分别由电力和交通行业驱动；$PM_{2.5}$ 排放降低 35%。类似地，欧盟能源和气候政策中的电力行业低碳化将使得 SO_2 排放 2040 年降低约 50%；同时，提高对现有交通法规的合规性将使 NO_x 排放降低 55%；$PM_{2.5}$ 排放的降低则不超过 20%，因为交通排放的降低被建筑和电力行业中生物质排放的上升所部分抵消。在日本，降低空气污染的能源行业法规已经很普遍，所有行业中提高能源效率的努力在新政策情景中延续[⊖]。因此，SO_2 和 $PM_{2.5}$ 排放在 2040 年时将分别降低 1/3，而 NO_x 排放将降低 45%。

⊖ 例如，日本最近对包括燃煤发电厂在内的化石燃料发电厂设定了新的能效标准。新标准强制要求所有新建火力发电厂的热效率不得低于 42%，这一水平与超超临界发电厂或最佳可用技术水平持平。

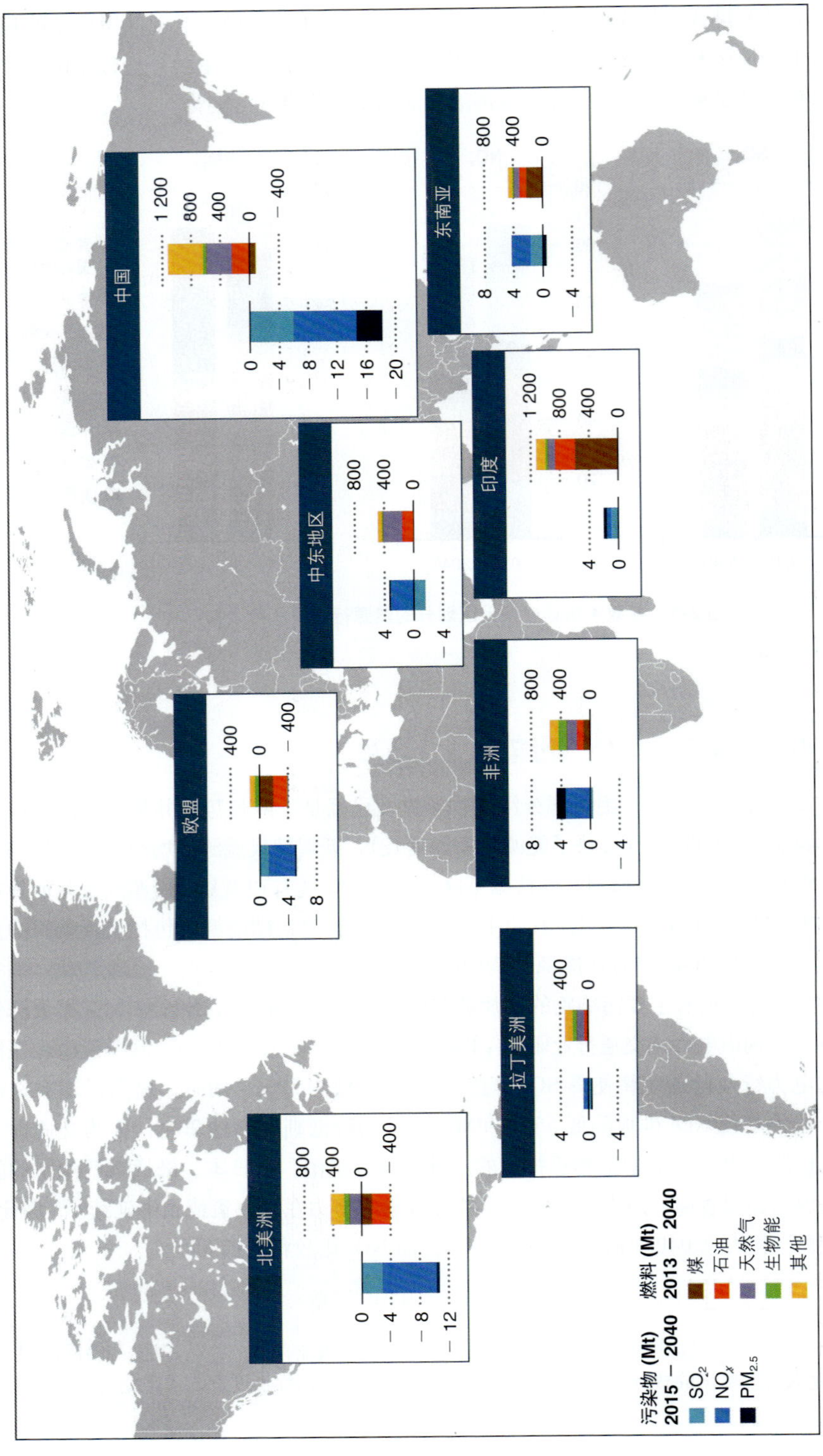

图 2-4　新政策情景下的各地区空气污染物排放和能源需求的改变

在中国，近期污染物排放降低的迹象获得了长期确认：能源需求增长明显放缓，燃料构成快速多样化，加强空气质量法规建设的近期努力反映在了能源资本存量中。因此，在 2040 年，新政策情景中的所有污染物排放将有所降低：相较于现在，SO_2 排放物降低约 30%，NO_x 和 $PM_{2.5}$ 排放降低约 40%。尽管有以上进展，中国依然无法解决空气污染的问题，因为城市将成为污染物的主要来源，导致更大部分的老龄化人口面临有害污染的威胁。

根据新政策情景的各项政策预期，印度、东南亚以及非洲的污染物排放量有所增加，这可以部分但不能全部归因于政策缺陷。例如，印度正在采用重要措施以解决空气污染问题（这些措施将在中期内对排放量增长有所控制），且已经确定了加大电力行业可再生能源使用比例以及推广电动汽车的目标。但是随着经济的发展、工业化以及城市化程度的提高，人们对交通工具以及其他能源服务的需求日益增强。能源需求的相关增长使得旨在解决空气污染的政策受到冲击。在印度，尽管遵从新排放法规的交通相关排放量有所下降，到 2040 年 NO_x 排放量仍会增加 10%，且增长多出现在工业（主要是水泥行业）。尽管在电力行业预计有新规定出台，SO_2 的排放量仍将在当前水平上增长 11%。由于更多人使用更加清洁的能源服务，建筑行业中 $PM_{2.5}$ 减排力度也将加大，但 $PM_{2.5}$ 排放总量仍增加了 7%。这导致印度的人均 $PM_{2.5}$ 排放量到 2040 年有所下降，但是仍约为韩国当前水平的 2.5 倍。在东南亚，新政策情景中的能源需求增长迅速，每年增长 2.2%，大大超过了全球平均水平。大部分的增长是由新政策情景中的煤和石油的使用所产生的，各约占 45% 和 20%。降低空气污染物排放量规定的严格程度在该地区有很大的不同，这使得到 2040 年 SO_2 和 NO_x 的排放量大大增长。$PM_{2.5}$ 的排放量平缓下降，主要得益于改善的烹饪的替代方案。

在新政策情景中，拉丁美洲的各类污染物排放量趋势有所不同。到 2040 年，SO_2 和 $PM_{2.5}$ 排放量几乎减少了 10%，而 NO_x 的排放量却增加了近 15%。SO_2 排放量的下降主要是因为用于发电的石油使用量减少了一半以上。在钢铁行业的推动下，巴西工业的排放量增加了约 60%，因此导致巴西电力行业排放量的减少被工业的排放量的增加所部分抵消。$PM_{2.5}$ 排放量的下降很大程度上是由于减少了对烹饪用传统生物质的使用，到 2040 年依赖低效生物质烹调炉灶的人口数量将减少 20% 左右。新政策情景中的拉丁美洲交通行业的 NO_x 排放量有所减少，但是工业和转换行业的 NO_x 排放量将增加 1.5 倍左右（尤其是水泥行业），这将导致总排放量的增长。

新政策情景中，非洲将持续面临空气质量问题。尽管南非的电力行业法规有助于在中期减少 SO_2 排放量，非洲电力行业的可再生能源（不包括生物质）以及核能的比例到 2040 年也将加倍，但能源需求的逐步增长还是会导致 2030 年之后排放量的增长，尤其是在电力和钢铁行业。根据现有的和规划的政策，非洲的众多国家将跟随其他发展中国家的趋势（以及过去的工业化国家的趋势）：在 2040 年，在非洲撒哈拉沙漠以南地区的人均收入（不包括南非）可达到现今印度的人均收入，现有的和规划的能源和空气质量政策意味着 $PM_{2.5}$ 的人均排放量也与现今印度的 $PM_{2.5}$ 的人均排放量水平相近。这一问题对该大洲上的最贫穷人口最为不利：低效烹饪炉灶使用相关的 $PM_{2.5}$ 的人均排放量在非洲撒哈拉沙漠以南地区（不包括南非）持续最高。

2.2.2 不同行业的空气污染物变化趋势

全球污染物排放的下降源于能源行业转型以及减少空气污染物排放的政策。避免污染物排放的政策措施的贡献占 2040 年全球 SO_2 排放量减少的 40%，NO_x 排放量减少的 35% 以及 $PM_{2.5}$ 排放量减少的几乎 60%（见图 2-5）。减少污染物排放的措施将 SO_2 排放量减少 53%，NO_x 的排放量减少 61%，$PM_{2.5}$ 的排放量减少 26%。另外，过程相关污染物排放量的下降与 SO_2 排放量减少的 7%，NO_x 排放量减少的 3%，$PM_{2.5}$ 排放量减少的 17%。

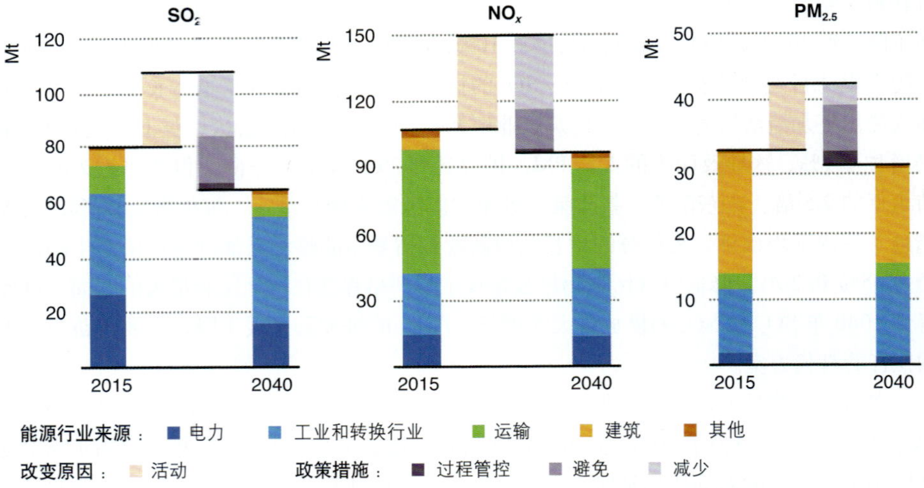

图 2-5 全球能源行业的空气污染物排放量以及新政策情景中的各项政策所带来的排放量减少

资料来源：IEA，IIASA。

空气污染物排放量因行业不同而有很大不同。2015 年，整个能源行业排放了 8 100 万 t SO_2，主要集中在工业、转换行业以及电力行业，各自约占了 46% 和 33%。3/4 的 SO_2 排放量与燃烧燃料相关，剩下的排放量源自工业和转换行业的能源使用。约 60% 燃烧相关的 SO_2 排放是来自煤的使用，主要集中在电力和工业；约 40% 是由于石油的使用，剩下的源于生物质的使用。在新政策情景中，避免和减少 SO_2 排放量的政策成功地将 SO_2 排放量减少至 2040 年 6 400 万 t，在现今水平上减少了 20%。减少的部分来自与电力行业：虽然发电量较之当前水平增加了 70%，但是电力行业中煤和石油燃烧产生的排放量各自减少了 47% 和 55%。在交通行业中，到 2020 年代中期 SO_2 排放量减少了 2/3，这很大程度上源于限制含硫量的规定（包括国际航运领域）。但是至 2020 年代中期，交通工具需求的强势增长抵消了排放量进一步减少，交通相关的 SO_2 排放量开始出现平缓增长。尽管如此，虽然 2040 年全球的汽车数量为现在的 2 倍以上，且公路和海上货运出现明显增加，交通造成的 SO_2 排放量却会在当前水平基础上减少 60%。在工业和转换行业，全球政策努力不足以实现类似减少目标。由于多数国家对燃烧过程造成的排放量进行管控，尽管工业活动有所增加，燃烧过程造成的 SO_2 排放量总体维持在当前水平上。但是工业过程相关排放量持续增长，主要集中在造纸和钢铁行业。因此，到 2040 年，过程相关排放量在能源相关 SO_2 排放总量中的份额会由当前的 25% 增长至 35%。

2

2015 全球 NO_x 排放量约为 1.1 亿 t；主要来源于交通行业（占全球 NO_x 排放量的 52%）、工业和转换行业（占 26%）以及电力行业（占 14%）。能源行业的 NO_x 排放量主要是由燃烧过程造成，其中石油占 60%，紧随其后的是煤（15%）、天然气（9%）和生物能（4%）。剩下的都属于工业和转换行业造成的过程相关排放量。在新政策情景中，尽管能源需求增长，2040 年 NO_x 排放量减少 10%，降为 9 700 万 t。不同行业的趋势有所不同：到 2040 年，运输行业的 NO_x 排放量将减少 20%；在 2030 年前，减速十分迅速，平均每年减少 1.3%，原因是工业化国家和中国排放量的减少（占据了全球排放量减少的 1/4 以上）。交通相关的 NO_x 排放量在 2030 年持续减少，但是由于众多发展中国家的交通工具和公路货运需求的强势增长，部分抵消了其他国家的减排量，减少速度较为平缓（每年 0.4%）。尽管新政策情景中的电力行业和建筑行业的 NO_x 排放量有所减少，但工业和转换行业的 NO_x 排放却增加了 1.11 倍。工业和转换行业以及过程相关活动产生的排放量占据 NO_x 排放增长量的 1.65 倍，其余的 NO_x 排放增长量源自天然气和生物质的燃烧。

2015 年的 $PM_{2.5}$ 排放量约为 3500 万 t。当前一半以上的 $PM_{2.5}$ 排放源自建筑领域，其中 90% 源于室内燃烧生物质。住宅领域的生物质相关的排放量几乎都出现在发展中国家，且与燃烧生物质的低效炉灶密切相关：27 亿人口依赖于使用此类显著影响身体健康的传统生物质。同样在发达国家，生物质主要用于住宅采暖，使用生物质也会造成大量的 $PM_{2.5}$ 排放；在欧盟，生物质带来 40% 以上的 $PM_{2.5}$ 排放量；在美国，这一数字变为约 30%。工业产生了另外 30% 的 $PM_{2.5}$ 排放量，其中转换过程相关排放量占据 80%，生物质、煤和石油的燃料产生的排放量占据剩下的 20%。不到 10% 的全球 $PM_{2.5}$ 排放量源自运输行业，其中几乎 90% 的排放量源自石油，剩余排放量多来源于驾驶车辆所产生的不完全燃烧排放物。

专栏 2-2 全球限制海运硫排放的意义与影响

航运燃料产生了大量的 SO_2 排放（见第 1 章）。国际海事组织（IMO）已计划对海岸带排放控制区（ECA）SO_2 排放量采用 0.5% 的全球限制，并提高 NO_x 排放标准。IMO 和所有其他控制运输排放物的法案并不指定或要求所采用燃料的类型或质量，仅指定和要求了废气的排放内容。由船舶持有人决定他们是否会采用含硫 0.5% 的石油燃料（本质上为柴油，因为大多数燃油具有更高的含硫量），转而使用几乎为零含硫量的液化天然气，或安装清洗器对发动机排放物进行处理，从而去除高含硫燃油燃烧产生的酸性气体。

由于独立参与者众多，航运业法规的执行情况难以预测。当前中东、俄罗斯和中国炼油能力的快速发展，以及设备升级导致的柴油供大于求，抑制了柴油和原油之间的价差，导致某些船舶持有人认为将船舶燃料换为柴油是最明显的解决方法。然而，从长远来看，在所有石油产品中，柴油有望出现最大需求增长，主要集中在亚洲的公路货运行业。因此选择柴油来实现排放达标，是依赖于未来价差很可能进一步扩大的一种固化解决方法。

炼油厂生产过程对燃料脱硫是另一种可能的解决方案。然而，加氢处理设备所需要的投资额可能超过了多数炼油厂所能承受的范围。同时去硫也是一个能源密集过程，众多行业的能源强度不仅受到越来越多的法规的制约，而且在地区竞争力方面具有重要作用，相对来说炼油厂商不可能选择这一方法。对超低含硫原油（低于 0.3%）进行加工的精炼不需额外投资下即可生产含硫 0.5% 的燃油，但是这类原油的供应量不足全球供应量的 20% 。

炼油厂生产低硫燃料的替代方案是在船上使用脱除装置对排放物进行尾气处理。加装脱除装置可能需花费几百万美元，但同时一些船主相信脱除装置可符合未来可能的更严格的 NO_x 和 PM 排放规定，最终会是物有所值。而使用液化天然气能解决几乎所有的现有和预期的排放规定相关的挑战，但是船舶持有人和造船人都需投入大量资金，同时需要花费 10 年以上的时间才能在石油产品占主导的市场占据一席之地。

最近几年，航运业和相关机构一直就 IMO 的 0.5% 的全球硫限制以及规制进行讨论。尽管计划在 2020 年正式引入，但 IMO 也可能决定推迟（施行）时间。新政策情景中，假定在 2025 之前实施 0.5% 的全球硫限制标准，将产生的结果是：SO_2 排放量随后出现明显减少，到 2040 年将从当前的 800 万 t 减至 250 万 t。液化天然气用作为船用燃料需求增加，到 2040 年占到行业能源需求总量的 10%，与当前相比，这将带来 SO_2 排放量的减少，且使得 NO_x 排放量减少 200 万 t，到 2040 年将减至 1 600 万 t。

为说明更早采用 0.5% 的全球硫限制带来的好处，清洁空气情景假定在 2020 前逐渐采用这一限制。作为船用燃料油的液化天然气的比例在 2040 年之前将增加至 18%，这有助于避免额外的 100 万 t NO_x 的产生。清洁空气情景的柴油的比例（从当前的 1/5）将增加至 1/3，同时采用针对全球所有具有经济意义的海岸线的排放控制区（ECA）类规定。SO_2 排放量的减少速度比新政策情景下更快，在 2020 年达 280 万 t，在 2040 年为 210 万 t（相比之下新政策情景中 SO_2 排放量在 2020 年为 550 万 t）。不过 2020 年之前的初始减少很大程度上依赖柴油的使用，并推动柴油价格的上涨，最终又回到了或采用去硫燃料油，或增加船用脱除装置。

在新政策情景中，2040 年全球 $PM_{2.5}$ 排放量将减少 7%，达到 3 200 万 t。全球减少量很大程度上是由于建筑领域所采用的措施，使其排放量减少了 20% 以上。2040 年，不配备清洁炉灶的人口数量将减少至 18 亿，与低效炉灶燃烧薪柴和木炭相关的 $PM_{2.5}$ 排放量有所减少。在美国，使用生物质取暖产生的 $PM_{2.5}$ 排放量有所减少。但在欧盟，尽管努力进行调控，但由于增加建筑行业生物质的使用仍为欧洲低碳策略的重要组成部分，从而仍出现持续平缓增长。由于采取了控制排放的措施以及电力行业去碳化政策，使得燃煤产生的排放量大幅减少，到 2040 年电力行业的 $PM_{2.5}$ 排放量将减少 30%。然而，电力行业生物和天然气的使用产生的排放量随着发电量的增加而增加。在运输行业，到 2040 年，$PM_{2.5}$ 排放量将减少 15%。由于交通工具和公路货运需求的增长，不完全排放物增加了近 70%，限制了 $PM_{2.5}$ 进一步地减少。在当前主要的 $PM_{2.5}$ 排放源中，到 2040 年仅工业和转换行业的 $PM_{2.5}$ 排放量会出现实质增长，其增长约 1.25 倍，抵消了建筑行业排放减少的 2/3。排放量的增加很大程度上由钢铁生产造成，并且主要发生在处于经济强势增长的印度。

2.3 迎接更清洁的空气：清洁空气情景中能源相关的空气污染问题

在新政策情景中，众多国家的空气污染到 2040 年将持续恶化。即使是在空气质量得到明显改善的国家，与能源相关的空气污染仍会导致平均期望寿命的减少。进一步减少这类数值（空气污染）具有挑战性：要完全避免能源相关排放带来的问题，唯一的方法就是零排放。但将能源相关排放物减少至符合世界卫生组织指南（见第 1 章专栏 1-3）所要求的水平是切实可行的。本章中制定的清洁空气情景不需要新技术，仅采用已被众多国家成功接受的避免和消除排放的一般的政策，其仍有可能支撑当前规模的 2.5 倍左右的经济的发展。

在清洁空气情景中，到 2040 年，能源需求平均每年增长 0.5%，该速度明显比新政策情景中的速度慢，这是由于提高能源效率的措施，使得能源强度平均每年减少了 2.9%（与新政策情景中的 2.4% 相比）。煤炭需求在 2020 年之前达峰，2040 年煤炭需求减少了 1/4，该结果低于新政策情景的水平，很大程度是由于逐步淘汰低效的燃煤电厂（见表 2-2）。石油需求将在 2020 年左右达到顶峰，2040 年，石油需求量减少至每天低于 9 000 万桶，比新政策情景低 15%。主要的减少出现在运输业，客运和货运车辆变得更高效，且城市在努力减少交通需求，或由个体运输模式转变为大宗运输模式，例如公共交通或火车。天然气是唯一在清洁空气情景中需求持续增长的化石燃料，尽管如此，2040 年清洁空气情景中天然气总需求（48 000 亿 m^3）仍比新政策情景中天然气总需求低 8%，这反映出了更低的能源总需求。相对于新政策情景，电力行业（由于较低的电力需求）、工业和建筑行业的天然气需求有所下降。这一下降部分被运输业天然气使用的增加所抵消，尤其是在城市公交中的使用，使得 2040 年能源构成中的天然气比例增长至 25%，比新政策情景高 1%。由于发展中国家的高效炉灶以及其他替代物使用量的增加，2040 年清洁空气情景中的生物质使用比新政策情景低 20%。城市中的大多数人到 2030 年可使用上述设备，到 2040 年农村也基本淘汰了传统炉灶所用的薪柴和木炭。清洁空气情景中的核能比例与新政策情景中的类似，但是电力行业的可再生能源（尤其是太阳能和风能）的使用量有所增加，使得 2040 年可再生能源（不包括生物质）在能源构成的份额增加了 3%。

表 2-2　清洁空气情景中的世界一次能源需求

	清洁空气情景 / 百万吨油当量						CAAGR②（%）
年份	2013	2020	2025	2030	2035	2040	2013—2040
原煤	3 909	3 849	3 656	3 456	3 329	3 253	− 0.7
石油	4 225	4 386	4 323	4 227	4 136	4 086	− 0.1
天然气	2 902	3 165	3 406	3 616	3 778	3 926	1.1
核能	646	830	920	1 033	1 113	1 180	2.3
水能	326	384	431	479	525	566	2.1
生物能①	1 376	1 421	1 389	1 399	1 436	1 498	0.3
其他可再生能源	161	321	478	677	907	1 153	7.6
合计	13 546	14 356	14 604	14 887	15 223	15 663	平均值 0.5

注：①包括固态生物质的传统使用和生物能的现代使用。
②复合年增长率。

效率提高以及更快速从化石燃料转向可再生能源，与确保到 2040 年普遍可获得现代的烹饪燃料和电能的措施相辅相成。但到 2040 年，新政策情景中仍有 5.5 亿人仍无法使用电。总的来说，在这一规划时期提供的约 60% 的电力源自可再生能源（水电和太阳能以及风能）。

相比新政策情景，在清洁空气情景中，能源需求减少且其供应更加多元化，与直接减少能源行业空气污染的政策，共同使得所有国家和地区的空气污染物排放量下降，如图 2-6 所示。2040 年，全球 SO_2 和 NO_x 排放量比新政策情景分别低 50% 以上，同时 $PM_{2.5}$ 的排放量几乎下降了 3/4。2040 年时，清洁空气情景中的排放量减少主要出现在发展中国家，原因或是预期的能源需求的强势增长，或是由于缺乏当前确实严格的规定，或两者皆有。清洁空气情景中约 70% 的 SO_2 排放量减少（与新政策情景下的总排放量相当）发生在发展中国家（其中大约 3/4 发生在亚洲），80% 的 NO_x 排放量减少（其中 19% 在非洲，16% 在中国，16% 在东南亚，12% 在拉丁美洲），90% 的 $PM_{2.5}$ 排放量的减少（其中非洲 35%，印度 23%，中国 16%）在发展中国家。

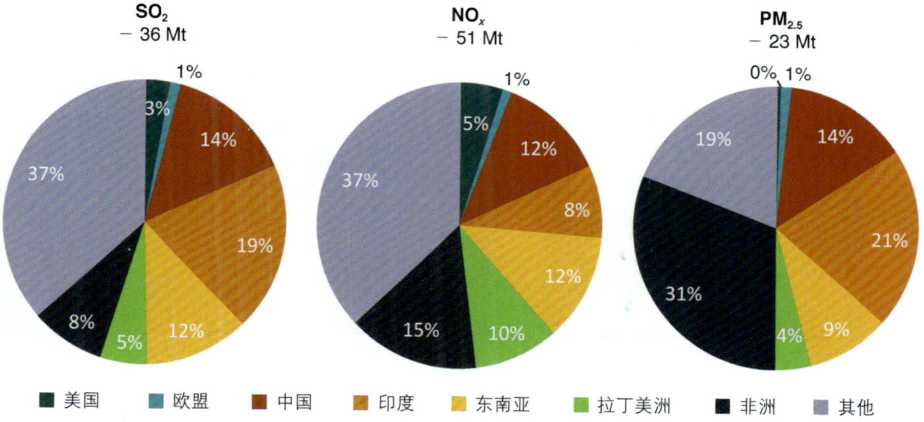

图 2-6　全球能源行业的空气污染物排放量以及新政策情景中的各项政策所带来的排放量减少

资料来源：IEA，IIASA。

2.3.1　不同国家和地区的空气污染物变化趋势

清洁空气情景中各个国家都减少了空气污染，尽管相对新政策情景而言，各个方案措施使得排放量额外减少的程度仍依赖于将此类政策落实程度，如图 2-7 所示。在北美洲的美国和墨西哥实现了最大程度的额外污染物减少。排放标准在美国各处都广泛实施，清洁空气情景的额外减少主要通过强化现有规定执行。通过增加可再生能源的投入，从煤转向天然气，以及加强燃烧后控制，实现了发电行业约 50% 以上的额外 SO_2 排放量减少。在墨西哥，更严格地实施旨在减少工业和转换行业中 NO_x 和 $PM_{2.5}$ 污染物排放的监管标准，使得排放量大大减少，重型车辆产生的 NO_x 排放量也有所减少。在欧盟，主要通过减少工业过程（尤其是精炼、钢铁和水泥行业）的排放量实现 SO_2 排放量的减少，而最大的 NO_x 排放量减少出现在交通行业。在交通行业，通过减少城市地区交通量以及将运输方式转为其他模式（例如铁路和公交）来避免排放，增加电动商用车、天然气公交以及提高能源效率所带来的减少是通过进一步强化排放标准所减少的 1/2。$PM_{2.5}$ 排放量减少最大的是建筑行业，主要是通过针对燃烧生物质的锅炉的排放标准实现的。

相对于新政策情景，清洁空气情景中的高比例污染减少出现在亚洲；但是这并不能反映出亚洲大国（中国和印度）当前缺乏努力。相反，两个国家正在努力解决空气污染（结果见新政策情景）。其能源需求的绝对规模决定了其具有最大的额外排放的减少空间。

例如，在中国（当前和 2040 年最大的能源消费国），相对于新政策情景，清洁空气情景中 2040 年的 SO_2 和 $PM_{2.5}$ 排放减少量约占全球排放量的 15%，NO_x 的减少量约占全球排放量的 12%。SO_2 排放量减少了 1/3，主要集中在工业和转换行业（尤其是炼油、水泥和制浆造纸领域）以及发电行业。 2040 年 NO_x 排放量减少了约 45%，其中约 50% 的减少量是由交通行业实现的，主要通过对公路货运车辆和内河航行实施更严格的排放规

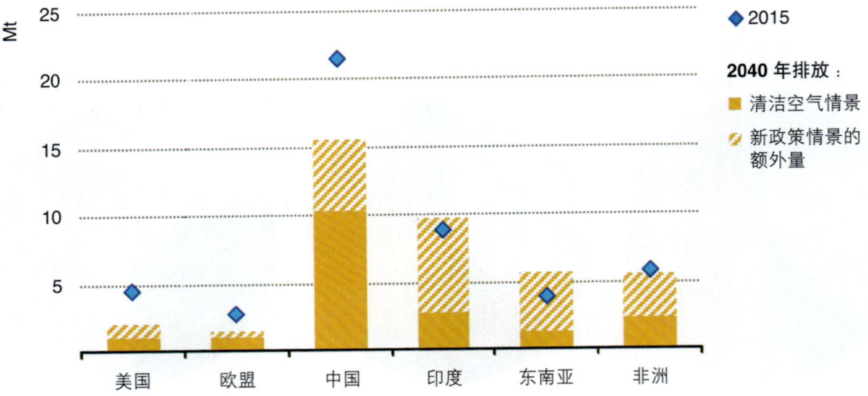

a）SO_2

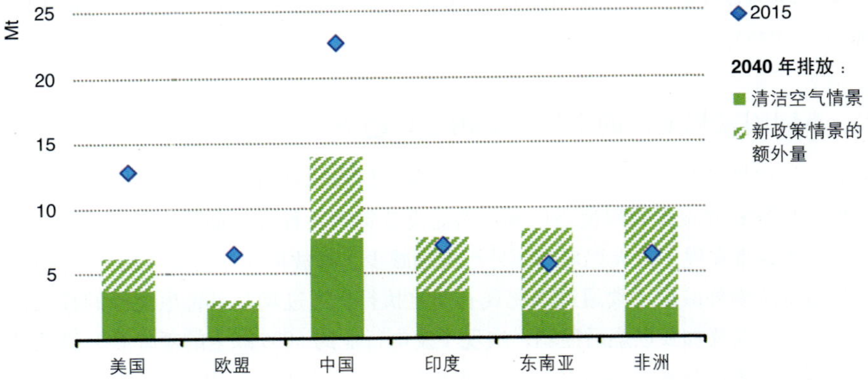

b）NO_x

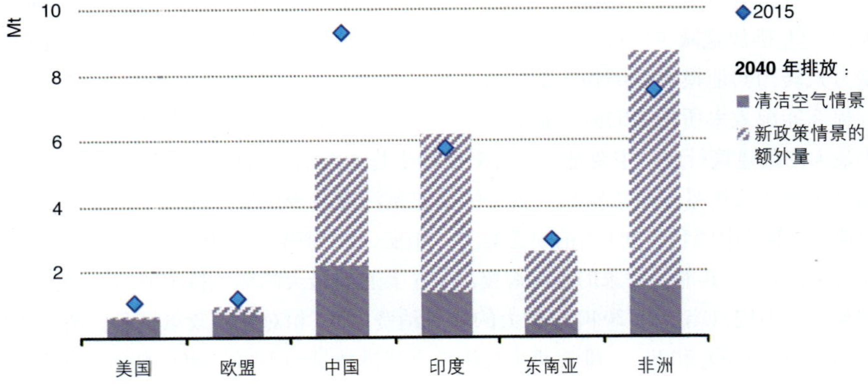

c）$PM_{2.5}$

图 2-7 相对新政策情景，清洁空气情景中 2040 年不同类型空气污染物排放在各地区的减少

资料来源：IEA，IIASA。

定。相对于新政策情景，2040 年 $PM_{2.5}$ 排放量减少了 60%，最大的减少量出现在建筑行业（通过消除对传统低效烹饪炉灶的依赖）以及工业和转换行业（例如钢铁和化工生产）。这很快带来收益：在清洁空气情景中，将在接下来 10 年内实现 85% 的 $PM_{2.5}$ 排放量减少，这使得中国会比新政策情景更快实现空气质量目标。

通过努力实施清洁空气情景中提出的额外政策，印度将获得大收益。相对于新政策情景，SO_2 和 $PM_{2.5}$ 排放量减少约为全球减少总量的 20%，NO_x 的减少量略低于 10%。随着能源需求的强势增长，2040 年印度的能源需求将接近新政策情景中美国的能源需求。但是通过采用能效措施，清洁空气情景中的能源需求将大大减少。到 2040 年，能源总需求将比新政策情景低 15% 以上。相对新政策情景，2040 年清洁空气情景的 SO_2 排放量将减少 70% 以上，NO_x 的排放量将减少 50% 以上。上述减少集中出现在工业和转换行业（尤其通过规范钢铁和水泥行业的排放量）。对交通业减少 NO_x 排放量的规定进行加强，尤其是通过提高重型汽车空气污染标准（包括载物货车和公交），但是 2040 年 $PM_{2.5}$ 排放量减少量的 3/4 以上出现在工业和转换行业以及建筑行业。工业中排放量的减少重点在于调节钢铁的过程排放，同时实现清洁炉灶（以及其他替代烹饪方法）普及应用是建筑领域排放量下降的原因。印度与中国类似，这些措施将很快产生效果：在接下来的 10 年，清洁空气情景中的 $PM_{2.5}$ 排放的排放量将下降约 70%。

在东南亚，相对于新政策情景，清洁空气情景中各类污染物排放量减少约占全球减少总量的 10%。2040 年 SO_2 排放量下降 3/4。减少量的一半是在电力行业实现的，通过标准的实施，以及从低效燃煤发电厂向可再生能源发电厂转变，大部分剩余减少量是通过规范工业和转换行业的过程排放实现的。相对于新政策情景，2040 年 NO_x 排放量也将下降约 3/4。其中一半以上的减少量发生在交通业，公路货运和客运车辆的排放标准、促进城市运输形态转变，以及燃料转换的措施明显有效。相对于新政策情景，2040 年 $PM_{2.5}$ 排放量下降 85%，主要原因是清洁空气情景中，有额外 2.25 亿人可使用改善后的烹饪炉灶。就像中国和印度，排放量减少很快得以实现：$PM_{2.5}$ 额外的排放量减少的 80% 以上会在 2025 年前达到。

相对于新政策情景，清洁空气情景中的巴西的各类污染物减少量占拉丁美洲减少总量的约 40%。减少主要来源于工业和转换行业，但是对于氮氧化物，交通行业（尤其是对货车规制）是清洁空气情景中排放减少的主要因素，原因是该行业对石油和生物燃料的依赖性很强。

在非洲，清洁空气情景中的排放量减少较大，尤其是 $PM_{2.5}$。相对于新政策情景，到 2040 年，有额外 6.5 亿人可使用清洁的烹饪设备，有额外 5 亿人可用上电。相对于新政策情景，2040 年建筑行业 $PM_{2.5}$ 排放量下降 80% 以上。这几乎相当于全球建筑行业 $PM_{2.5}$ 排放量减少的 50%，以及清洁空气情景中 $PM_{2.5}$ 全球排放量减少约 1/4。2040 年非洲的人均 $PM_{2.5}$ 排放减少与日本的一样，届时日本的人均收入比非洲的人均收入高 7 倍，且日本提供高的健康福利。相对于新政策情景，2040 年清洁空气情景中的 SO_2 排放量下降约 60%，主要原因是采用了减少燃煤发电污染物排放的措施。与新政策情景相比，清

洁空气情景中的 NO_x 排放量减少了 3/4 以上。约 50% 的以上减少量是由于实施了公路运输规定，尤其是对重型车辆的规定。

2.3.2 不同行业的空气污染物变化趋势

避免排放（例如通过能源行业转型）以及减少排放（例如通过进行排放控制）的政策带来了清洁空气情景中的排放量减少。相对于新政策情景，多数 SO_2 排放量的减少是由于采用了避免（13%）或减少（56%）燃料燃烧产生污染物排放的措施；剩下的排放量减少来自工业和转换行业的相关排放减少（见图 2-8）。50% 的燃烧相关排放量减少发生在电力行业，且在很大程度上得益于排放控制策略（剩余的排放量减少是由于可再生能源使用量的增加）。约 1/3 的燃烧相关排放量减少出现在工业和转换行业，尤其是通过减少煤燃烧（通过在钢铁行业实施严格的污染标准）和石油燃烧（尤其是在化学行业）产生的污染排放量。

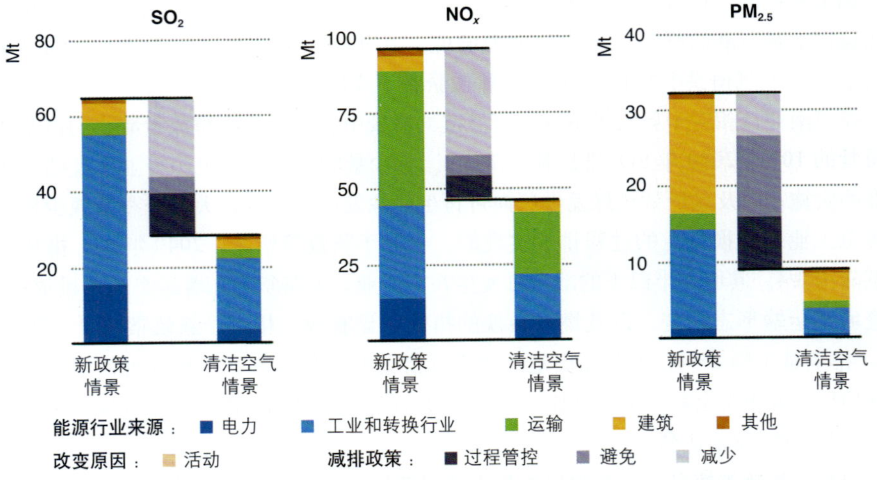

图 2-8 相对新政策情景，2040 年清洁空气情景中通过政策措施减少的空气污染物排放

资料来源：IEA，IIASA。

聚焦点：清洁空气情景实现了联合国能源可持续发展目标吗?

联合国能源可持续发展目标（SDG7）旨在确保所有人能够获得可负担、可靠、可持续和现代的能源。潜在目标是：

- 目标 7.1：确保到 2030 年人们普遍能够获得可负担、可靠和现代的能源服务。
- 目标 7.2：到 2030 年可再生能源在全球能源构成的比例大幅度增加。
- 目标 7.3：到 2030 年使全球能源效率的提升率翻倍。

假设清洁空气情景到 2040 年实现了现代能源服务的普及，扩展开来，其最终结果并没有达到目标 7.1。然而其确实加快了现代能源的使用，到 2030 年实现的用电人口比新政策情景多 5 亿以上。届时可实现印度、印度尼西亚和东南亚其他地区、拉丁美洲和南非的电力普及。2030 年仍有无法使用电力的人口，其中 90% 以上集中在非洲撒哈拉沙漠以南地区。到 2030 年，与其相比有额外 10 亿人口使用了更加现代的烹饪方式。到 2030 年，中国、巴西和南非已完成完全转变，其他国家，如印度尼西亚也在实现这一个目标上取得了重大的进步。

清洁空气情景实现了目标 7.2 中规定的可再生能源的大幅度增长，到 2030 年使其在最终总能源消费（不包括传统生物质能源的使用）㊀ 中占比超过 17%（从 2010 年的低于 10% 和 2015 年的 11%）。联合国秘书长可持续能源计划（2011 年发布）与 SDG7 紧密配合，但对于可再生能源的目标更严格——到 2030 年将可再生能源在能源结构中的占比翻一番，而清洁空气情景在 2030 年前稍稍落后于该目标（虽然在 2035 年实现该目标）。清洁空气情景超出了目标 7.3 中规定的水平。在平均每年达到 2.9% 的增速的情况下，2030 年前的能源效率提升速度是基准期（每年 1.3%）的两倍多。

与新政策情景中的预期路线相比，为了使世界更加朝着实现 SDG7 的目标方向发展，清洁空气情景中提出的替代路线毫无疑问更值得青睐。如上所述，整体上看，清洁空气情景满足 3 个目标中的 2 个，并且能够推动整个世界不断朝着第 3 个目标前进，体现了一系列非常积极的协同效益，与其降低能源相关的空气污染的核心目标相辅相成。

到 2040 年，清洁空气情景中约 85% 的额外 NO_x 排放减少是源于避免（14%）或减少（72%）燃料燃烧所产生的排放的政策；其余部分来自于工业过程的改进。与燃烧相关的排放削减有约一半来自于交通行业，主要是更严格的污染物排放标准带来的，这对于路面运输车辆降低 NO_x 排放尤其有效，贡献了清洁空气情景中所有交通相关氮氧化物排放削减的约 60%。对乘用车量而言，避免或减少城市交通污染的措施对清洁空气情景中所有交通相关 NO_x 排放削减的贡献率约为 5%，而能效政策扮演了高效的辅助角色。

$PM_{2.5}$ 排放的来源很多方面。在清洁空气情景（对全球而言）中，其进一步降低主要依赖于减少建筑行业排放：清洁空气情景中约一半 $PM_{2.5}$ 的额外削减来自于该行业，且

㊀ 当讨论家庭用传统生物质能源时，普遍认为目标 7.1 和 7.2 之间不是很兼容，也就是说，在转变生物质能源的利用时，如果不使用可再生能源形式替代烹饪用生物质能源，那么可再生能源在能源构成中的占比将降低。因此，传统生物质能源经常不被包括在可再生能源的计算中，这样能够为能源体系中所有其他方面的改革步伐提供确凿的信息。传统生物质能源也不包含在本计算中，因为清洁空气情景的目的是阻止污染性炉灶中的生物质能源使用。

大部分在发展中国家，通过提高清洁烹饪炉灶的使用或其他低排放替代方案实现。考虑到住宅领域中人体暴露于污染排放物中的性质和范围，该措施所带来的健康效益很大。清洁空气情景中 $PM_{2.5}$ 排放削减的 1/3 通过降低工业过程中的排放获得，尤其是在钢铁和水泥行业。所削减的大部分（全球总量的 80%）发生在发展中国家，源于这些国家有强劲的经济增长和对应的能源需求增长。全球 $PM_{2.5}$ 排放削减的另外 10% 来自于工业和转换行业中燃料燃烧相关的排放控制策略，而另外 6% 来自于交通行业（大部分是地面交通）。

2.4 改善空气质量的健康效益与成本

对于大幅度降低与能源相关的空气污染，有人们熟知且已经被实践证明的方法。但成本有多少？又如何量化其效益价值？极少情况下（如果有的话）不需要支出任何费用就能通过在能源行业执行越来越严格的环境标准来减少空气污染物排放，或采取措施改变能源结构来避免排放。另一方面，对不同地区和行业的评估一致表明，更严格的标准所带来的社会效益是能源行业附加成本的数倍。一项欧盟评估发现，新政策的效益能够降低超过 50% 的负面健康影响，并且带来的整体经济效益是成本的 20 倍（欧盟，2016）。一项对美国清洁空气法 1990 修订部分的评估发现，仅截止 2020 年，预期将避免超过 23 万人的过早死亡、因疾病造成的 1 700 万天的休班以及超过 500 万天的缺课——其核心观点认为总效益价值会超过成本的 30 倍（美国环境保护署，2011）。中国近期的行动方案预期也将产生超过预计的 2 770 亿元投资成本的经济效益（中国日报，2013）。

如果经济层面上如此有说服力，为何没有更进一步的行动？一个原因是减排成本是即时的并且相对集中（集中于公用设施、汽车制造商等），而效益则需要更长时间才能得以体现并且会扩展到社会层面（例如健康影响）。效益并不总是可以轻易地通过货币形式体现出来（例如，如何衡量在不受空气污染的风景中沉思的价值），或者可能不会被社会充分重视（花费在收集木料、森林砍伐上的时间），或者可能让步于其他更紧迫的目标，或者简单地不被公众所认可。另外也可能缺少制定、监管和执行空气质量标准的能力。这些挑战都不罕见，但也可以被克服。

2.4.1 清洁空气的健康效益

更清洁空气的主要效益是它对人体健康的贡献。该效益是本特别报告的焦点，另外第 3 章也讨论了清洁空气情景相关的额外效益。为了在本报告中评估其健康影响，国际能源署与国际应用系统分析研究所联合对能源生产和使用相关的空气污染对人体健康的影响进行了量化。该分析被应用于本报告中的两个核心情景：新政策情景和清洁空气情景（见专栏 2-3）。分析尤其关注 $PM_{2.5}$，通过 3 个主要指标分情景衡量 $PM_{2.5}$ 的影响：

• 人体暴露于不同浓度 $PM_{2.5}$ 的水平，与 WHO 指导方针中 10 μg/m^3 的标准以及 WHO 临时目标（临时目标 -1 相对最宽松，为 35 μg/m^3（见专栏 1-3））一致，用作改善空气质量的政策有效性指标。

• 过早死亡人数（定义为归因或可归因于与能源相关的空气污染的死亡）作为更清洁空气健康效益的一个指标。

• 以寿命损失年（YLL）为参考衡量的、因空气污染造成的平均预期寿命变化，即由于过早死亡造成的潜在寿命损失年数，作为更清洁空气健康效益的另一个指标。

关键发现令人震惊。在新政策情景中（即考虑所有现有和规划中的能源和空气质量政策），许多发展中国家（但不仅限于发展中国家）的大部分人口 2040 年前生活在空气质量不符合 WHO 指导方针规定的年平均 $PM_{2.5}$ 浓度的环境中。更糟糕的是，在很多国家中大部分人口甚至将无法生活在空气质量满足 WHO 临时目标 1 的环境中（见图 2-9）。例如，新政策情景中的印度，尽管当前政策关注该问题，但 64% 的人口在 2040 年生存环境中的 $PM_{2.5}$ 浓度水平超出 WHO 目标 1（比现有水平高 2 个百分点），只有 1% 人口的生活环境符合 WHO 指南的最终目标。

在中国，$PM_{2.5}$ 的国家平均空气质量目标为 35 μg/m³（与 WHO 临时目标 1 一致），在新政策情景中于 2030 年代实现。但是，2040 年生活在超出该目标浓度环境中的人口比重为 46%，仅比今天低了 9 个百分比，而同期生活在低于 WHO 指南最终浓度水平之下的人口仅仅将提高一个百分比，达到 4%。

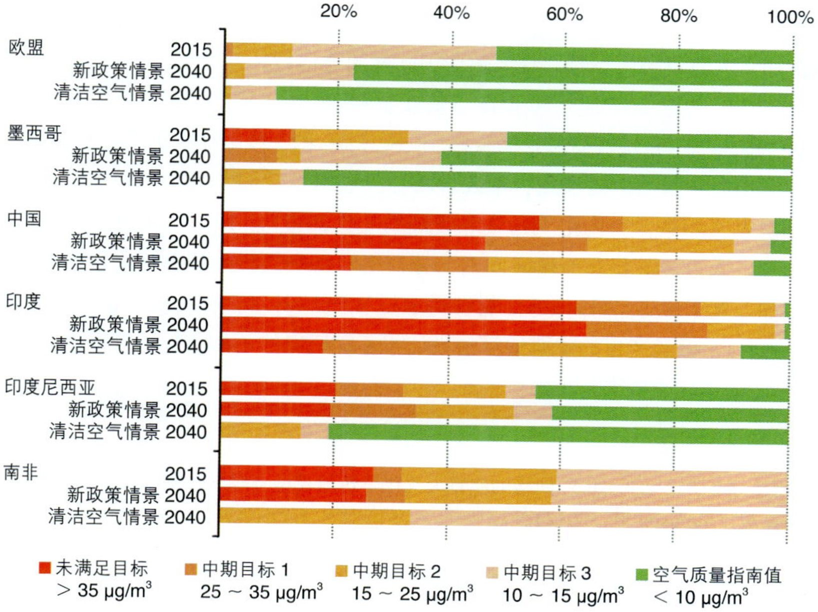

图 2-9　不同情景选定地区中暴露于不同 $PM_{2.5}$ 浓度中的人口比重——按照 WHO 临时目标和指南和方案

资料来源：IIASA。

专栏 2–3 健康影响评估方法

本书中按情景分析的空气污染物排放水平、控制成本以及与空气污染物排放相关的健康影响已采用国际应用系统分析研究所的 GAINS 模型（Amann 等，2011）进行评估。对于欧洲，GAINS 根据 WHO 欧洲推荐的方法（欧洲空气污染的健康风险 [HRAPIE] 项目，Heroux 等，2015）评估了室外和室内的 $PM_{2.5}$ 暴露造成的提前死亡率和预期生命损失，与近期对欧盟空气质量政策进行的评估一致。对于欧洲以外的地区（中国、印度、印度尼西亚、韩国、巴西、墨西哥和南非），遵循全球疾病负担（2010/2013）研究，包含了家庭使用固体燃料造成的室内空气污染影响。

环境空气污染暴露（AAP）：GAINS 首先计算每个国家（印度和中国的省 / 州）在环境 $PM_{2.5}$ 浓度下主要 PM、SO_2、NO_x、氨（NH_3）和挥发性有机化合物（VOC）的排放，然后计算环境 $PM_{2.5}$ 对预计未来人口的影响[㊀]。为了采集城市中 $PM_{2.5}$ 的浓度水平，单独对城市和乡村每个网格区域计算了网格浓度[㊁]。获得的 $PM_{2.5}$ 浓度水平用于估算暴露于 $PM_{2.5}$ 污染的人口[㊂]。

室内空气污染暴露：计算了中国、印度、印度尼西亚、巴西、墨西哥和南非的固体燃料烹饪对使用者造成的室内空气污染的健康影响。根据世界范围内对浓度的观察结果（巴拉科瑞斯南等，2013；拉森，2014）传统炉灶和清洁炉灶的典型污染分别假设为 300 μg/m³ 和 70 μg/m³，模型按照使用传统和清洁炉灶的固体燃料使用者人数进行了调整，该人数由国际能源署估计。

健康影响计算：分别为 10 岁以下的儿童和 30 岁以上的成人进行所有相关疾病[㊃]（缺血性心脏病、慢性阻塞性肺疾病、中风、肺癌和急性下呼吸道感染）的评估。特定国家不同年龄组的基准死亡率源自联合国数据（UN-ESA，2011），修正了归因于环境空气污染、室内空气污染和吸烟的死亡部分[㊄]。该方法考虑了人口老龄化的影响，人口老龄化在一段时间内会导致更易受空气污染相关疾病影响的人口数量增加。对于历史年份，该方法能够揭示与 WHO（2016）所发布的结果不同（第 1 章中引用）；但是产生的主要估算结果处于不同研究的不确定性的范围之内（例如 WHO，2012；IHME，2016）[㊅]。

㊀ 分析使用建立在一个 0.5°×0.5° 网格的完整大气化学传输模型（EMEP 模型）上的敏感性模拟推导出的转移系数（Simpson 等，2012）。

㊁ 与 Kiesewetter 等人（2015）描述的方法类似，使用世界人口项目（www.worldpop.org.uk）的 100×100 m 分辨率将家庭燃烧和路面交通产生的 PM2.5 排放分布到人口。

㊂ 未来人口密度的预测来自联合国城镇化项目（www.esa.un.org/unpd/wup/）。

㊃ 评估使用 Burnett 等人 (2014) 开发的综合暴露反应（IER）函数。

㊄ 死亡案例中源于这些影响的部分由 2010 全球疾病负担数据库提供（www.vizhub.healthdata.org）。

㊅ 本研究中，不确定性分析对特定疾病性 IER 函数的关键参数采用了 Monte Carlo 方法，包括反事实关注点。

在印度尼西亚，接触 $PM_{2.5}$ 浓度的水平（2040 年）与今天的水平非常类似；19% 的人口仍生活在超出 WHO 指南目标 1 的环境中（相较于今天的 20%），而生活于满足 WHO 指南最终目标的地区中的人数下降了 3 个百分点，为 42%。同样，在南非，26% 的人口仍旧生活在超出 WHO 指南目标 1 的环境中（相较于今天的 27%），整个国家仍旧无法达到 WHO 指南的最终目标。相比之下，欧盟的政策努力预期会更有成效：到 2040 年，在新政策情景中，超过 3/4 的人口预期将生活在满足 WHO 指南的地区（今天只有约一半），而且预期几乎没有人口会生活在超出 WHO 指南目标 2（25 $\mu g/m^3$）的环境中。

2

清洁空气情景中消除和降低空气污染物排放的附加政策的实施会为空气质量带来重要改善。在印度，接触 $PM_{2.5}$ 年平均浓度超出 WHO 指南目标 1 的人口比重在 2040 年降至 18%。中国在 2020 年代就能够达到 35 $\mu g/m^3$ 的国家空气质量目标（等同于 WHO 指南目标 1），到 2040 年时生活在超出该标准的环境中的人口比重缩小到 23%。在印度尼西亚，清洁空气情景将使得到 2040 年时，全部人口的生活环境中 $PM_{2.5}$ 浓度至少将符合 WHO 目标 2 的标准（15 ～ 25 $\mu g/m^3$）。超过 80% 人口将生活在与 WHO 指导方针最终目标相同的水平上。类似地，在南非，没有人口会生活在 $PM_{2.5}$ 浓度高于 WHO 目标 2 水平的环境中，尽管其仍旧无法满足 WHO 指导方针的最终目标。

空气污染和空气质量的前景对人体健康有着直接影响。该影响的主要度量标准是因空气污染造成的过早死亡案例数量以及预期寿命的人均减少量（见第 1 章）。据估计 2015 年全球有 300 万人过早死亡案例归因于室外空气污染，而约 350 万人归因于室内空气污染。在新政策情景的条件下，该数量被设定为增长：我们估计在 2040 年时仍将有 450 万人过早死亡案例归因于室外空气污染，290 万人归因于室内空气污染。但是政策制定者可以通过政策工具降低这些数字。在清洁空气情景中，室外空气污染导致的过早死亡数量到 2040 年将减少 280 万人，而归因于室内空气污染导致的过早死亡数量则为 130 万人，如图 2-10 所示。

量化归因于空气污染的当前过早死亡数量和推测未来数量，面临相当大的不确定性㊀。但是存在数个重要的、可辨识的新趋势。在新政策情景中，发展中国家室外空气污染对人体健康的影响在 2040 年前变得越来越严重，因为能源服务需求上升并且应对空气污染的现有政策无法充分减轻空气污染，见表 2-3。在某些国家中，例如中国，预期的人口趋势增加了进一步采取行动的必要性：随着人口老龄化，那些身体健康最易受空气污染影响的人数升高了。从互补作用获得益处的范围和位置也是巨大的：清洁空气情景政策的最大的健康效益，来自于从电力、工业和交通行业消除或降低污染物排放，在发展中国家尤其显著。

㊀ 书中所有过早死亡案例指的是一系列可能结果的平均值，选择它们的目的是简要地说明未来能源趋势对人体健康的影响。

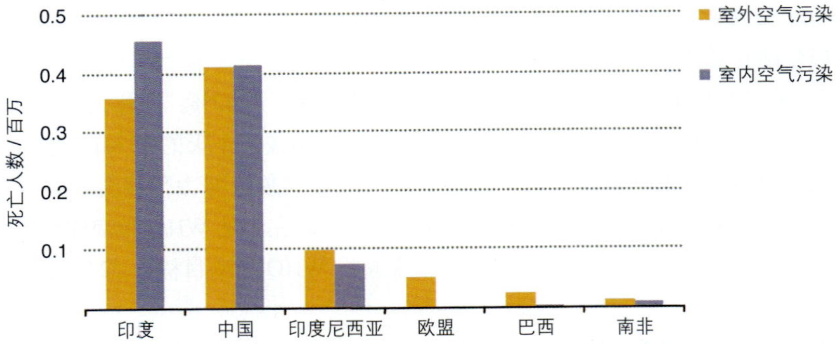

图 2-10　2040 年相对于新政策情景，清洁空气情景在部分地区所避免的过早死亡数量

资料来源：IIASA。

表 2-3　部分国家和地区归因于室外空气污染的过早死亡人数

项目		欧盟	墨西哥	中国	印度	印度尼西亚	巴西	南非
2015	平均	339 600	12 500	1 049 600	590 400	71 100	22 000	14 800
	上限	458 400	17 000	1 489 200	880 600	98 900	30 200	20 300
	下限	220 700	8 300	523 500	359 000	36 800	14 000	8 200
2040 NPS	平均	226 300	15 500	1 495 300	915 600	117 800	36 100	16 900
	上限	305 500	21 900	2 122 700	1 374 900	163 700	50 200	23 700
	下限	147 100	10 300	772 400	548 600	60 000	23 200	9 000
2040 CAS	平均	177 200	5 700	1 085 600	559 100	19 100	13 300	4 000
	上限	239 200	9 800	1 515 100	760 200	26 600	19 800	5 600
	下限	115 100	3 300	618 100	362 800	12 400	8 300	2 600

注：NPS = 新政策情景，CAS = 清洁空气情景。
资料来源：IIASA。

在很多亚洲和非洲地区，家庭空气污染问题尤为迫切（见表 2-4），现有和规划中的政策在应对这类问题上取得了一定成效。在新政策情景中，通过提供更多使用高效烹调炉灶和其他替代方案（例如 LPG）的机会，以及通过向贫困人群供电，从而降低烹调中对薪柴和木炭的依赖，降低了很多国家中与室内空气污染相关的过早死亡数量。但是这还远远不够。在新政策情景中，到 2040 年仍有 18 亿人口依赖于传统生物质能源进行烹饪（今天为 27 亿人），5.5 亿人无法用电（现在为 12 亿人）。结果是，在新政策情景中，到 2040 年全世界范围内仍有 290 万人将因室内空气污染而过早死亡。

清洁空气情景中的这一结果有所改善，然而问题并也未完全解决。普遍能源服务最晚在 2040 年在所有国家中实现，但仍将存在因室内空气污染引起的过早死亡案例（见表 2-4）。深层次的原因各有不同，但它们通常都涉及非常具有挑战性的经济、社会文化和

表 2-4　部分国家和地区中归因于室内空气污染的过早死亡人数

项目		墨西哥	中国	印度	印度尼西亚	巴西	撒哈拉以南非洲
2015	平均	12 500	1 160 700	1 021 500	142 300	15 100	471 700
	上限	18 100	1 548 000	1 460 400	193 900	21 600	654 200
	下限	8 200	706 700	692 500	79 200	9 000	269 700
2040 NPS	平均	12 200	969 200	811 300	119 300	3 900	362 200
	上限	17 700	1 292 500	1 159 900	162 600	5 500	502 300
	下限	8 000	590 100	550 000	66 400	2 300	207 100
2040 CAS	平均	7 700	556 300	356 900	44 900	840	141 900
	上限	12 200	818 800	567 100	66 900	1 300	214 100
	下限	4 200	256 000	202 900	18 700	400	61 900

注：NPS = 新政策情景　CAS = 清洁空气情景
资料来源：IIASA。

基础设施因素。在此类案例中，外加干预（特别在短期）可直接有利地作用于降低而非消灭室内空气污染，通过例如部署改良生物质烹调炉灶、安装通风设施和使用其他新型燃炉（使用更好的燃料，如 LPG）作为补充，而非完全更换传统的烹饪方法。

专栏 2–4　排放削减和健康效益：有联系，但并非直接联系

清洁空气情景避免了数百万过早死亡，但降低的百分比并不如降低的排放一样明显。为什么？一个重要的原因是人口老龄化，它将扩大易受空气污染的年老人群的比重。在发展中国家，该趋势因不断的城市化（污染和人口的区域集中化）而更加明显，而一般人口增长更加剧了这一趋势。另一个重要的原因是，健康影响评估假设人群接触的污染浓度变化和产生的健康影响之间是非线性关系，随着浓度升高，影响会有所降低。另外，能源行业并不是颗粒物的唯一来源，其他行业和自然资源的排放也可能发生。

审视人口的健康影响，有可能计算出归因于空气污染的平均预期寿命损失，即，因归因于空气污染的过早死亡造成的潜在寿命损失年或月。该指标确认了以上发现。当新政策情景中很多国家的情况获得改善时，继续提高的空间就很大。2040 年欧盟因空气污染造成平均预期寿命损失降至 5 个月（现在为 6 个月）。在中国和印度，预期寿命损失降至 16 个月（现在分别为 25 个月和 23 个月），印度尼西亚降至 12 个月（现在为 16 个月），而南非相对稳定在 7 个月。相比之下，清洁空气情景中所有地区因与能源相关的空气污染造成的人均预期寿命损失大幅下降，如图 2-11 所示。

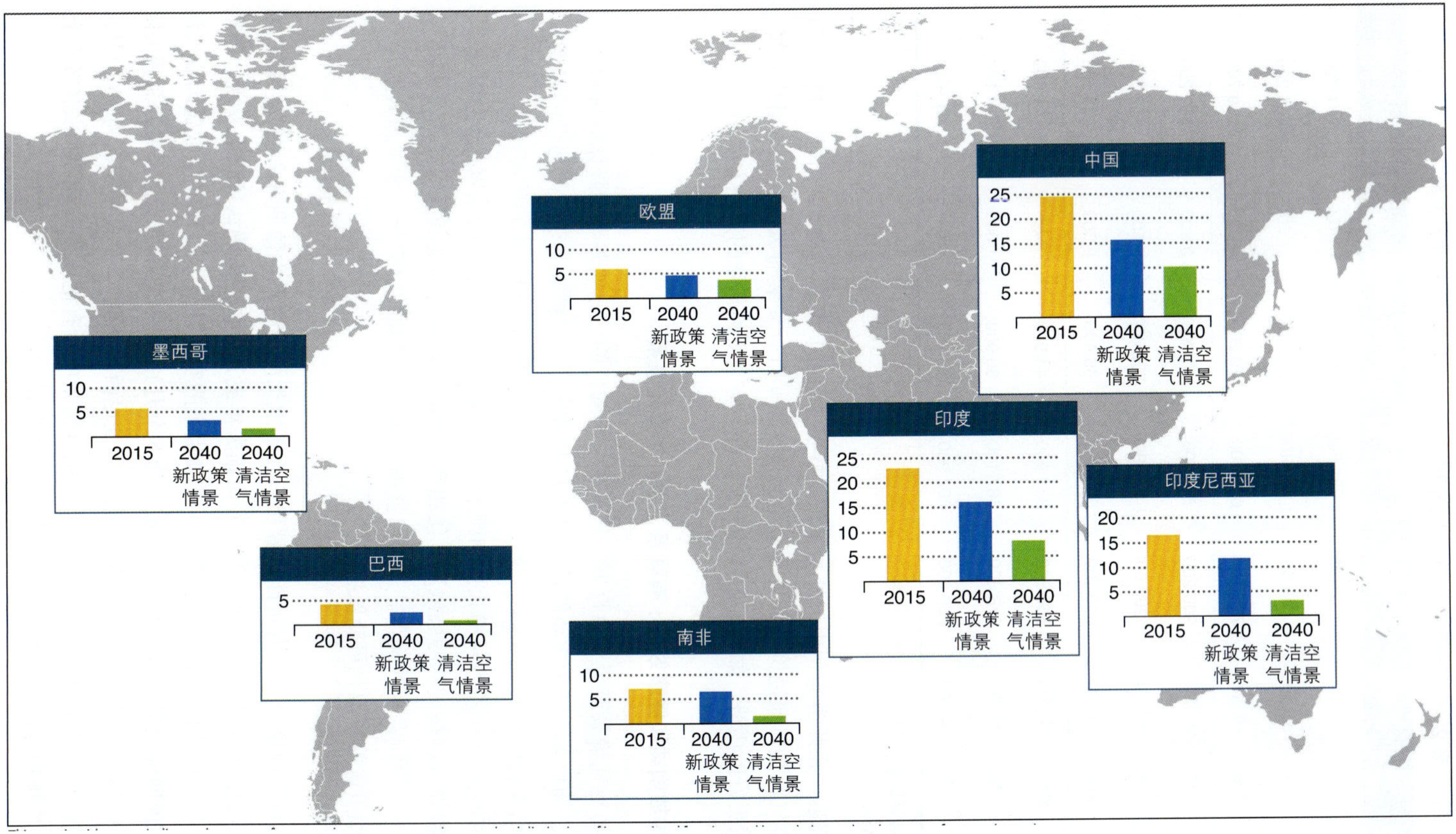

图 2-11　不同情景中部分国家的人均预期平均寿命损失（单位：月）

资料来源：IIASA

2.4.2 空气污染减排成本

针对降低能源供应和使用所造成环境影响的投资并非新生事物，且现有能源行业投资已经涵盖了降低空气污染或其影响的项目。大到向可再生能源的重大转型、能源更高效的利用；小到为家庭提供现代燃炉和通风设施的适度投资。清洁空气情景中，2016 – 2040 年期间能源供应、效率和污染防治的累计投资比新政策情景中高 7%，为 76 万亿美元而非 71 万亿美元（新政策情景中为 71 万亿美元），如图 2-12 所示。其中略超半数的附加投资（2.5 万亿美元）用于消除排放的措施（大多数是改变能源供求性质的措施）。清洁空气情景中的大部分附加投资用来推进能源效率和可再生能源的使用，尽管总投资额受较少的矿物能源供应投资（因需求较小）限制。整体上看，虽然对可再生能源的投资提高，但电力行业投资的增长很小，因为能效措施抑制了用电需要的增长。在发展中国家实现普遍的清洁烹饪——最有效的降低家庭空气污染方式，需要很小的附加投资费用：相比于新政策情景，它占清洁空气情景中要求的附加投资额的 1%。

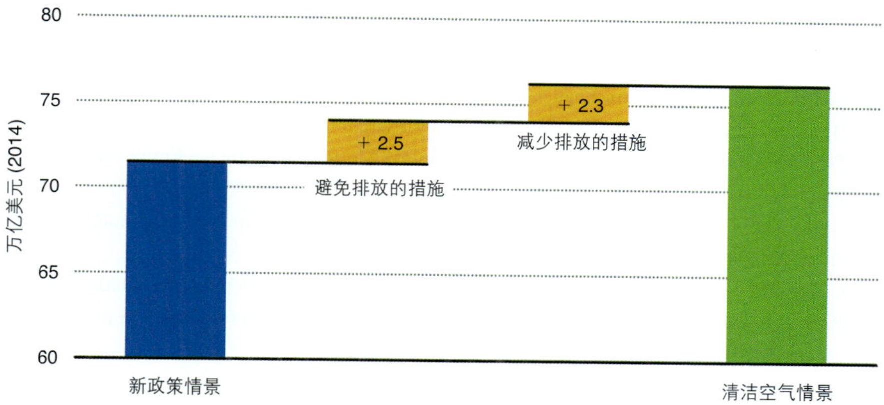

图 2-12 2016 – 2040 年包含污染控制的不同情景下的累计能源部门投资

资料来源：IEA，IIASA。

在展望期内，新政策情景中降低空气污染物排放的措施（例如通过燃烧后控制技术）累计占能源行业投资的 10% 以下。将该投资提高约 40%（或 2.3 万亿美元）方可达到清洁空气情景的健康效益。其中，2/3 的附加投资应用在交通行业（大部分是路面交通）的燃烧后控制技术，约为 1/5 需要用于建筑行业。由于较低的用电需求（因能源效率提升）和更多的使用可再生能源，清洁空气情景中电力行业的燃烧后控制技术投资仅微弱增长，降低了火力发电厂的投资需要。

在清洁空气情景中，约 2/3 的附加投资需求来自发展中国家，尤其是中国（21%）、非洲（16%）、印度（10%）和东南亚（10%）。在工业化国家中，投资需求最大的为美国（15%）和欧盟（13%）。每个国家有不同的投资需要：在大部分工业化国家，清洁空气情景的投资集中在通过能源行业改革的附加措施来消除空气污染。相对于新政策情景，清洁空气情景中这些国家的此类措施吸收了至少70%的附加投资。相比之下，发展中国家的投资集中在通过燃烧后控制和降低过程排放的措施来降低排放。相对新政策情景，清洁空气情景中它们约占附加投资的55%。例如，在清洁空气情景中，发展中国家集中的亚洲地区，用于改善电力和工业行业中固定污染源的燃烧后控制技术所需的投资占到了全球投资的2/3。相对于新政策情景，清洁空气情景在某些情况下，对通过能源行业改革消除排放的措施进行的战略性附加投资会降低污染控制的投资需要。

参考文献

[1] Amann, M., et al. (2011), "Cost-Effective Control of Air Quality and Greenhouse Gases in Europe: Modelling and Policy Applications", Environmental Modelling & Software, Vol. 26 (2), pp. 1489–1501.

[2] Balakrishnan, K., et al. (2013), "State and National Household Concentrations of PM2.5 from Solid Cookfuel Use: Results from Measurements and Modelling in India for Estimation of the Global Burden of Disease", Environmental Health, Vol. 12.

[3] Larsen, B., (2014), Benefits and Costs of the Air Pollution Targets for the Post-2015 Development Agenda, Copenhagen Consensus Centre, Copenhagen.

[4] Burnett, R., et al. (2014), "An Integrated Risk Function for Estimating the Global Burden of Disease Attributable to Ambient Fine Particulate Matter Exposure", Environmental Health Perspectives, Vol. 122 (4), 397–403.

[5] China Daily (2013), Clean Air Action Plan to Reduce Pollution, www.chinadaily.com.cn/china/2013-09/12/content_16964650.htm, accessed 10 April 2016.

[6] Crippa, M., et al. (2016), "Forty Years of Improvements in European Air Quality: Regional Policy-Industry Interactions with Global Impacts", Atmospheric Chemistry and Physics, Vol. 16, pp. 3825-3841, D:10.5194/acp-16-3825-2016.

[7] EC (European Commission) (2016), EU Air Quality and the EU Energy System (presentation by T. Verhaye, DG ENV.C.3 Air, at the IEA Energy and Air Quality Workshop on 10 March 2016), EC, Brussels.

[8] Héroux, M. et al. (2015), "Quantifying the Health Impacts of Ambient Air Pollutants: Recommendations of a WHO/Europe Project", International Journal of Public Health, Vol. 60 (5), pp. 619–27.

[9] IEA (International Energy Agency) (2015), Energy and Climate Change: World Energy Outlook Special Report, OECD/IEA, Paris.

[10] IEA and World Bank (2015), Sustainable Energy for All 2015 — Progress Toward Sustainable Energy, World Bank, Washington, DC.

[11] IHME (Institute for Health Metrics and Evaluation) (2016), Global Burden of Disease, www.healthdata.org/gbd, accessed 3 June 2016.

[12] Ireland, C. (2014), "Coming Up for Air", Harvard Gazette, www.news.harvard.edu/gazette/story/2014/10/coming-up-for-air/, accessed 24 March 2016.

[13] Kiesewetter, G., et al. (2015), "Modelling PM2.5 Impact Indicators in Europe: Health Effects and Legal Compliance", Environmental Modelling & Software Vol. 74, pp. 201–11.

[14] OECD (Organisation for Economic Co-operation and Development) (2015), Taxing Energy Use

2015: OECD and Selected Partner Economies, OECD Publishing, Paris, DOI: http://dx.doi.org/10.1787/9789264232334-en.
[15] — (2016), The Economic Consequences of Outdoor Air Pollution, OECD Publishing, Paris, DOI: http://dx.doi.org/10.1787/9789264257474-en
[16] Simpson, D., et al. (2012), "The EMEP MSC-W Chemical Transport Model – Technical Description", Atmospheric Chemistry and Physics, Vol. 12 (16), pp. 7825–65.
[17] UN ESA (United Nations Department of Economic and Social Affairs, Population Division) (2011), World Population Prospects: the 2010 Revision, UN ESA, CD-ROM Edition.
[18] US EPA (United States Environmental Protection Agency) (2011), The Benefits and Costs of the Clean Air Act from 1990 to 2020, the Second Prospective Study, US EPA, Washington, DC.
[19] WHO (World Health Organization) (2012), The Global Burden of Disease Project www.who.int/healthinfo/global_burden_disease/about/en/, accessed 3 June 2016.
[20] — (2016), Air Pollution: A Global Assessment of Exposure and Burden of Disease, WHO, Geneva, forthcoming.

第 3 章　实现清洁空气的能源行动：平心静气，开始行动

• 清洁空气情景展示了应用成熟的政策和技术如何持续不断地降低污染物排放。为了实现既定目标，能源行业需要采取强有力的行动，与其他方面有效协同，从而形成一套综合全面的空气质量举措。本书确定了以下三大关键行动领域：

（1）设定一个宏大的长期空气质量目标，以适当的基准作为参考（如 WHO 发布的文件），作为政府和其他利益相关者的各个部分和层级的指引，并且以此来评估各种污染防治选项。

（2）为能源行业设定一个清洁空气策略。可以采用清洁空气情景中的一系列措施，并根据不同国家和地区的差异进行适应性调整：

1）尽量减少污染物排放，包括提高能源利用效率，或者不以化石燃料或生物质能燃烧的方式提供能源服务。

2）通过创新来降低污染物的减排成本。

3）通过污染物控制技术、燃料转换或燃料质量监管等举措降低排放。

（3）确保有效监控、执行、评估和交流。战略的持续推动需要有可靠的数据、责任划分清晰的制度框架、持续关注政策改进和合规性、以及信息及时公开和透明。

• 空气污染政策不应被孤立地看待：它不仅与能源密切相关，而且与公共健康、气候变化、交通、贸易和农业等其他政策领域也密切相关。考虑到一个领域对另一领域的潜在影响，综合的政策决策是关键和必要的。

• 改善空气质量、应对气候变化和能源普遍服务的政策举措相辅相成，但需要以实现最大化协同效益的方式进行设计。例如，如果仅关注直接排放控制，而非清洁空气情景中的一揽子措施，可能导致燃煤电厂等高碳能源基础设施的过度投资。清洁空气情景不仅能大幅降低污染物排放，还有助于能源相关 CO_2 排放提前达峰，这是 COP21 协议的主要条款。

3.1 实现更清洁空气的三个步骤

空气污染问题持续存在，除非政府下决心采取举措解决它，而政府采取行动的焦点必然是能源行业。如清洁空气情景所示，各国各地区可以依据成熟的技术和政策，在不提高能源相关污染排放的同时，实现和维持经济繁荣，但是政策和监管框架要推动完成必要的能源转型。

如何进行转型？政策制定者在实践中面临的选择、取舍和陷阱有哪些？随着公众意识和关注度不断提高，减排可采取的行动越来越多，尽管有迅速采取行动的需求和意愿，也应充分考虑行动的长期高效性，并且不能影响其他政策目标。可以在污染物控排技术和源头的结构转换之间进行选择，污染物控排技术即在污染物形成后采取的减排技术，如烟囱上的污染物处理装置和车辆排气系统的催化转换器等；源头的结构转换主要是从源头上控制污染物排放，如能效措施、燃料转换或转向非燃烧技术——风电和太阳能。很多能源相关空气污染控排行动能够为其他能源目标带来协同效益，但是有时政策制定者也必须意识到潜在的弊端。本章的目标是希望通过我们的要素分析以及具体国家的案例来探讨这些问题。

最优的政策路径需要能源行业尽快采取强有力的措施，并与其他方面有效协调，形成一揽子解决方案。为支持能源行业实现目标，本报告考虑了三大关键行动领域：

- 设定一个雄心勃勃的长期空气质量目标。
- 在能源行业落实一个清洁空气战略。
- 确保有效监控、执行、评估和交流。

3.1.1 设定一个雄心勃勃的长期空气质量目标

能源行业应制定一个雄心勃勃的长期空气质量目标，选取适当的基准作为参考，例如世界卫生组织的基准，以及公众、政府相关部门和各层级的支持。政策理想目标的清晰表述要转化为能源行业各个部门的目标，并且能够引导对改善空气质量的投资。

空气污染是可以降低的，但必须通过多个角度由多方参与者共同努力予以解决，因此建立空气质量的总体目标具有巨大的价值，其为所有参与者提供指引，并且以此为根据，可评估不同的污染防治方案。对于正在经历快速经济发展和社会变化的国家来说，确保快速增长行业的短期行动与长期目标相一致尤为重要。公开的目标和透明的污染物数据，也能成为赢得公众广泛关注和理解的重要机制，有助于保证空气质量在政策议程中突显。

空气质量目标可以通过定性语言与具体量化时限目标相结合的方式表述。例如欧盟的方法，其目标是“实现空气质量水平不对人体健康和环境造成不可接受的影响和风险”。类似这样宏观的目标需要以更具体的目标来支撑。具体的目标有多种形式，通常是给定污染物的可接受水平、某个源头污染物的排放量限制或者某种燃料及产品中污染物的含量限制；以上限制可在后期调整和收紧。国家和国内地区的目标可利用国际的目标作为补充，例如联合国可持续发展目标（SDG），其中有一些目标与空气污染存在直接或间接的关联，例如能源、健康和福利、性别平等、可持续城市和社区等。

以特定国家和地区为例，世界卫生组织（WHO）空气质量指南提供了设定长期目标的依据（参见下篇的国家和地区简况）。考虑到不同国家的起点不同，对一些国家来说，从现实情况来看，可能无法达到这些指南中规定的污染物浓度水平。在这种情况下，制订一个兼备理想和强大政治现实的目标会更好（因为一旦一个理想的目标被认为是不能实现的，其刺激实际政策行动的效用会很快消失）。在这方面，WHO 过渡目标对建立更切实可行的目标来实现最终目标是有帮助的。例如：中国 2013 年《大气污染防治行动计划》制定了一个实现主要城市的细颗粒物（$PM_{2.5}$）⊖年均浓度 降低到 35 μg/m^3 的路线图，这也是 WHO 指南中的临时目标。对于室内空气污染，《世界卫生组织室内空气质量指南》针对室内燃料燃烧和排放提供了宝贵指导（WHO，2014）。在清洁空气情景中，世界上的很多国家都将在实现世界卫生组织 $PM_{2.5}$ 过渡目标以及指南的过程中（见图 3-1）取得重大进展。

设定空气质量的长期目标是行动的重要催化剂，但是没有精心设计和综合考虑的策略就不可能达成这一目标。不应孤立地看待空气污染防治政策：除了能源政策，其还与公众健康、气候变化、运输、贸易、农业和生物多样性等问题的政策密切相关。整合方法就是要考虑一个地区的行动对另一地区的潜在影响以及相互作用间的协同效益和缺点。这依赖于清晰的责任划分制度框架、可靠的数据和交流、充足的资金来源和技术能力，以及运行良好的执行、评价和改进系统（亚洲清洁空气中心，2016）。

管理空气质量战略是非常复杂的，见表 3-1。政策的第一推动者通常不是国家层面，城市和地区政府有责任回应地方人民关切问题，往往在制定政策改善空气污染问题上发挥着重要的先锋作用。市政机构通常负责监测和报告环境空气质量，同时告知公众空气污染的风险：当空气污染非常明显时（能够看到，或被广泛的测量和报告），最有可能采取措施进行补救。在很多情况下，地方政府在国家层面决策之前就已实施一些政策。例如：美国加利福尼亚、日本东京和印度几座城市的车辆排放标准都是后来才被各自的国家政府采用。

然而，在当地造成损害的空气污染的源头通常在其地理边界以及行政管辖权以外，这将限制城市或地区当局有效处理问题的能力。事实上，中央政府的参与以及不同级别

⊖ 颗粒大小是决定颗粒物对健康影响的一个重要因素：直径介于 2.5 ～ 10 μm 的是“粗颗粒”，直径小于 2.5 μm 的是“细颗粒”。

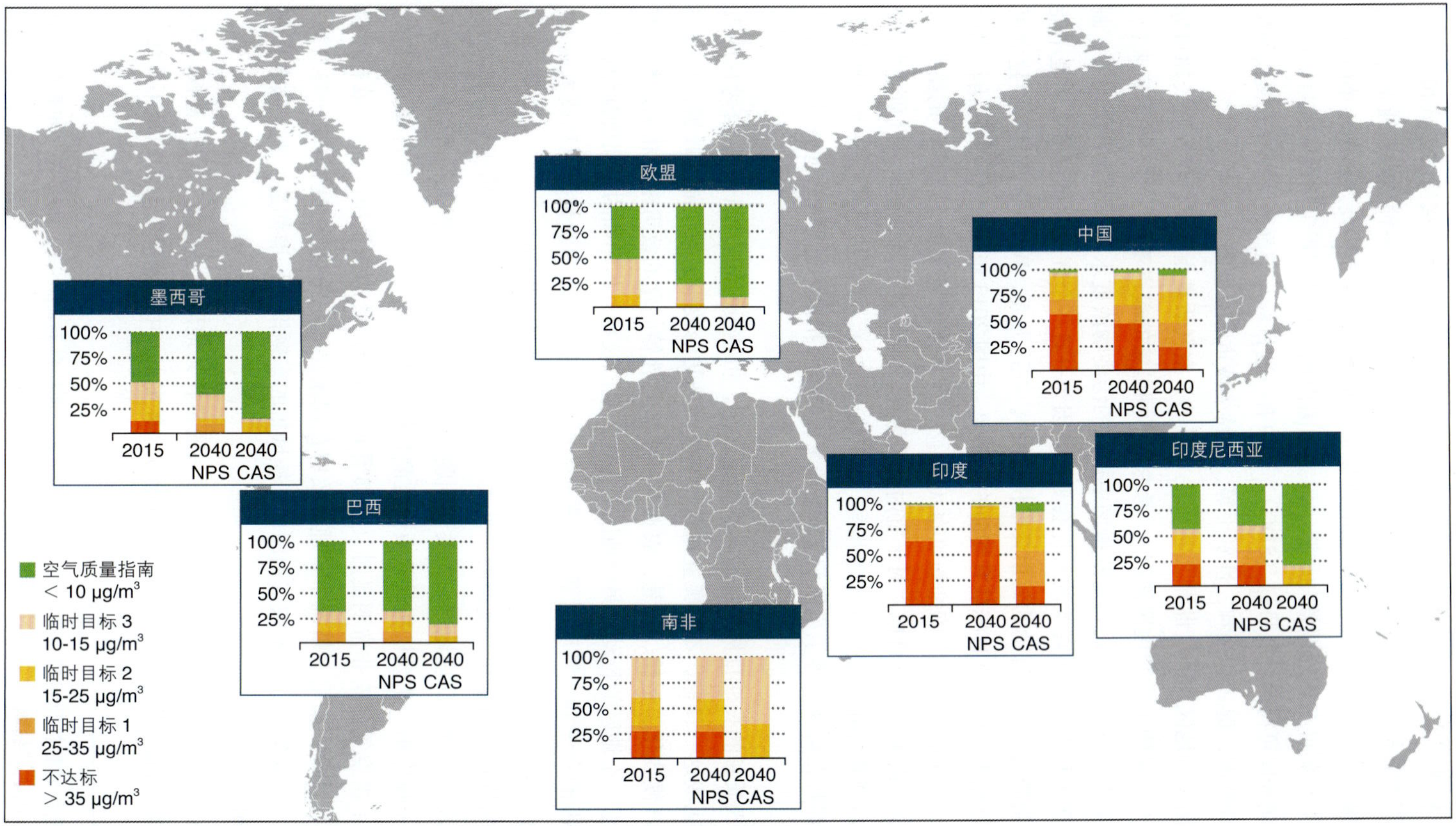

图 3-1　在不同情景中各国达到 PM2.5WHO 指南及过渡目标水平的人口比例

注：NPS = 新政策情景，CAS = 清洁空气情景。
资料来源：IEA，IIASA。

表 3-1 部分区域不同空气污染政策的领导责任标示

类型	中国	印度	美国	加拿大	日本	欧盟
环境空气质量标准	国家、市	国家、邦①	国家、州②	国家、省、市	国家、市	国家、欧盟级别
工业排放标准	国家、市	国家、邦①	国家、州、市②	省、市	国家	国家、欧盟级别
电力行业排放标准	国家、市	国家	国家、州、市②	国家、省	国家	国家、欧盟级别
载客汽车排放标准	国家、市③	国家、市④	国家、州⑤	国家	国家、市	国家、欧盟级别
重型运输车辆	国家、市③	国家、市④	国家、州⑤	国家	国家、市	国家、欧盟级别
燃料标准	国家、市⑥	国家	国家	国家	国家	国家、欧盟级别
建筑标准	国家、市	国家	国家、市	国家、省	国家、市	国家、欧盟级别
低排放分区	市	市	不适用	不适用	市	国家、市
交易许可	不适用	不适用	国家⑦	不适用	不适用	不适用
燃料和排放税	国家	国家	国家	省、市	国家	国家
津贴、财政激励	国家、市	国家⑧	州⑨	不适用	不适用	国家

注：①邦污染控制委员会可以为本邦制定比现有国家标准更严格的标准。

②州空气机构制定减排战略以确保其边界内的所有控制区域达到并保持《国家环境空气质量标准》。

③中国几座城市已经采用了比国家标准更严格的标准。

④对于载客汽车，印度国家政策是在全国贯彻执行之前先要求一些城市提供质量更好的燃料和车辆。对于重型车辆，一些城市比国家法规更快实施了更严格的标准。

⑤由于之前标准已经不适用于洛杉矶大都会区极其严重的交通空气污染问题，加利福尼亚州（美国）自行颁布了汽车排放标准。其他州可以选择遵循国家标准或参考加利福尼亚标准。

⑥中国的城市和地区可以自行制定并实施燃料质量标准，而不需要国家批准。北京、上海等大城市在与大型国有石油公司就专门的燃料供应进行谈判后，已经选择了更严格的燃料质量标准。

⑦《清洁空气法案》下的 SO_2 排污许可交易。

⑧推广液化石油气津贴计划促进取代使用固体生物质燃料烹饪。

⑨美国加利福尼亚州空气资源委员会已经实施了低排放车辆和零排放车辆的鼓励措施。

行政部门之间良好的协调对确保有效的政策设计和执行来说非常必要。另外，一些空气污染源的范围可能是国际性的，有时候必须由多国共同协调政策的制定和执行。综合的空气质量战略和监管体制通常包括共同架构之下的一系列举措，来描述总体目标和方法。

在国家层面上，环境部一般负责空气质量的总体政策框架。但是，空气质量政策的责任还涉及几个其他政府部门，主要是能源部、卫生部、交通部、工业和农业部门，见表 3-2。能源部是解决空气质量难题中尤其重要的部分，因为能源污染在整个污染源中的比例很大，需要对燃料质量和使用问题进行监督。在加强国内和国际通力合作的同时，加强地方和城市举措，对设计和实施有效的清洁空气战略来说是非常必要的。

表 3-2 国家部委和国内行政部门明确参与的部分污染控制措施

监测类型	国家部委						国家以下、市
	环境	能源	运输	工业	金融	卫生	
环境空气质量标准	●					●	●
工业减排	●			●			●
电力行业减排	●	●					●
轻型汽车减排	●		●	●			●
重型汽车减排	●		●				●
燃料减排	●	●	●	●			●
低排放区域	●		●				●
可交易排放许可	●	●	●		●		
燃料和排放税	●	●	●		●		
津贴、财政激励	●	●	●		●		

3.1.2 在能源行业落实一个清洁空气战略

> 为实现雄心勃勃的空气质量目标，应采用清洁空气情景中的一系列措施，包括经济可行性的直接排放控制措施，以及其他能够带来环境、能源安全和普遍服务目标协同效益的措施。

清洁空气情景提供了能够长期改进空气质量的一揽子政策。该情景利用了国家和区域清洁空气立法的案例，描述了空气质量的总体目标及其实现路径。它分析了制定更具体空气污染排放标准的多种“最佳实践”文件，如运输业的欧 6 标准，或美国环境保护署提供的“控制措施清单”，用于帮助州和地方空气机构遵守《国家环境空气质量标准》（包括效率和成本效益的信息）[1]。清洁空气情景涵盖了能源和气候政策的影响，如欧盟 2030 能源和气候框架，其中包括应对空气污染的政策。以上资源有助于形成空气质量战略。能源行业的清洁空气战略会根据国家和城市的实际情况、制定和实施战略的能力等，对方法进行优化调整。没有适用于所有国家和地区的统一政策方法，因为地区间差异较大，采用统一的方法既不可能也不现实。清洁空气情景的目的是提供一些成熟的政策和技术，不同国家和地区可采用不同的政策组合，从而高效地减少污染物排放及其相关影响。

[1] www.epa.gov/criteria-air-pollutants/menu-control-measures-naaqs-implementation.

持久的战略不仅包括政策工具、还包括应用和监测的清晰步骤和时间表、注重实施与评价、考虑潜在协同效益以及评估影响污染物排放的未来趋势（能源需求增长、人口增长等）。例如，中国的《空气质量行动计划》包括提高污染物排放控制的措施、调整能源结构和加大清洁能源供应比重、优化产业结构以及加速技术转型。同时，它还包含改善监管，区域综合协调以及建立空气污染事件监测、预警和应急响应系统。

在政策方面，本报告提供了一份简明的图表（见图 3-2）供能源行业从业人员构思和研究。在第 2 章中讨论的行动基础上，提出解决空气污染的能源行业具体行动计划。

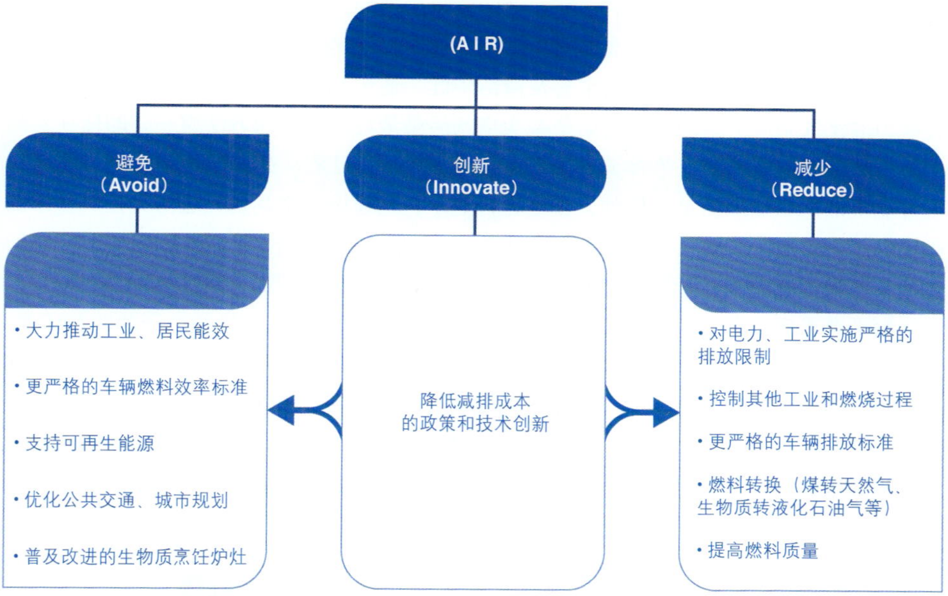

图 3-2　清洁空气情景中能源行业解决空气污染行动的“A-I-R”

注：有关清洁空气情景政策措施的更多详细内容，见表 2-1。

正如第 2 章中详细表述的，这样分类考虑了减免污染物排放的政策，或通过提供更高效的能源服务，或因为所提供的能源不涉及化石燃料或生物能源的燃烧。它还包括减少燃烧影响的政策，或通过强制实施控制技术减少最终排放，或采取措施减少已经排放污染物的影响（例如，规定烟囱的高度、改善通风装置），或鼓励使用燃烧污染更少的燃料（例如，天然气代替煤炭或含硫量更低的石油产品）。另外还有一系列辅助措施，如污染收费、排放权交易制度或取消化石燃料补贴，运用价格的经济激励来改变行为，影响投资或运营决策，减少或避免污染物的排放。其中有一些措施可以相对较快地制定，如化石燃料补贴改革或引入更严格的效率标准，但是执行可能面临巨大的障碍，比如把更严格效率标准应用到所有已有设备或车辆中还需要时间。其他措施通常需要巨额投资，要完全执行需要有一个过渡期，例如能源结构向低碳能源转型。

在 A-I-R 图表中的 I 意为“创新”（Innovate），是为重塑未来所设计的所有行动中的关键部分。在清洁空气情景中，创新的水平与技术学习和成本降低的稳定步调相吻合，与历史平均水平保持一致，而不像技术突破所产生的阶跃变化。技术是实现预期进展的重要部分，尤其是电力供应结构转型中风能和太阳能等非化石能源技术。当前，希望实施空气质量战略的国家能够从污染控制技术和能源技术已经累积的研究和开发中受益，预计会进一步降低成本，采用的技术也更可靠。

1. 政策措施的选择

在清洁空气情景中，不同的国家和地区政策措施的具体选择是由当地实际情况、相对成本以及与其他政策目标的协同效益共同决定的。有些政策领域的优先性无需阐述，特别是强调在没有清洁炉灶的国家普及清洁炉灶。通过改进烹饪炉灶或通过将固体燃料转换为液化气来应对室内空气污染是减少空气污染最经济有效的方法之一，即使在实际实施中依然具有挑战性，在本章末有讨论（聚焦点）。但是，在其他地区，空气质量选项可能不是那么显而易见。例如，在电力行业中，是建设一家具备先进污染控制技术的燃煤电厂，还是一家燃气电厂，还是使用水电、风能或太阳能技术，取决于一系列变量，包括燃料和投资成本、建设地点以及与其他政策目标的相互作用，特别是 CO_2 减排目标。

如果考虑所有因素，仅基于空气质量标准的决定可能不是最优的。例如，在印度，预计新电厂减少污染物排放最经济的方法是确保燃煤发电安装先进控排设施。对于从 2025 年开始运行的新电厂，图 3-3 给出的实例显示这是减少 PM 排放的成本效益最佳方法，要优于风能、光伏和天然气发电，SO_2 和 NO_x 减排也是一样的。在清洁空气情景中，成本优势是印度继续新建这种燃煤电厂的原因。但这显然并不是全部，还有其他政策的

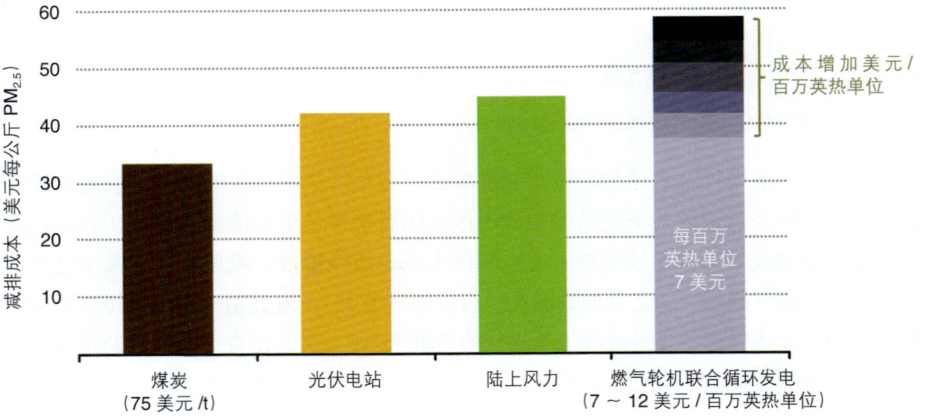

图 3-3 2025 年印度新发电厂 $PM_{2.5}$ 的减排成本

注：所显示的成本是 $PM_{2.5}$ 减排成本，以没有排放控制技术的超超临界燃煤为基准。燃煤电厂利用超超临界技术和先进控制技术。燃气发电成本与一系列天然气价格一起显示，从每百万英热单位（1 百万英热单位 =1055 MJ）7 ~ 12 美元。

考虑，印度的气候承诺要求提高非化石能源在电力供应中的比例、降低经济的碳强度，表明太阳能和风能需要强劲增长。多种可再生能源满足 1/3 电力需求增长的电力系统，要保持平衡还需要来自其他资源的灵活性，燃气电厂的作用适当发挥，电网也要更加灵活。

关于 2025 年中国新建中等容量工业锅炉的决策过程，如图 3-4 所示。现有的许多工业锅炉在未来几年都将报废或更换，部分原因是监管要求更加严格，或是明令禁止市区内使用小型低效燃煤锅炉。除了钢铁和水泥行业，我们预计中国的产业能力将实现净增长，工业用热需求随之增长。在 $PM_{2.5}$ 的减排上，以没有排放控制的低效燃煤模式为基准，分析评估了技术和燃料的三种选择。高效燃煤锅炉在这次评估中具有效益，既降低了操作成本，又减少了一部分污染物排放。但是，对减排来说，相比高效燃煤锅炉加装排放控制装置或是转换为燃气锅炉，这个解决方案并不具吸引力。即使中国引入了碳价机制（推测到 2025 年为 17 美元 /t），煤炭在两者中还是更具竞争力，除非工业天然气使用者的购进价格低于每百万英热单位 10 美元，处于工业天然气预估价格的较低范围。但是，在天然气基础设施就位的情况下，确实越来越多小型装置也开始出于空气质量的考虑改用天然气，因为锅炉越小，燃煤机组安装排放控制装置的成本效益越低。

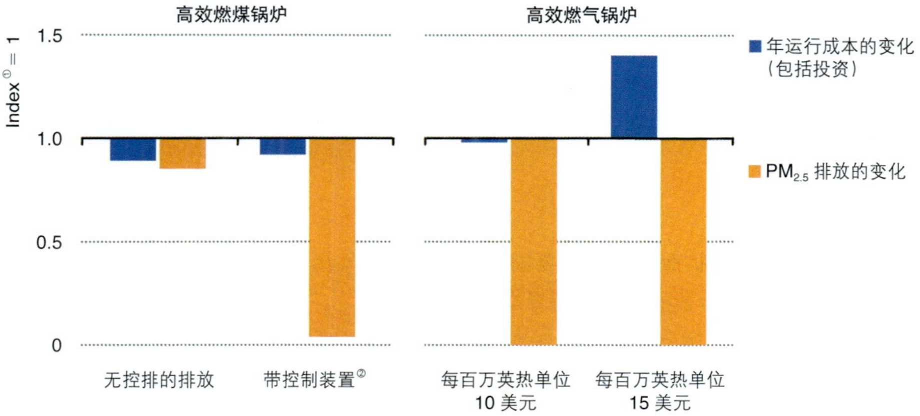

图 3-4　2025 年中国替换低效率燃煤工业锅炉的 $PM_{2.5}$ 减排选择

注：①指数相对于无控排的低效燃煤工业锅炉。
　　②最佳控排技术应用

对于指定污染物的排放控制上，政策制定者可能面临在不同政策工具中进行选择，如排放的直接控制（通过严格的排放限制或安装特殊的控制技术）和基于市场的方法，如排污费或排放权交易机制，对污染程度较低的行为提供经济激励。直接控制已经成为许多国家在环境政策上的选择，但是设计精良的基于市场的工具通常会更有效地达到类似的结果，见专栏 3-1。

专栏 3–1 美国 SO_2 配额交易体系

总量控制与交易体系是目前公认的环境政策工具。该体系最初是一个限制 SO_2 排放的体系，通过 1990 年的清洁空气法修订案引入美国。纳入体系的发电厂 SO_2 排放总量要在限额之下，与设定的政策目标一致（2010 年最终 SO_2 的上限设置为 895 万 t，大约是 1980 年电力行业排放的一半）。反过来，每个被监管的设施都会按照排放量获得相应配额。如果其年实际排放高于分配的配额，可以通过购买配额或通过安装污染控制装置、转换燃料和减少生产来减少排放。如果配额剩余，它可以出售配额或者存储供后期使用。尽管直接控排政策会对减排或安装具体控制技术有明确的进度安排，基于市场的体系允许企业从整体上找到以最低成本实现目标的方法，包括体系引入时还没有商业化应用的减排方案。

SO_2 配额交易体系在 2007 年实现了长期年度排放目标（总排放量持续下降，因为强制执行了其他更严格的排放控制法规）。履约率接近 100%：一方面是美国环保局的监测和核查；另一方面，配额如果没有足额缴纳将面临罚款。合规成本预计远低于直接控制下的成本，一份研究（Keohone，2003）显示会低 16% ~ 25%，尽管铁路货运市场放松管制对降低低硫煤运输成本也起着一定的作用（Schmalensee 和 Stavins，2013）。后来的经验已经证明，排污权交易计划不是万能之计。由于实现减排的成本是不确定的，很难确定目标水平，同时初期可能存在配额分配过量的问题。但是，美国 SO_2 配额体系的表现提供了一个有用的实例，证明该体系能够实现目标。

2. 国际合作

污染物会远距离扩散，这就需要国际管制。在空气污染方面，国与国之间的合作由来已久，如 1983 年生效的《长程跨界空气污染公约》㊀，是在国际上处理空气污染具有法律约束力的文件。该文件最初源于对硫排放和斯堪的纳维亚湖酸化之间关联的研究，现已补充八项协议，要求各方承诺减少对特定污染物的排放；另外，一些空气污染物常见于其他国际讨论中，气候变化或其他跨境影响，如本地生产的含有污染的商品通过国际贸易传播（聚焦点）。

聚焦点：谁为国际贸易产品的污染负责？㊁

谁最终对空气污染排放负责？是生产该商品的工厂，还是有需求和购买商品

㊀ 公约中有 51 个协议方，主要是欧洲国家，也包括美国和加拿大。

㊁ 这份分析报告是《贸易中能源和排放价值研究》的一部分。该研究还在进行中，由 M. Rocco，C. Pavarini 和 E. Colombo 在米兰理工大学展开。

的消费者，甚至来自另一个国家的消费者？各国能在多大程度上改变进口战略，支持符合环保的政策？要回答这些问题，首先有必要调整传统的污染核算框架，考虑相关产品生产和消费的地点。

“生产型”方式将污染物排放责任分配给了生产商品的国家。这种方法简单、直接且完善：它提供了国内需求和出口生产相关排放趋势的信息。“消费型”方式把产品中的污染物归因于最终使用的国家，量化每个国家消费产生的排放量。从一个方式转为另一个方式，可以用经济迁移对排放趋势的影响（罗科、帕瓦里尼和科伦坡，即将出版）。例如，在 2000 － 2008 年之间，经合组织国家中的 SO_x 排放下降了 25%（或者说是 920 万 t），但是在同一时期，进口货物中 SO_x 排放增长了 18%（或者说是 220 万 t），如图 3-5 所示。因此，大约 1/4 的国内减排是以其他国家排放增长为代价的。相反，同时期的中国，SO_x 排放因快速的经济增长和工业化而翻倍（2 000 万 t）；但中国 SO_x 排放增长中 30% 可归因于用于出口产品的生产和服务。

仅基于生产导致的污染量来制定政策可能将生产转向另一个污染控制相对宽松、技术效率较低的国家。这说明本地生产的污染控制不足以保证全球排放的改进，可能不是最佳选择。消费型方式提供了强化供应链分析准确性的补充信息，从而更好地理解不同产品的生命周期排放。这会增强消费者的意识，影响他们的购买决定。它也可以在本地和全球层面的环境政策设计过程中为决策者提供有价值的帮助。

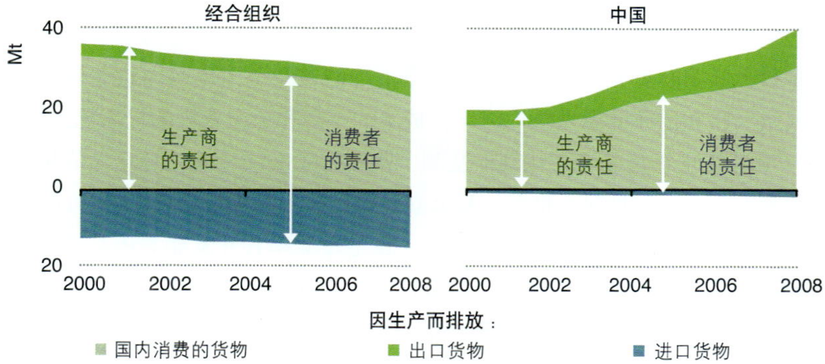

图 3-5 部分地区生产和消费的货物和服务中含有的 SO_x 的排放

资料来源：来自米兰理工大学的分析，数据来源于世界投入产出数据库（Timmer，2015）。

近期，又有一些高层国际论坛开始探讨空气污染问题，凸显其重要性。在 2015 年 5 月，世界卫生大会（世界卫生组织决策机构）通过了一项有关空气污染和健康的决议，确定了成员国应实施的 13 种措施。包括促使卫生部门提高对空气污染危险的意识，制定限制接触污染物的准则，以及与有关私营和公共部门参与者合作执行可持续解决方案的准则。联合国可持续发展目标进一步在全球范围内聚焦空气质量，通过普及清洁能源提高室内空气质量。

3.1.3 有效监测、执行、评估和交流

能源行业的空气质量措施需要有充分的规定来保障监测和执行，以及定期评价其效果和有效性。政策实施中保持透明度并及时与公共交流以保障战略方向不出现偏差，在减排行动中建立信心，并告知利益相关者如何参与其中。

制定政策对达到改进空气质量的目标来说还不够，有效的监测和执行是确保针对性改进的关键。评估有助于检查政策的影响，并在必要的情况下修改方案。公众知晓和参与对保持空气质量战略处于正轨至关重要。地区的责任者包括能源领域（电厂、一次能源供应），甚至超出了能源领域（如环境、公共卫生和运输机构）以及各级政府（环境空气污染的城市监控，如巴黎大区空气监测局）。

1. 监测

可靠的基础数据是良好决策的先决条件。监测制度需确定要覆盖的污染物，详细说明监测点的数量及类型、监测的频率和持续时间以及所使用设备的类型。在一些情况下，可能要求对多种污染物进行实时、自动监测；在其他情况下，可能要求定期或随机监测。监测网络也需要与所监测的城市和科技一起成长和进化。监测设备的成本在下降，新监测装置的单价为 1 500 美元，这允许政府花费更少的钱在全国范围内建立移动和固定空气监测站网络（联合国环境规划署,2015）。成本的下降和公众意识的提高已经促使企业、社会团体、学术界和公众成员进行额外监测。监测结果必须转换为有意义的报告，以便污染者、政策制定者（包括执行机关）及公众理解和采取相应行动。

许多国家的监测网络在逐步扩大并完善，但是覆盖率和开发能力还是很不平衡。虽然监测级别和类型由本地因素决定，还是有许多城市和国家的监测站数量远远低于最低效率水平。随着一些国家公众关注的提高，这些设施投资的优先级有可能提高。为此，世界卫生组织、美国环保署、欧盟委员会联合研究中心和其他机构提供有关空气质量监测的各种指导、标准和最佳实践。采纳最佳做法不仅对特定管辖权有益，而且如果始终采用，还会对跨辖区结果的比对带来更多好处。

在进行监测行动过程中，必须同时使用污染模拟工具并编制排放清单。这样才能有效检测污染水平和扩散情况。空气质量监测和报告与更广泛的数据集结合，包括车辆登记数据、运输使用率和运行状况，可以帮助决策者更好地理解根本原因和影响。执行和运行监测网络所需要的技术和人力资源能力是独立的，有充足的财政支持，这是制定改善空气质量策略初期必须认识到的事实。忽视任何一个领域将会严重削弱整体的有效性。

2. 执行

如果没有系统地执行，清洁空气政策可能失去效力，良好的执行制度成为空气质量政策发挥效力的基石。根据所采取的措施，各地区执行不同的任务，包括检查个别控制技术或燃料质量标准，验证工业和发电排放的规模，收缴污染费或管理交易计划，控制城市或国家的环境污染浓度。财政支持不足，执行机构培训不充分，精心设计的政策有效性会受到破坏，因此一份精心设计的空气质量政策需要密切关注相关执行机构的能力建设。

在欧洲，欧盟《环境空气质量指令》要求成员国限制其公民接触的平均和最大污染物排放。确保执行国家空气质量目标的责任通常下放给地方及市政当局。在英国，如果空气质量没达标，相关地方部门必须公布“空气质量管理区”，并制定一份行动方案，明确为达到要求的标准所要采取的行动。保证各国达到标准并不简单：在欧洲，有 22 个成员国的 PM_{10} 排放超过了中位值，7 个成员国的 $PM_{2.5}$ 排放同样如此。欧盟的措施分别为适当延长国家达标时间，点名批评，或者实施罚款以及将其移交欧洲法庭。

用特定的技术标准测试是否达标至少理论上相对简单，但是通常并非如此。例如，尽管清洁炉灶有性能指标，如国际工坊协议性能框架分级，包含了效率、PM 排放和一氧化碳（CO）排放，然而并没有一个单独测试性能的试验协定，而只有一个炉灶评级的整体框架，并不是世界标准。因而，即使是市场上许多清洁型固体燃料烹饪炉灶，在正常使用条件下排放的 PM 都超过了 WHO 的室内空气质量指标。

合规问题绝不仅限于发展中国家。欧盟和美国（在其他国家被借鉴）的车辆排放标准要求车辆在一定循环工况下通过测试。虽然这些要求强迫车辆通过严格的测试，但是随着标准提高，车辆排放的测试价值有所下降，真实的情况与测试结果中间的出入仍时而增大。因此，虽然满足了标准，真实的排放情况并没有同步改善，见专栏 3-2。

专栏 3–2 监管限制和交通中的公路排放

重点是不仅要强制执行监管标准，还要求标准与实际情况相匹配。近年的一系列研究已经确认，在新乘用车的燃料消费以及排放值上，官方统计与真实值的差异逐步加大，如欧盟委员会联合研究中心（EC JRC），2011a 和 2011b；国际清洁交通委员会（ICCT），2013 和 2014。如欧 6 柴油汽车的 NO_x 排放，真实值大约是官方测试值的 5 ~ 7 倍（INFRAS 和 TUG，2015）（ICCT，2014）。同样的差异在某些情况下也存在于重型车辆中，比如安装选择性催化还原排放控制装置并在道路上轻载使用时（如公共巴士）（ICCT，2012）。

近期曝光的大众公司在其柴油车辆测试时为达到排放标准使用失效器，而车辆在正常驾驶时会有更高的排放量，该问题引起了公众关注。他们已经注意到用于决定新车排放限值的测试中存在一些薄弱环节，包括：

- 规定条件下，与车辆气动性和轮胎滚动阻力有关的弹性。

- 测试条件若不提供典型的发动机荷载或外部情况，则排放性能与真实情况不同。
- 实验室测试与实际销售车辆特征参数的差异。

一些协议也会存在不足，包括决定或检测车辆排放等级的审核；司机的因素（如驾驶风格）和环境条件的衡量；以及未能达标时的惩处等方面。在欧洲以及其他地方，人们仍在采取措施（向全球统一的轻型车辆测试程序靠近）以缩小理论与实际排放结果的距离。车辆测试过程要更多地贴近现实中驾驶情况，以减少误差。上路测试应该包含燃料消耗以及其他污染物排放量（目前仅关注 NO_x）。车辆达标相关数据的完全透明化对于保证过程的公正以及重建公众的信任至关重要。例如，在美国，新型车认证的信息是公开的，这就使得制造商甚至要以高过法律标准的 50% 甚至更多来要求生产（美国环境保护署，2013）。

近期，在欧盟和美国进行了现行车辆测试与达标机制的对比分析，突出了公共机构检验排放性能的独立认证测试价值。执行机构也能够并愿意发布惩处措施，包括在未达标或作假的情况下召回车辆，来保证对车辆寿命措施的有效性。

达成空气质量目标通常要求有效执行相关能源和污染标准。美国环境保护署通过一项燃料质量标准，包括燃料等级、检验和燃料质量测试，披露以及严厉惩罚不合规行为。美国环境保护署加大炼油厂、进口商和燃料管理者的合规力度，并辅以强制独立测试。发展必要的机构和基础设施需要时间和精力，例如在印度尼西亚，空气质量标准和排放测试的执行受到相对劣质燃料以及缺少制造低硫燃油厂商这一事实的阻碍。

3. 评估

评估是政策实施的重要一环，可从多个角度对政策的目的和行动进行全方位审视。评估应当测评所制定的政策措施是否能满足其预期的目的，以及实施之后，其是否按计划执行。如果其未能产生预计的效果，即对排放的影响，或对相关领域产生非预期的后果，则需要仔细评估其原因并在未来的设计中引以为鉴。这种不断学习的过程对于这种复杂议题有着特殊的价值，像空气质量，需要在多个政策的交汇处运作。

4. 交流

科技的进步和公众对空气质量意识的增强共同提高了有效交流在空气质量上的价值，使其在各类现代空气质量政策中成为核心点。这些沟通可能已经是监管的要求（如在欧洲法规和美国《清洁空气法》；若还不是，则应追加。诸多组织都将参与空气质量交流，包括负责监测、整理以及公布污染状况的环境、能源和交通部门，负责公布卫生信息的公共卫生部门，致力于提升公共关注度的社会团体，以及广播媒体和社交媒体（使群众能通过他们各自的社交网络提出问题）。能源部以及能源行业企业在保证空气质量有效决策上发挥的作用有所不同，但是通常主要关注能源政策责任领域。各部门、各级政府在空气质量议题中的关注点不同，进行协调和防止冲突非常重要。

提供给公众、政策制定者以及产业部门的信息可能有所不同。对于政策制定者，空气质量信息是政策评估过程的重要部分；对发电厂来说，大型工业设备、污染处理设备等的在线监测 / 执行报告能提供必需的技术信息，有助于完全了解各类空气质量问题的本质，从而制定经济有效的措施。从宏观上看，常规的国家空气质量状况报告是总结空气污染趋势、确定行动优先顺序以及帮助分析共同利益或权衡取舍的常用办法（如气候变化、能源使用和安全）。除了这些报告外，还需有更多的及时交流方法。

为了与公众就空气质量信息进行有效交流，信息形式的简单化、准确化和易于理解尤为重要，最好加上必要的减排行动建议。空气质量信息要转换成易于理解的讯息，可以通过对空气质量指数进行颜色编码或在地图上进行可视化处理，以及通过多种频道交流。空气质量指数是呈现空气质量信息的常用方法，虽然这些指数的监测污染物的类型、取值范围等差别很大，如图 3-6 所示。信息的频率和时间范围应当根据公众需要能够提出行动建议，但通常需要严密的空气质量监测和建模系统。理想状态下，空气污染信息和卫生建议应当齐头并进，以保证有心肺疾病或哮喘的人群能保护自身健康。

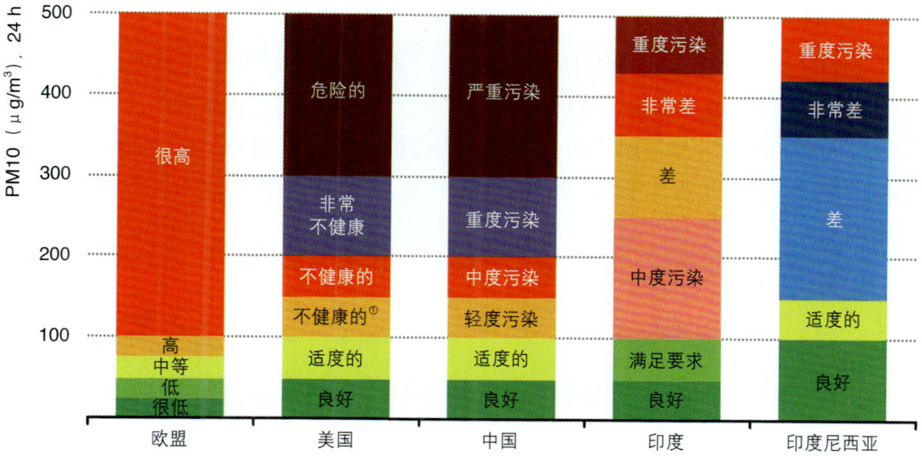

图 3-6　部分国家空气质量中 PM10 指数阈值

①对敏感人群不健康。

资料来源：ADB（2014），亚洲清洁空气中心（2016），印度环境和森林部（2014）。

政策制定者要有效地向公众说明新政策行动的原因。例如，政策制定者通过观测数据来判断在城市中实行车辆限行，但是公众需要了解其充分的理由，同时限行的实施也应以公众满意的方式进行。政策制定者收集的信息需要在公共领域使用，强调良好和不良原因，例如，通过点名指出污染等级最高和最低的来源（例如车辆制造商）、城市或子区域。

3.2 将清洁空气政策与能源政策目标相契合

3.2.1 清洁空气和气候变化

2015 年在联合国 COP21 大会上通过的《巴黎气候变化协定》，以及能源相关的 CO_2 新趋势（见专栏 3-5），为应对气候变化的全球努力注入了新的生机，同时，各国将共同致力于维持全球的温度上升幅度小于 2℃的目标。该协定约定全球将尽快实现温室气体排放达峰，21 世纪下半叶实现温室气体净零排放（使人为碳排放量降至森林和海洋能够吸收的水平）。参与规模前所未有，有 188 个国家提交了“国家自主贡献文件”（INDCs），承诺采取行动减排。INDCs 中最常见的能源领域行动是提高能源效率（143 个国家提及）以及推广可再生能源（140 个国家提及）。这些都将减少化石燃料燃烧，从而提高空气质量，同时减缓气候变化。但是，大量的研究表明当前的 INDCs（包含在新政策情景的模型中），尚不足以将全世界拉上正轨，以实现低于 2℃的目标（IEA，2015a）。从第 2 章可看出，他们还不能充分解决空气质量问题。

专栏 3–3 将经济增长与能源相关 CO_2 排放脱钩

国际能源署对 2015 年的初步估计显示，全球能源相关 CO_2 排放连续第二年维持平稳，上一次发生重大变化是在 2012 年。这显示出，之前全球经济增长、能源需求和相关 CO_2 排放间的联系在被逐渐解除，如图 3-7 所示。由于能源行业仍在温室气体排放中占比最大，这一消息在《巴黎协定》后又一次为人们提供了积极的动力。

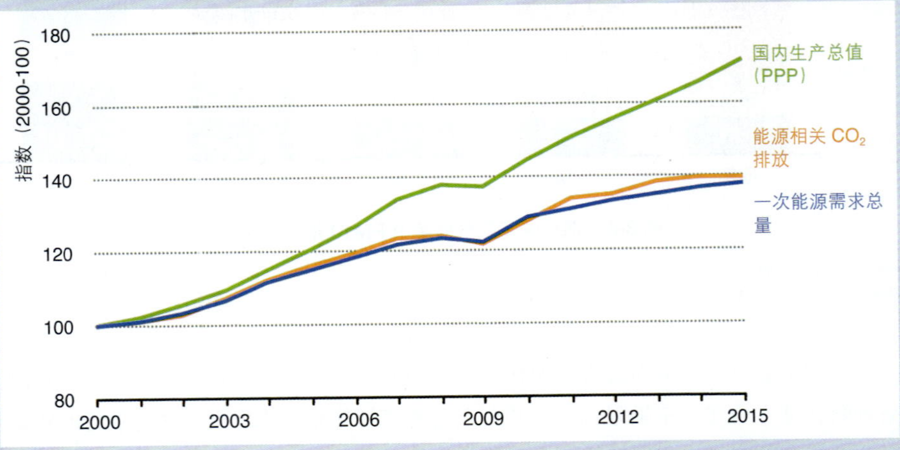

图 3-7 全球经济产出、能源需求和能源相关二氧化碳排放的改变

备注：GDP（PPP）= 以购买力平价为基础的国内生产总值。
资料来源：来自 IEA 数据中心 2000 年至 2013 年的历史数据；2014-2015 年为初步数据，且基于 WEO 的分析。

可再生能源发电发挥了重要的作用，在 2015 年已经占到发电增长的 90%；仅风能就占到了一半以上。过去 40 年中，排放量低于前一年或者持平的情况仅出现了 4 次，其中的 3 次分别是在 20 世纪 80 年代初，1992 年和 2009 年都与全球经济下滑有关。现在恰恰相反，最近排放量的稳定却是处在经济增长期。

中美两国，能源相关的排放量各自减少了 1.5% 和 2%，但是经济却分别增长了 6.9% 和 2.5%。在美国，减排的原因主要是发电燃料从煤转换为天然气。而在中国，减排则是因为经济向低能源密集型增长转型和电力结构去碳化的努力。但是，这两个主要排放国的减少却被许多其他经济体的排放增长所抵消，包括亚洲、中东的许多国家，以及欧洲的小部分增长。

3

1. 空气质量和气候变化的协同效益

在许多国家，改善空气质量的迫切需求是采用一系列措施的重要原因，同时这些措施也有利于应对气候变化。例如，中国承诺在工业和发电领域减少煤炭使用来降低空气污染，通过推广清洁能源的使用（包括可再生能源、核能和天然气），体现其应对气候变化的决心。美国环保署关于汞、SO_2 和 NO_x 的规定促进了发电产业从煤炭向天然气转型。此处呈现的清洁空气情景，准确提供了空气质量和气候变化双赢的方案类型，其中大力减少主要能源相关的污染物，同时也降低能源相关 CO_2 的排放。清洁空气情景与在巴黎达成的目标一致，即在大概 2020 年达到全球温室气体排放峰值，如图 3-8 所示。但是，仍需要更多政策上的努力，才有可能控制全球温度上升低于 2℃。

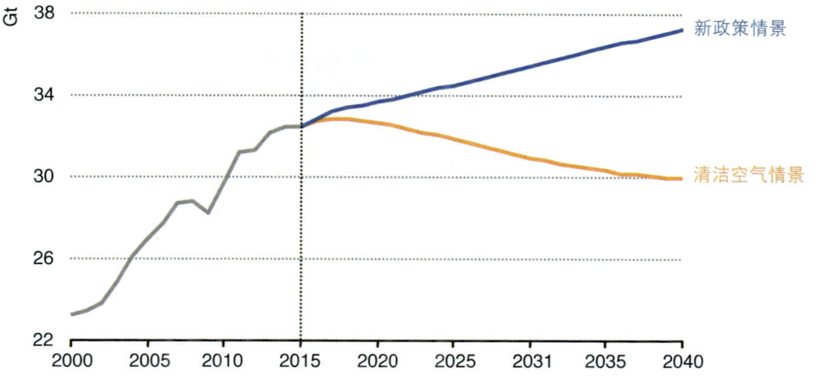

图 3-8　各情景中全球能源相关的 CO_2 排放

空气质量和气候变化两个领域的交叉效益是采取行动减少炭黑排放（这是 PM 以及 CH_4 的主要来源，见专栏 3-4）。炭黑是由不完全燃烧而引起，尤其是来自家用生物质燃炉和柴油车辆中的不完全燃烧，会以多种方式影响气候。炭黑颗粒可以吸收阳光，导致大气变暖，加速北极和高山冰川融化，并与其他产生气溶胶污染物共同影响云层的形成，进而导致气候变暖的连锁反应。联合国气候进程 1992 年《联合国气候变化框架公约》（UNFCCC）以及其后续协议（包括《巴黎协定》）主要关注温室气体含量的稳定，而没有强调非气体的气候驱动因子。因此，关于炭黑的行动大多数均是由 UNFCCC 以外的组织推进的，例如气候和洁净空气联盟（CCAC）。墨西哥是唯一一个在其 COP21 气候承诺中为炭黑设定明确目标的国家。

专栏 3–4 甲烷减少：双赢

甲烷是一种挥发性有机化合物。由于其易燃性，甲烷的聚集会产生危险，同时它也会提高臭氧含量，还是温室气体之一。在 20 年的时间里，其温室效应是 CO_2 的 85 倍，而在 100 年的时间中，约是 30 倍㊀。因此，在采取长期措施削减 CO_2 排放的同时，减少 CH_4 排放是短期内减少温室效应的有效手段。

能源相关的甲烷排放在 2013 年估计有 1 亿 t，其中石油和天然气行业略超过一半（5 500 万 t）（IEA，2015b）。排放大多数源于上游业务㊁。石油和天燃气的上游业务产生的 CH_4 排放最小化是短期缓解气候变化的有效措施，可采取以下经济有效的措施，例如检测并修复设备泄露、在非传统天然气井中使用减排完井技术（绿化完井），并采用可以捕捉液体泄露排放的气体的技术等㊂。捕捉向大气中排放的 CH_4 也是天然气供应的一项重要来源：石油和天然气行业排放的 5 500 万 tCH_4 的体积相当于约 800 亿 m^3，约等于阿尔及利亚天然气的年产量。

2. 空气质量和气候变化目标的权衡取舍

各空气污染物对气候变化的影响不同，甚至截然相反，必须考虑到这一点，以避免意想不到的气候影响（见专栏 3-5）。对空气污染政策的选择也可能会对 CO_2 排放产生重要的影响。例如，如果仅关注直接排放控制，而非采取清洁空气情景中的一揽子措施，可能导致高碳能源基础设施的增加。如燃煤电厂，这些设备的使用年限很长，而其锁定高排放标准可能会是实现全球气候变化目标推进电力行业快速去碳化的一大阻碍。清洁

㊀ 评估 CH_4 对气候变化的影响有不同的方式。以上引用的部分与政府间气候变化专门委员会（IPCC，2013）第 5 次评估报告的内容一致。

㊁ 美国环保署（2016）近日的一份报告显示，美国上游油气活动引起的 CH_4 排放可能是之前估计的两倍多。对于天然气，这种重新计算，由于对运输、存储和分发过程产生排放的修订估计所抵消。但是，在排放量透明度最高的国家之一，这些重大修订突出了在估计油气作业所排放的 CH_4 时，仍然存在的不确定程度。

㊂ 当一个颇有年份的气井为了保持生产而清理积累的液体时，会导致液体泄漏。根据所用技术，这可能会将 CH_4 排放到大气中。在排放量透明度最高的国家之一，这些重大修订突出了在估计油气作业所排放的 CH_4 时，仍然存在的不确定程度。

空气情景有助于避免这种僵化局面，因其主要关注能源效率和基于可再生能源的发电系统。

专栏 3–5 空气污染对气候变化的影响

许多空气污染物可以在大气中形成气溶胶（细小颗粒的聚集物）。这些气溶胶主要通过两种机理对气候变化产生影响：污染物与入射阳光的相互作用以及气溶胶对云层形成的作用。政府间气候变化专门委员会（IPCC）第 5 次评估报告确凿地发现气溶胶总体上减弱了变暖，因而部分抵消温室气体的变暖效应（IPCC，2013）。各空气污染物的影响不同，SO_2 的排放对气候变暖有明显的负面影响，同时，NO_x 污染可能对气候变暖有负面影响但不确定性很大，而炭黑对气候变暖有很强的推动作用。

气溶胶在全球的分布不均。自 1980 年以来，气溶胶的高峰区已经从北美和欧洲（采取了污染控制措施）转移到了通过化石燃料燃烧而使经济迅速发展的地区，例如东亚和东南亚（IPCC，2013）。近期的一项研究表明，与保持 1980 年的排放水平相比，欧洲降低硫排放的举措可能会使北极升温 0.5 ℃，因为目前能够抵消温室效应的气溶胶变少了（Acosta Navarro 等，2016）。空气污染物和全球气候变暖的相互作用强化了协同解决这些问题的需要。

与之相反的情况同样存在：只应对气候变化，与减少空气污染的措施隔离开，可能会导致更多的空气污染。例如，当仅为了减少 CO_2 排放，而鼓励使用木材炉灶，柴油车辆或生物质燃料时，会使空气质量恶化并增加人们对颗粒物的接触。燃烧生物质（用于发电和烹饪 / 取暖的生物质，或交通所用的生物燃料），即使有助于减少温室气体，仍会产生空气污染物。在一些欧洲国家中，越来越多的人用生物质发电和作家庭燃料，主要就是由于气候政策中对生物质的推广（EEA，2015）。如果通过气候政策推广生物质的同时，对清洁燃烧进行激励，就能缓解对空气质量的不利影响（WHO，2015）。为此，欧盟依据许多成员国的现行法令制定，通过了固体燃料炉的效率标准，从 2022 年开始实施（ECEEE，2015）。对燃油经济性更高的现代柴油车辆进行奖励（通过减少燃料税以及对柴油车辆进行补贴），也使得实现空气质量目标更难。更严格的燃料质量标准为末端排放带来了很多好处，但会增加炼油厂自用能源的水平，以实现油品深度精炼的要求。

3. 优化空气质量和气候变化政策

在能源领域，空气污染物和温室气体有时会来自多种相同的源头。因此，系统性的政策方法可以实现双赢，最大限度地发挥协同效应并避免冲突。IPCC 第 5 次评估报告发现，系统性方法在同时实现气候、能源安全和空气污染目标的情况下，其成本要小于单独解决各个问题的成本总和（IPCC，2013）。这就提出了量化空气质量协同效益的需要，在评价气候政策选择和协同优化一揽子政策时同样如此。据估计，减缓气候变化的空气质量协同效益在每吨 CO_2 2 ~ 196 美元之间。平均每吨 CO_2 为 49 美元，其最高值则出现在发展中国家（Nemet 等，2010）。这些估计仅在气候政策的综合评估中可偶尔窥其踪迹（Nemet 等，2010）。协同优化一揽子计划同样也会考虑负面的权衡，例如因使用生物质燃料而产生的问题。

3.2.2 清洁空气和能源普及

普及现代的、可负担的、充足的能源和保证空气清洁健康的目标相辅相成。事实上，扩大能源普及（尤其是对现代家庭烹饪而言）的一个主要原因就是室内空气污染对健康的不利影响，主要是来自固体燃料的燃烧，发展中国家的妇女和儿童受其影响最大。同新政策情景的结果相比，清洁空气情景中能源普及举措到 2040 年可以减少家庭中传统生物质使用量的 2/3：其所带来的健康改善是巨大并显而易见的。和现在相比，到 2040 年，因室内空气污染而早逝的人数会减少两百万。

到 2040 年，实现全面通电所需的投资大约 1.1 万亿美元，平均每年 450 亿美元——比新政策情景中预期的投资多出 50%。普及清洁厨具所需投资则少了许多：改进烹饪炉灶，煤气灶和气化炉的费用仅是普及用电的 5%，尽管目前转变使用清洁厨具在实践上仍面临很多其他挑战（聚焦点）。在空气质量和能源普及问题的权衡中，它们均和成本以及不同清洁厨具的排放性能密切相关（图 3-9 展示了印度的例子）。三石简易炉中固体燃料的不充分燃烧所产生的污染物排放量远高于其他可替代品，包括改良过的，或者拥有烟囱、风扇、液化气、天然气、电力和太阳能的先进燃炉。但是，最经济的可选方案，无论改良炉灶或木碳炉，其排放物中颗粒物含量仍很高，并对健康有害（特别是这些改良炉灶实际性能不确定，甚至可能在日常使用中达不到 WHO 室内空气质量指南的标准）。随着降低排放量的选项变得越来越昂贵，因此采用它们的障碍也会随之增加。

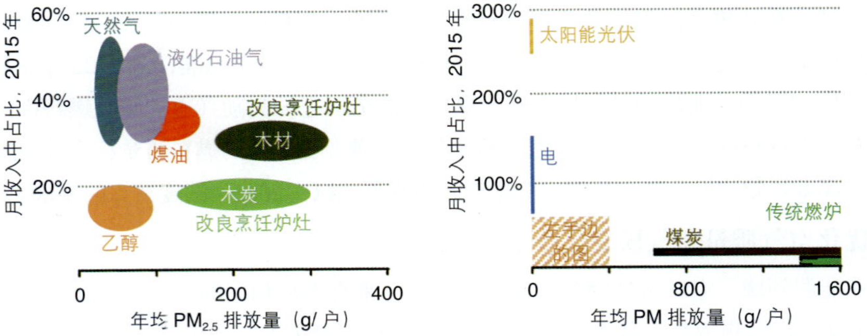

图 3-9 烹饪炉灶投资成本在一户印度家庭月均收入中所占比例以及 $PM_{2.5}$ 的排放

注：g/household= 克每户。$PM_{2.5}$ 排放量以一个印度家庭过去一年中其烹饪炉灶的绝对排放水平计算。
资料来源：GACC，2016。

聚焦点：是什么阻止了普通家庭选择更为清洁的烹饪炉灶？

超过 27 亿人（世界人口的 38%）依赖固体生物质的传统使用方式进行烹饪，大多在通风不好的地方使用低效的炉灶。其中，超过 80% 的人口（大约 22 亿）住在农村地区。这对妇女和儿童的影响最大，他们不仅花费大量时间收集柴火㊀，还要因室内烟气弥漫的环境遭受严重的健康威胁。

家庭中是否要使用更清洁的炉具来烹饪要考虑许多因素，特别是其是否易得和是否经济，以及公众对于家庭空气污染影响的关注。实际上，即便采用了新的替代品，旧的也不会被扔掉，这一现象被称为“燃料堆积”。

替代品是否易得主要取决于家庭在改良炉灶或替代燃料（如液化气）所需配送网络中的位置。如果是替代燃料，液化气的供应商在消费前景不佳或人口密度较低，或者路况较差的地区建立市场就会面临很多困难。在可靠的供应运输网路建立起来之前，消费者们倾向于暂时不更换。

替代品的经济性是另一项重要的标准，包括燃料的相对价格和新炉灶的投资成本。在补贴的基础上，液化气是不错的选择，在印度液化气补贴项目是现在世界上最大的现金补贴项目。补贴不再影响最终的价格，而是支付给个人银行账户支持每户家庭每年能够购买 12 桶液化气。为了使补贴项目发挥更长远的作用，同时也发起了“放弃补贴”的活动，鼓励富裕人群自愿放弃补贴，支付全款。

但是，当生物质燃料可以免费或低价获得时，很难从经济上激励群众花费多余的钱购买改良燃炉，尤其当他们意识不到传统燃炉排放的烟气带来的恶劣影响时。这也是改良燃炉宣传活动中将提高公众意识放在重要位置的原因，不仅教育群众如何使用改良炉灶，也告诉他们其对健康的好处㊁。

3.2.3 能源安全和进口账单

在清洁空气情景中，能源安全在不同部门内涵不同。其中一些内涵是所有去碳化能源体系共有的。减少煤的使用对环境颇有益处，但是却也放弃了一个可广泛获取的能源，同时煤易于储藏，并可用于发电（在特定技术条件下）且易于调节以适应电力需求。在一些情况下其可被天然气替代，而其他情况下，越来越多地被可再生能源取代，如风能和太阳能。这也提出一个老生常谈的问题，即要保证充分的系统可靠性（该问题在世界能源展望 2016 中充分讨论），这需要通过对改善电网、储能、需求侧响应和灵活性电厂的组合投资来实现。清洁空气情景中的缺陷是，由于对空气质量的忧虑削弱了生物质能

㊀ 全球清洁炉灶联盟估计，印度的妇女每年花费 370 h 时收集柴火（GACC，2015）。Calvo 估计这一数字在赞比亚约为 800 h，而加纳和坦桑尼亚则是约 300 h（Calvo，1994）。

㊁ 这些地区有一些强有力的政策与项目，但这些努力的成果并不如推广电力的效果。全球清洁炉灶联盟的目标是到 2020 年，有 1 亿家庭使用清洁或高效的燃炉及燃料。

在能源行业的地位，这一系统忽略了一个低碳的灵活性电厂。

对化石燃料而言，清洁空气情景表示全球炼油行业需要大升级来满足对低硫燃料的要求。炼油能力需要大范围改进。这一过程并不存在技术障碍，但无论如何这也算是颠覆性的变化。随着能效措施对石油需求的影响，该行业将面临更大的整合压力，在转换过程中对能源安全存在很多潜在的危险。

化石燃料进口账单会是一些国家担心的主要经济问题，尽管清洁空气情景并不是专门为此设计的，但确实实现了改善净进口国国际收支的协同效益。在新政策情景下，美国预计其化石燃料进口费用会有所改善，因为美国已成为天然气净出口国，自身的石油进口需求下降；但在清洁空气情景下可以发现更明显的改善（进口费用从 2014 年的 2 000 亿美元下降到 2040 年的不到 1 000 亿美元），如图 3-10 所示。对欧盟，其化石燃料进口费用在新政策情景下是增长趋势，而在清洁空气情景中则为下降。由于对进口石油、天然气和煤的需求减少，到 2040 年进口费用比预期将减少 1 200 亿美元。化石燃料进口需求的大幅减少也为中国（与新政策情景相比，2040 年减少 1 700 亿美元），和印度（1 350 亿美元）带来了巨大收益。

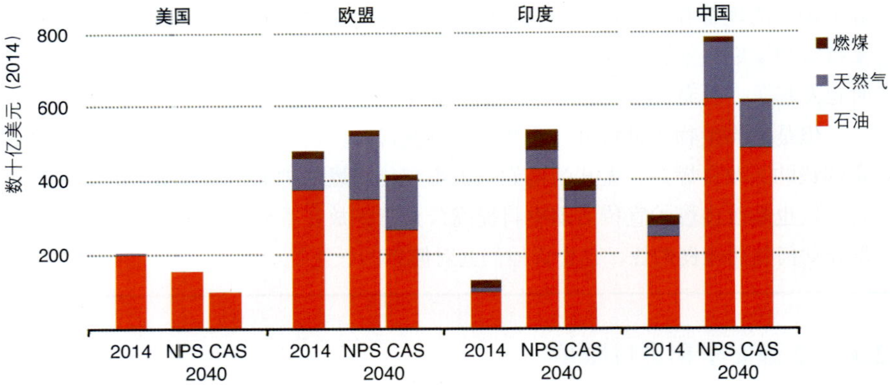

图 3-10 各情景中部分区域化石燃料进口账单

注：NPS = 新政策情景，CAS = 清洁空气情景。

参考文献

[1] Acosta Navarro, J., V. Varma and I.Riipinen (2016), "Amplification of Arctic Warming by Past Air Pollution Reductions in Europe", Nature Geoscience, Vol.9, pp. 277–281.

[2] ADB (Asian Development Bank) (2014), Improving Air Quality Monitoring in Asia: A Good Practice Guidance, ADB, Mandaluyong City, Philippines.

[3] AQICN (2016), Air Pollution in the World: Real Time Air Quality Map, World Air Quality Index, www.aqicn.org, accessed 15 March 2016.

[4] Calvo, C. M. (1994). Case study on the role of women in rural transport: access of women to domestic facilities. The World Bank, Washington, DC.

[5] China Daily (2013), "Clean Air Action Plan to Reduce Pollution" , www.chinadaily.com.cn/china/2013-09/12/content_16964650.htm, accessed 2 April 2016.
[6] Clean Air Asia (2016), Guidance Framework for Better Air Quality in Asian Cities, Clean Air Asia, Pasig City, Philippines.
[7] EC (European Commission) (2016), EU Air Quality and the EU Energy System (presentation by T. Verhaye, DG ENV.C.3 Air, at the IEA Energy and Air Quality Workshop, 10 March 2016), EC, Brussels.
[8] EC JRC (European Commission Joint Research Centre) (2011a), Analyzing On-Road Emissions of Light-duty Vehicles with Portable Emission Measurement Systems (PEMS), EC JRC, Brussels.
[9] — (2011b), Parameterisation of Fuel Consumption and CO2 emissions of Passenger Cars and Light Commercial Vehicles for Modelling Purposes, EC JRC, Brussels.
[10] ECEEE (European Council for an Energy Efficient Economy) (2015), Ecodesign and Labelling Requirements for Solid Fuel Boilers, www.eceee.org/ecodesign/products/solid_fuel_small_combustion_installations, accessed 2 April 2016.
[11] EEA (European Environment Agency) (2015), Air Quality in Europe: 2015 Report, EEA, Luxembourg.
[12] Government of India: Ministry of Environment and Forests (2014), "National Air Quality Index Launched by the Environment Minister: AQI is a huge initiative under 'Swachh Bharat' , Press release, www.pib.nic.in/newsite/PrintRelease.aspx?relid=110654, accessed 2 April 2016.
[13] GACC (Global Alliance for Clean Cookstoves) (2015). Gender and Livelihoods: Impacts of Clean Cookstoves in South Asia. Executive Summary. Global Alliance for Clean Cookstoves, Washington, DC.
[14] — (2016), The Clean Cooking Catalog (Product and Performance Data for the Cookstove Sector), http://catalog.cleancookstoves.org/.
[15] ICCT (International Council on Clean Transportation) (2012), Urban Off-Cycle NOx Emissions from Euro IV / V Trucks and Buses, ICCT, Washington, DC.
[16] — (2013), From Laboratory to Road: A Comparison of Official and '" Real-World" Fuel Consumption and CO2 Values for Cars in Europe and the United States, ICCT, Washington, DC.
[17] — (2014), Real-World Exhaust Emissions from Modern Diesel Cars, ICCT, Washington, DC.
[18] — (2015), The Future of Vehicle Emissions Testing And Compliance, ICCT, Washington, DC.
IEA (International Energy Agency) (2014), Africa Energy Outlook: World Energy Outlook Special Report, OECD/IEA, Paris.
[19] — (2014), Energy, Climate Change and Environment: 2014 Insights, OECD/IEA, Paris.
[20] — (2015a), Energy and Climate Change: World Energy Outlook Special Report, OECD/IEA, Paris.
[21] — (2015b), World Energy Outlook-2015, OECD/IEA, Paris.
[22] INFRAS and TUG (2015), "Explaining Road Transport Emissions - A Non-Technical Guide", Information from the HBEFA group, quoted in EEA (European Environment Agency) (2016), EEA, Copenhagen.
[23] IPCC (Intergovernmental Panel on Climate Change) (2013), Climate Change 2013: The Physical Science Basis. Contribution of Working Group I to the Fifth Assessment Report of the Intergovernmental Panel on Climate Change, IPCC, Cambridge University Press, Cambridge, United Kingdom and New York.
[24] Keohane, N. O. (2003). What Did the Market Buy? Cost Savings Under the U.S. Tradeable

Permits Program for Sulfur Dioxide. Yale Center for Environmental Law and Policy, New Haven.

[25] Nemet, G., T. Holloway and P. Meier (2010), "Implications of Incorporating Air-Quality Co-Benefits into Climate Change Policymaking" , Environmental Research Letters, Vol.5.

[26] Rocco, M., C. Pavarini and E. Colombo, "Evaluating Direct and Embodied Primary Energy Traded Among World National Economies through Environmentally Extended Input-Output Analysis" , forthcoming.

[27] Schmalensee, R., & Stavins, R. N. (2013). The SO2 allowance trading system: the ironic history of a grand policy experiment. MIT Center for Energy and Environmental Policy Research, Cambridge, Massachusetts.

[28] Timmer, M. P. (2015). An Illustrated User Guide to the World Input–Output Database: the Case of Global Automotive Production. Review of International Economics, Vol.23, 575–605.

[29] UNEP (United Nations Environment Program) (2015), "Low-Cost Device Can Revolutionize Air Quality Monitoring and Help Countries Prevent Deaths from Outdoor Pollution" , www.unep.org/newscentre/Default.aspx?DocumentID=26840&ArticleID=35403&l=en#sthash.UH0mdwcg.dpuf, accessed 2 April 2016.

[30] US EPA (United States Environmental Protection Agency) (2011), The Benefits and Costs of the Clean Air Act from 1990 to 2020, the Second Prospective Study, US EPA, Washington, DC.

[31] — (2013) Vehicle Engine & Compliance Activities: 2009 – 2011 Compliance Report, US EPA, Washington, DC.

[32] — (2016) Inventory of U.S. Greenhouse-Gas Emissions and Sinks: 1990-2014 US EPA, Washington, DC.

[33] WHO (World Health Organization) (2014), WHO Guidelines for Indoor Air Quality: Household Fuel Combustion, WHO, Geneva.

[34] — (2015), Residential Heating with Wood and Coal: Health Impacts and Policy Options in Europe And North America, WHO, Copenhagen.

下篇

国家概况

《能源与空气污染：世界能源展望特别报告》的下篇，包括了美国、墨西哥、欧盟、中国、印度、东南亚和非洲等7个国家和地区的概况，不仅对这些国家和地区目前的能源与空气质量背景进行了分析，还就空气污染物排放及其影响进行了评论。这些国家和地区2013年的能源需求占据了全球能源需求的2/3，其2015年（不包括国际燃油）占全球能源有关SO_2、NO_x和$PM_{2.5}$排放的66%、70%和81%。该分析聚焦于对2040年新政策情景和清洁空气情景结果的展望。

本篇的目标在于为决策者提供分行业和污染物种类的、当前与未来排放情况的丰富数据，并将现有和计划中的政策考虑其中。探讨了基于当前技术有利于达到改善空气质量和进一步减排目的的机会以实现政策措施。本部分还报告了每个情景下对健康的影响，以及与清洁空气情景相关的一些共同利益，例如化石燃料进口费用、与能源消耗相关的CO_2排放等。构成新政策情景和清洁空气情景的政策、技术与经济假设，以及全球结果的概况同样也都在第2章（空气污染展望）中进行了说明。

第4章 美国

·美国对控制与能源相关的空气污染所做的努力可以追溯到20世纪60年代，已经产生了显著的效果。尽管人口、国内生产总值和能源消耗都在持续增长，但6种常见大气污染物的排放总量自1970年至今减少了近70%。从国家层面看，污染物平均浓度也下降了，6种污染物现在均低于国家限值。即便如此，空气质量问题仍是部分地区所面临的重大挑战，超过40%的人口居所环境恶劣，甚至连一个国家标准都达不到。

·清洁空气法规、能源和气候政策的叠加将有助于进一步改善空气质量：在新政策情景下，截止到2040年，SO_2和NO_x的排放量与今天相比将分别降低50%以上，而PM2.5的排放量也会有1/3的下降。减排源于一系列的措施，但在运输领域加强排放标准并在电力行业中减少排放量是核心举措。

·清洁空气情景中的额外措施可以进一步提高美国空气质量：截止到2040年，SO_2排放量将再额外降低50%（相对于新政策情景），NO_x将降低约40%，$PM_{2.5}$降低约15%。这些改进会带来重要的共同利益：2040年，相对于新政策情景，化石燃料进口费用降低石油需求以1.9万桶/日的速度下降，天然气需求降低了50亿m^3左右，煤炭需求降低2.55亿t标煤。CO_2排放量大约比新政策情景低11亿t，有助于应对实现气候变化的目标。

4.1 能源与空气质量背景

美国在解决空气污染方面有着悠久的历史，美国联邦政府从20世纪60年代开始治理空气污染，其在改善空气质量方面已经有了长足的进步。解决空气污染的首要法规是《清洁空气法令》，其现代形式于1970年推出并于1977年和1990年进行了大规模修订。它体现了联邦政府和各州之间的合作，主要有三个组成部分：环境空气质量标准，排放标准和许可要求。合作的基石是一套由美国环境保护署（US EPA）针对6种常见空气污染物而制定的《国家环境空气质量标准（NAAQS）》，这6种常见空气污染物为一氧化碳（CO）、铅、二氧化氮（NO_2）、二氧化硫（SO_2）、臭氧（O_3）和颗粒物（PM）（分别监管PM_{10}和$PM_{2.5}$ ㊀）。每种污染物对应两个标准：一级标准，保护人类健康；二级标准，保护与健康无关的公益事业（如提高可见度和保护农作物与建筑物免遭受损）。标准定义了在特定时期内，最大污染物浓度的平均值，多年来反复修订（见表 4-1）。《清洁空气法令》规定，经 US EPA 批准，各州应分别制定一个计划，在其管辖范围内对所有控制区域实施 NAAQS。由 US EPA 判断违反 NAAQS 的区域，同时将其指定为“非达标地区”，这类地区将接受更加严格的控制。对于每一个非达标地区，各州必须提交具体的计划并在特定时间内达到要求。未能提交计划或者所提交计划被证实为不具可操作性的州政府，将会受到譬如扣减联邦公路经费的惩治。

表 4-1　针对特定污染物所制订的美国国家环境空气质量标准

污染物	一级 / 二级	平均时间	污染程度	计算方法	最近修订时间
NO_2	一级	1 h	$100\times10^{-8}\%$	每日 1 h 最高浓度的第 98 百分位数，3 年平均值	2010 年
	兼属	1 年	$53\times10^{-8}\%$	年平均值	1971 年
O_3	兼属	8 h	$0.070\times10^{-4}\%$	每日 8 h 最高浓度的年度第 4 高数值，3 年平均值	2015 年
$PM_{2.5}$	一级	1 年	12.0 μg/m³	年平均值，3 年平均值	2012 年
	二级	1 年	15.0 μg/m³	年平均值，3 年平均值	1997 年
	兼属	24 h	35 μg/m³	第 98 百分位数，3 年平均值	2006 年
PM_{10}	兼属	24 h	150 μg/m³	3 年时间内，平均每年最多一次	1987 年
SO_2	一级	1 h	$75\times10^{-8}\%$	每日 1 h 最高浓度的第 99 百分位数，3 年平均值	2010 年
	二级	3 h	$0.5\times10^{-4}\%$	平均每年最多一次	1971 年

资料来源：www.epa.gov/criteria-air-pollutants/naaqs-table.

《清洁空气法令》还授权 US EPA 为新的固定污染源或正经历重大整改的现有污染源制定国家排放标准。化石燃料发电厂、炼油厂、钢铁厂和垃圾填埋场等重大工业源也需遵循《新源性能标准（NSPS）》。虽然各州政府可以自由地制定更加严格的标准，但是设计 NSPS 的目的在于确保州政府制定的排放标准至少要满足最低水平。尽管标准没有强

㊀ 颗粒大小是确定其影响人体健康程度的一个重要参数：“粗颗粒”的直径介于 2.5 ~ 10 μm 之间，“细颗粒”直径小于 2.5 μm。

制运用特定类型的技术，它仍建立在 US EPA“最佳减排系统”的基础之上，充分利用了技术支持，并考虑了成本问题。通过对不遵守标准的行为进行经济处罚，来确保标准的执行。比如政府会定期审查 NAAQS 和 NSPS，并不断提高标准。《清洁空气法令》还要求，所有新建的和改造的主要污染物固定排放源需要按照新来源审查程序获得预施工许可证。该许可过程不仅需要因地制宜对所提出的控制技术进行技术层面的审查，还要求符合特定的标准，这在不达标地区会显得更为严格。现有主要的固定排放源都需要按照规定程序获得运营许可，即所有适用《清洁空气法令》要求的工厂必须符合这些要求，并需每年重新认证。

联邦政府还从移动污染源方面着手解决空气污染问题。20 世纪 70 年代，引进了控制汽车尾气排放的全国性措施，它们包括以减少光化学烟雾为目的的机动车尾气排放标准，和最终逐步淘汰含铅汽油以及轿车和轻型载物货车的第一个燃油经济性标准。经过《清洁空气法令》的授权，US EPA 目前规定了轻型汽车的尾气排放标准，这限制了由汽车尾气以及燃油系统泄漏（即“蒸发排放”）所产生的颗粒物、氮氧化物（NO_x）、碳氢化合物（HC）和一氧化碳（CO），并且还对汽油和柴油燃料中的硫含量加强了限制。对于载物货车和公共汽车等重型汽车污染物排放的规定，最初是参考发动机和车辆的排放量设定的，但自 2011 年以来，又强行增加了 HDV 燃料效率标准。政府从 20 世纪 90 年代早期开始便规范了各种非道路发动机和车辆的排放量。

从全国层面上来看，《清洁空气法令》颁布以来[⊖]，受控大气污染物（“标准污染物”）排放量显著减少。尽管人口、国内生产总值和能源消耗都在持续增长，但 6 种常见大气污染物的排放总量自 1970 年至今减少了近 70%。自 1970 年以来，SO_2 的排放量已经减少了 80%以上。在发电方面，作为有史以来最大的 SO_2 排放量来源，减排是通过逐步增加使用低硫煤和烟气脱硫来实现的。1990 年《空气清洁法修正案》颁布实施，使得 SO_2 的排放在几十年间显著减少，这个法案建立了 SO_2 限额交易计划并在控制酸雨方面建立了新型市场化途径（详见第 1 章）。

自 1970 年以来，NO_x 排放量已经减少了 50%以上，20 世纪 90 年代后期下降的趋势则更加明显，这主要归因于运输行业的减排以及发电领域和工业领域燃料的改变。自 1997 年以来，美国就对 $PM_{2.5}$ 的排放进行了规定，其排放量从 2000 年至今减少了 30% 左右。从所有案例来看，平均国家环境污染物浓度有了相应的降低，并低于（有的则是大大低于）6 种污染物浓度的现行国家标准。US EPA 已对 1990 年《清洁空气法令》修正案的成本和收益做了评估：在 1990 – 2020 年间（以 2006 年的美元价值进行估算）成本为 3 800 亿美元左右，而累计净效益为 12 万亿美元（US EPA，2011）。这些净效益主要来源于对早亡的预防，改善外界环境中的 PM；到 2020 年，免于受 PM 危害而

⊖ 本段中引用的所有排放和空气质量趋势可以通过下面网址中的数据进行确认：www3.epa.gov/airtrends/aqtrends.html#airquality。

死亡的总人数为 23 万人，这相当于该年货币化估值年度净收益 2 万亿的 85%左右。

尽管取得了这些成就，提高空气质量对美国来说仍存在不少挑战，部分原因是其推行的空气质量标准将变得越来越严格。目前约有 1.28 亿人生活在一些不达标的地区（占美国总人口的 41%），这些地区甚至达不到 NAAQS 中的任意一条。1.21 亿人遭受臭氧 8 小时的危害[⊖]，而 3 600 万人遭受 $PM_{2.5}$ 的危害（年度和 / 或 24 小时）（US EPA，2015）。目前监管工作聚焦于将污染物排放标准降低，以确保不达标地区能够符合最初的（以健康为目的）NAAQS。在此背景下，跨州界排放和导致顺风污染的排放是全国许多地区长期存在的问题。作为回应，US EPA 正在实施《跨州空气污染规则》，这就需要美国东半部的 28 个州减少发电领域 SO_2 和 NO_x 的排放量，从而协助 O_3 和 PM 达到 NAAQS。针对发电领域的其他空气污染规则会对空气质量改善产生协同作用。例如，最近制定的《汞和有毒物质标准》，首次限制燃煤和燃油发电厂排放有毒物质（包括汞），预计这项标准可以减少 SO_2（PM 的一种前体）的排放和 $PM_{2.5}$ 的直接排放，进而达到 PM 减排的共赢效果。

能源行业在美国大气污染物排放中所占比重最大，因此在其快速转型时，要不断努力推进防治空气污染的斗争。2015 年，能源领域 SO_2 排放量总计约为 440 万 t（约一半来自燃煤发电领域），NO_x 排放量为 1280 万 t（约有 45%来自交通领域石油燃烧），$PM_{2.5}$ 的排放量为 100 万 t（其中约有 30%来自于住宅领域的生物质能利用，有 30%左右来自运输过程）。与过去 10 年相比，发电领域的煤炭使用量减少了 20%左右，这反映出随着页岩气开发的热潮，大气污染物减少效果显著。美国政府实施的其他相关政策措施包括致力提高能源利用率（特别是在建筑领域和交通领域），减少来自发电领域的 CO_2（通过清洁能源计划）的排放。这些措施与其他对策一起，支持了美国在 2015 巴黎气候大会（COP21）上所做有关气候的承诺，保证美国 2025 年温室气体排放量较 2005 年将减少 26%～28%，更为清洁的空气也会带来更多的利益。US EPA 希望通过《清洁电力计划》大幅度减少 SO_2 和 $PM_{2.5}$ 等常规污染物的排放。

专栏 4–1 洛杉矶：世界首个“烟雾之都”，为获得更清洁的空气而不懈努力

拥有近 1 900 万居民的大洛杉矶（LA）地区是由海洋和山脉包围而形成的盆地。由于其浓厚汽车文化，繁华的工业和港口贸易，快速的经济发展，以及充足的日照，但空气不够流通，导致洛杉矶盆地是一个天然的污染物聚集处。第一次大面积的烟雾危机爆发于第二次世界大战期间，其确切原因仍是个谜。洛杉矶在全境范围内采取措施解决污染问题，并于 1947 年创建了全国第一个空气污染控

⊖ 根据 2008 年所制定的 NAAQS，臭氧的浓度标准为 75 μg/L。2005 年将其降至 70 μg/L，但预计到 2017 年非达标地区才能达到新修订标准。

制区。20 世纪 50 年代，汽车尾气排放的碳氢化合物 (HC) 和 NO_x 在阳光的催化作用下相结合的反应，被验证为光化学烟雾形成的主要来源。控制区域内大气污染从洛杉矶扩散到了各州，并在 1967 年成立加州空气资源委员会（CARB）时达到了高潮。鉴于加州异常严重的空气质量问题，CARB 享有特殊的联邦豁免权，可制定出比联邦政府标准更加严格的汽车尾气排放标准。随后 CARB 所做的修订一直高于联邦标准（最终其他州也可采用加州的标准）。

尽管事态有了积极的发展，但在 20 世纪 70 年代和 80 年代期间，洛杉矶盆地的烟雾水平仍然十分糟糕；按照 2008 年联邦政府对 O_3 制定的标准，洛杉矶在一年当中有 200 天以上的时间超出了联邦政府的极限标准。而后，形势开始有所好转。US EPA 的职责广泛，需要对规范机动车污染负责，汽车行业通过发展催化转换器来回应环保署的要求。这些设备从汽车排气系统方面彻底地改变了污染控制的方法，从 1975 年开始投入使用，以满足联邦废气排放标准。区域内的制度改革也有所成效：1976 年成立了更具包容性的南海岸空气质量管理区，以解决源自洛杉矶地区的跨区污染。管理区首次提出多方面的规划蓝图，保证洛杉矶地区能够长期符合空气质量标准，从而影响全国甚至国际区域。其产生的结果之一就是 20 世纪 90 年代 CARB 对新配方汽油的要求越来越严格，从而降低了烟雾前体物的排放量。

由于采用了上述各种措施，区域性空气质量得到了显著改善。O_3 浓度峰值大约降至 20 世纪 70 年代末数值的 1/3 左右，一年内超过 2008 年联邦标准的天数已经减少到不足 100 天。不再下达烟雾一级警报和烟雾二级警报，由更严格阈值所监控公众健康。公告数量从 1990 年的 107 份降至 2014 年的 0 份。据估计，由于 PM 浓度降低，现如今洛杉矶地区居民的平均预期寿命比 1970 年延长了约 20 个月的时间（格林斯通统计，2015）。然而，显而易见的是，现在仍存在重大挑战。洛杉矶盆地仍处于 O_3（8 小时）“极端”不达标的状态，$PM_{2.5}$ 处于“中度”不达标和“严重”不达标（分别按年和按 24 小时计算）的状态。2015 年修订后的联邦臭氧标准为 70 μg/L，要让洛杉矶的 O_3 计算水平在 21 世纪 30 年代达到标准值，仍将会是一个重大的挑战因素。另外，洛杉矶已经采取战略措施，重点降低 PM 重要的前体污染物 NO_x 的排放。

4.2 2040 年空气质量展望：新政策情景

美国要想实现对气候变化的承诺，就需要大力改变人们产生和使用能量的方式，这对改善能源相关的空气污染具有深远的影响。在新政策情景下，2040 年之前，煤炭使用量将减少 36%，石油使用量将减少 26%，都低于如今的用量水平，而低碳能源（包括生物能源）的使用将快速增长，其份额在能源结构中扩大了 10 个百分点（至 27%）。尽管届时经济增长了约 3/4，人口增长了近 20%，但由于政府在能源效率上的努力，2040

年的总体能源需求将比今天降低 3%，如图 4-1 所示。

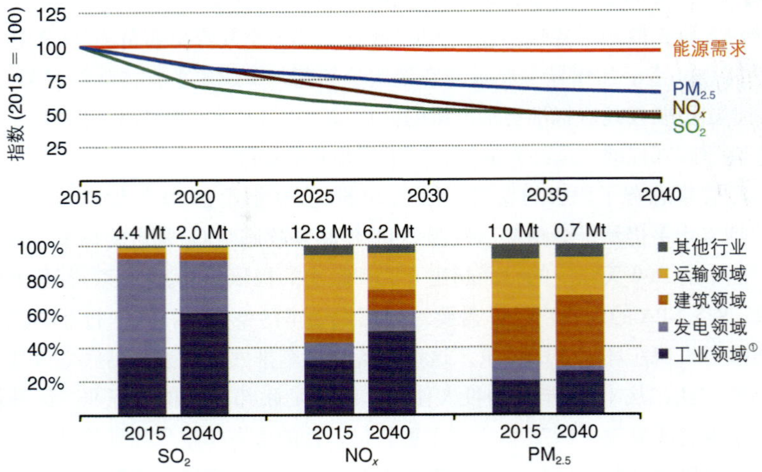

图 4-1　美国新政策情景下大气污染物的排放和能源领域污染物的排放

注：① 包含转换行业（不包括发电）。
资料来源：IEA，IIASA。

今后发电领域会利用低碳技术迅速完成去碳化，预计于 2040 年此技术在发电领域所占份额将会由大概 1/3 增加至近 50%。能源需求的减少主要来源于运输领域，因为受到客运和货运车辆燃油经济性标准的驱策，总耗油量较现有水平下降了 15%。

再加上特定的空气污染政策，这些能源发展趋势对大气污染物排放前景的影响重大。SO_2 排放量至少降低了 50%，到 2040 年达到 200 万 t，这主要受到发电领域（现今 SO_2 排放的主要来源）变化的影响，监管层也努力降低煤炭在这个领域的使用，并提高低碳排放技术所占的份额（如可再生能源）。同样地，2040 年 NO_x 的排放量将降低至少 50%，降至 6.2 万 t。运输领域实现了大约 2/3 的减排。$PM_{2.5}$ 的排放量下跌 35%到 2040 年的 70 万 t，减少的排放量中几乎一半是由于运输领域降低了石油的使用，1/4 以上是因为的发电过程中减少了煤炭的使用。

4.2.1　发电领域展望

根据展望，至 2040 年，强有力的监管措施将支撑发电领域完成预计的重大转型。短期来看，在《汞和有毒气体排放标准》（通常被称为 MATS）的作用下，许多老式燃煤电厂或停止运营，或运用其他控制技术进行改造。从长远来看，《清洁电力计划》2030 年的目标是在 2005 年的水平上减少 32%的 CO_2 排放量，这将影响发电领域的发展趋势。此外，碳排放的标准是新电厂每兆瓦小时（MW · h）CO_2 排放量不超过 1 400 磅（1 磅约为 0.453 kg）（约 635 g/kW · h），因此，煤电厂需要安装 CO_2 捕获装置。总的来说，联邦政府和州政府支持可再生能源的政策措施，以及其他州和地区减缓温室气体的措施，在实现 CO_2 和空气质量长期目标时发挥着重要的作用。

这些政策组合在一起将使得燃煤发电在 2040 年之前急剧下降 35%左右。其中许多燃煤发电电量由燃气电厂所代替，后者发电量增长强劲。然而，无论是在相对意义还是绝对意义上来说，最为强劲的增长来自于可再生能源，从今天到 2040 年将增长 2.5 倍。虽然电力结构中的这种变化在某段期间内对抑制排放增长起着重要作用，但减排的主要驱动力还是空气污染条例。《清洁空气法令》的新源性能标准（NSPS）说明了发电厂的排放限制：例如，它们通常需要符合 6.4 ng/J 的 PM 限值（约 23 mg/m^3），这与中国的限值一样，但是只有欧盟的一半左右。SO_2 的限排标准也取决于建厂时间的长短。从广义上来说，最近新建成的或经过改进的工厂应该符合 65 ng/J（约 160 mg/m^3）的 SO_2 排放量限制。在没有安装 SO_2 控制技术的情况下，使用特定的低硫煤预计可以使多达 30% 的电厂符合排放标准。NO_x 的限排标准也取决于建厂时间的长短，对于新近建成电厂，会执行更加严格的标准。NO_x 的调控也影响了大型联合循环燃气电厂，如今，有 40% 以上（装机容量）的燃气电厂使用了 NO_x 控制技术。

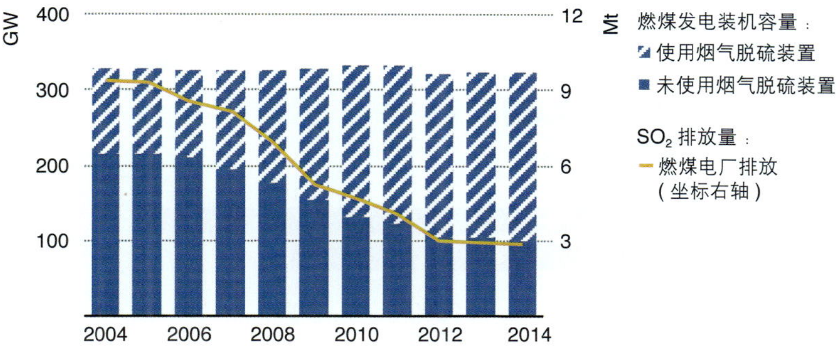

图 4-2　配备有烟气脱硫装置的燃煤电厂装机的发电能力和与之相关的 SO_2 排放量

注：FGD 指的是烟气脱硫装置，GW 指的是 10 亿 W。
资料来源：IEA，美国能源信息管理，USEPA。

在新政策情景下，发电过程减少了 3/4 以上的 SO_2 排放量，这主要是通过减少燃煤产生的（排放强度下降速度快于产量下降速度，因为年代最久的工厂具有最高的排放量，也会率先关闭）。大部分削减是在中期实现的，关闭了一些电量为 7 000 万 kW 的燃煤电厂。NO_x 排放量到 2040 年将下降 40%以上。与 SO_2 一样，虽然额外的燃气发电产生了 NO_x 并减缓了排放量的下降趋势，但是减少用煤仍然达到了降低排放量的效果。在美国发电产生的 $PM_{2.5}$ 排放量（发电领域所占 $PM_{2.5}$ 排放量的份额不到 15%）已经处于一个很低的水平。即使如此，燃煤发电的减少以及天然气和可再生能源使用的增加，将使得 $PM_{2.5}$ 的排放量在 2040 年减少 80%以上。在展望的后期，全国发电领域 $PM_{2.5}$ 的排放量应少于 5%。

4.2.2 工业和转换行业展望

在严格的政策干预下，美国工业领域和转换行业的空气污染物排放在过去 10 年间明显减少。历史上（和目前的）减排关键是 NAAQS。在目前的发电领域中，适用于工业领域和转换行业的排放限定都是基于 NSPS。对于 SO_2 来说，国家法律规定了燃煤和燃油中的最高含硫量。有时在城市周边地区的法规会更加严格，以此来最大限度地减少局部区域的压力。在美国，工业化设施的烟气脱硫工艺被广泛应用，但使用低硫含量燃料的措施则很少采用。一些小型设施则是特例，它们负担不起昂贵的后燃烧控制技术设备，因此可能会选择低硫燃料。

在新政策情景下，法规推动了美国工业和转换行业所有主要污染物排放量的进一步削减，如图 4-3 所示。与 2015 年相比，2040 年的 SO_2 排放量将减少约 20%，NO_x 的排放量将减少 1/4，而 $PM_{2.5}$ 的排放量将降低 20%左右，这主要归功于燃烧方面的减排措施。NO_x 排放量的减幅巨大，但现今的排放量还十分高（高于欧盟排放标准水平的 3 倍）。由于过去的努力，如今 SO_2 和 $PM_{2.5}$ 的排放水平已经很低：它们现今的排放水平已经足以

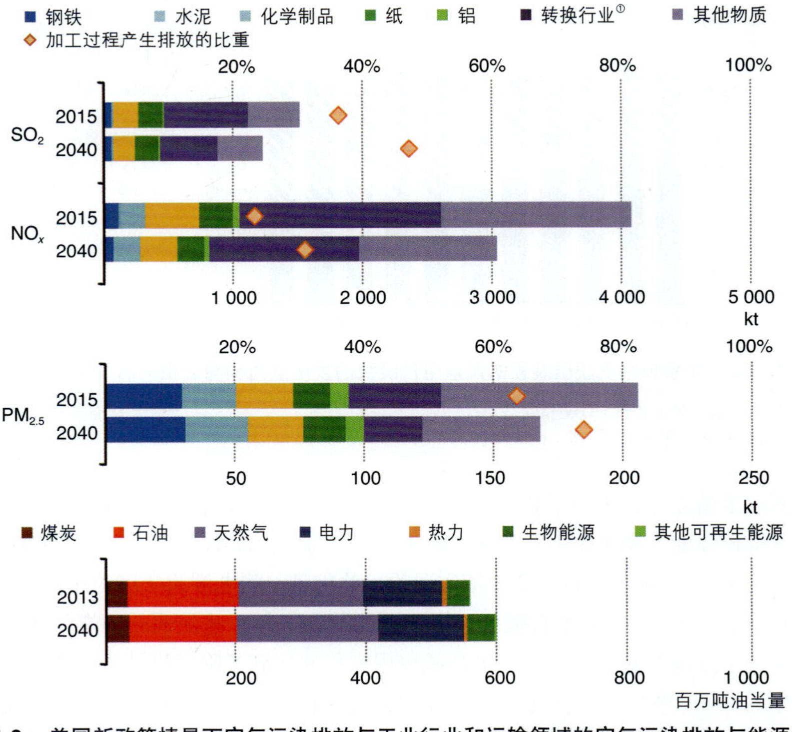

图 4-3 美国新政策情景下空气污染排放与工业行业和运输领域的空气污染排放与能源结构

注：①转换指化石燃料（如炼油、石油天然气的生产和液化天然气的终端产品），但不包括发电和供热。工业和转换行业包括非能源使用（主要是石油化工原料）。

资料来源：IEA，IIASA。

媲美欧洲。进一步减少小型制造业和能量转换行业（例如发电等领域）的排放量，尤其是炼油厂，以及控制逐渐增长的化学和石化领域的排放。综上所述，现如今这些行业占工业领域和转换行业 SO_2 和 NO_x 排放量的 80%，并且在新政策情景下，2040 年将维持这一比例不变。旨在提高能源效率（如工业领域的能源之星计划或能效技术的税收优惠）的能源政策措施也有助于限制新政策情景下排放量的增长，抵消更高产能的影响。

4.2.3 交通运输领域展望

美国的汽车尾气排放标准可以追溯到 1963 年联邦《清洁空气法令》，它指导政府指定了汽车排放标准。美国是第一个为了控制汽车对空气质量影响而制定国家框架的国家。直到 2008 年，美国根据车辆大小，对其设定国家排量标准：小于 1 700 kg 的小型车，低于 2 600 kg 的大型载物货车（包括轻型载物货车、小型货车和小型运动型多功能车）和车辆重量超过 2 600 kg 的机动车。现如今，除了少数例外的情况，所有轻型车辆的排放标准一般（标有“二级”字样）是相同的。这些美国标准不同于欧洲规定，它们并不考虑燃料类型，为同一类车设定相同的排量标准。

在经过多次修订后，US EPA 在 2014 年给车辆和燃料标准敲定了一个新等级，标记为“三级”，见表 4-2。三级标准延长了机动车㊀ 的“使用寿命”，这超出了之前联邦政府的限值（12 万英里或者 10 年），与 CARB 所使用的定义（15 万英里或 15 年）相匹配，也将轻型汽车的排放标准扩展到一些之前被限制在重型车辆标准内的车辆类别。三级将在 2017 – 2025 年期间内逐步执行，在车辆的使用年限内，预计每公里挥发性有机化合物（VOCs）和 NO_x 的排放量将逐渐减少 80%，PM 将减少 70%（ICCT，2014）。

与轻型车相比，重型车辆的排放法规往往略有滞后；最新标准在 2007 年和 2010 年之间落实到位。迄今为止，2010 年的标准保持不变，暂无新标准。就超低硫柴油而言，2007 年国家强制执行 15 mg/L 的硫限值，这有利于鼓励使用要求燃料含硫更低的尾气排放控制技术（如催化柴油颗粒过滤器和 NO_x 催化剂）。汽油中硫的含量将被限制在 10 mg/L 以内，达到欧洲、日本和韩国的要求。

在美国，就与能源相关的 NO_x 排放量而言，单单运输领域的排量就占了几乎一半的份额，如图 4-4 所示。1/4 以上运输领域 NO_x 的排放量来自于轻型汽车，将近一半排量来自于重型车（特别是货车），剩余的多数部分由铁路和航运共同占有 20%的份额。在新政策情景下，到 2040 年，与运输相关的 NO_x 排放量将大幅减少。运输领域石油需求将从现在的每天约 1 200 万桶 / 天下降到 2040 年的 8 万桶 / 天左右，因为可替代燃料的

㊀ “使用年限”规定了在一定最小时限内必须达到排放量标准。建立遵守和执行程序是为了保证用车尾气排放达到国家要求。

表 4-2 美国公路运输中部分大气污染物的排放限制

目标车辆	燃料	标准	销售和登记注册完成的时间	PM 限值	NO_x 限值	硫含量限值	单位
轻型机动车	汽油 / 柴油	EPA 二级	2009 年	< 0.02	0.07 ②	–	g/mile
		EPA 三级	2017 – 2025 年①	0.003	0.030 ~ 0.086	–	g/mile
摩托车	汽油 / 柴油	EPA2010 年排放标准	2010 年以后	–	0.8 ③	–	g/km
重型汽车	汽油 / 柴油	EPA2010 年	2010 年	0.01	0.2	–	g/bhp-hr
燃料质量	汽油	EPA 二级	2007 年	–	–	30	mg/L
		EPA 三级	2017 年	–	–	10	mg/L
	柴油	EPA 二级	2007 年	–	–	15	mg/L

①随着时间的推移，2017 – 2025 年期间 NO_x 平均限值的监管将变得更加严格。
②反应了第五列的调控限值，表示严格类别，代表了对车辆的平均要求（第 1 ~ 8 列）。
③适用于 HC 和 NO_x 的制造商平均排放量。
注：g/bhp-hr 指的是每制动马力小时内排出的克重。

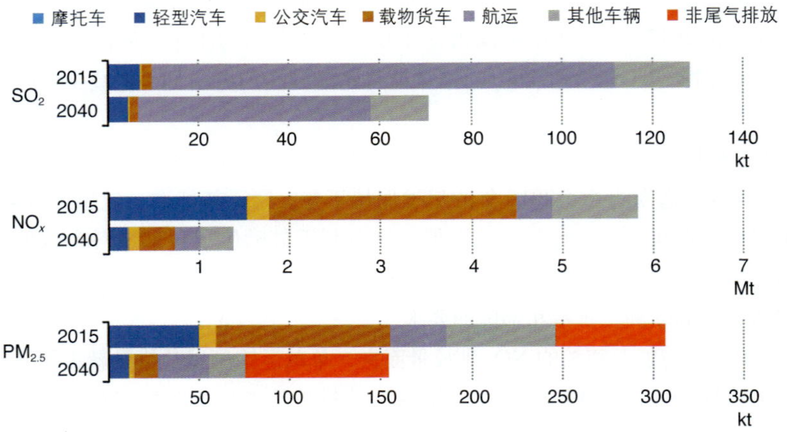

图 4-4 新政策情景下美国由运输领域大气污染物排放

资料来源：IEA，IIASA。

影响仍然十分有限。电动车占 2040 年轻型汽车销量的 10%，而天然气的使用仅占道路交通燃料消耗的 10%，于是施行了燃油经济性标准，然而，现行和今后的污染物排放标准，大大地减少了与运输相关的 NO_x 的排放，从 2015 年的 5.8 万 t 到 2040 年减少至该水平的 1/4 左右。其中约半数减排是通过控制载物货车的排放得以实现的，这反映出它们在总排放量中的主导地位。其余的减排来自轻型汽车。尾气排放标准对降低运输过程中所排放的 $PM_{2.5}$ 排放同样有效。目前，交通运输的排量约占总能源相关 $PM_{2.5}$ 排放量的 30%，其中约 20%来自因驾驶产生的非废气排放（即磨损、制动器和轮胎）。到 2040 年，在新政策情景下的与运输相关的 $PM_{2.5}$ 排放量将削减一半。一半以上的道路车辆尾气排放量的减少来源于货车，约 1/4 来自于轻型汽车：后者的减少对人体健康十分有益，因为到 2040 年将有超过 70%的公路客运车辆在城市地区行驶，而如今只有 2/3 左右（一半以下的公路货运活动发生在人口密集的城市地区）。由于对 $PM_{2.5}$ 进行了有效的尾气排放管控，$PM_{2.5}$ 非废气排放量在所有与运输相关的 $PM_{2.5}$ 排放量中所占比例到 2040 年会增长到一倍以上。

与交通运输相关的 SO_2 排放量仅占现如今与能源相关的 SO_2 排放量的 3%。它们很大程度上都源于国内航运。由于美国法律鼓励将汽车燃料中硫浓度降低到全球领导人制定水平，交通领域所产生的 SO_2 的排放量在新政策情景下将降低约 45%。

4

4.2.4 建筑领域展望

在美国，供暖和生活热水需求大约占到建筑领域能源需求的 60%。锅炉和炉灶中化石燃料的燃烧会排放 NO_x、SO_2 以及少量 $PM_{2.5}$。发电领域和工业领域相比，建筑领域的排放量只占 SO_2 排放量的一小部分，并在 25 年内下降了 75%，尽管石油消费量只下降了 1/3。同样地，自 1990 年以来，建筑领域使用天然气以满足取暖和做饭的需求一直保持相对平稳，而 NO_x 排放量减少了将近一半，占如今与能源相关 NO_x 排放量的 6%。到目前为止，建筑领域 $PM_{2.5}$ 排放的最大来源是生物质能源，尽管如今它在今天的建筑领域中仅占有 5%的份额，而石油占 10%左右，天然气则是 2/3；由建筑领域排放的 $PM_{2.5}$ 数量相当于工业领域和发电领域量的总和。为解决这个问题，US EPA 在 2015 年针对住宅木材燃烧设备公布了新的 NSPS。新的 NSPS 加强了新壁炉标准，并针对多种类型的、之前没有规定的木加热器（包括球团矿炉）建立了第一个联邦空气标准。新标准并不适用于现有设备。其主要目的是减少 PM 的排放，也希望能够减少其他污染物的排放。到 2020 年，新壁炉（包括那些来自 US EPA1988 年 NSPS 中所豁免的住宅木材取暖器类型）将必须符合目前由华盛顿州为非催化炉所设置的 PM 排放限值（4.5 g 每 1 小时），壁炉必须符合更高的限值（2 g 每 1 小时）。在此期间，如果所用壁炉已经满足 2020 年的要求，那么便可享受自愿标签计划㊀。在能源之星要求的基础上，US EPA 也已经将室内空气标签自愿性计划落实到位，以便提供室内空气质量保障。

㊀ 木材燃烧设备的自愿吊牌计划是一种用来激励厂商提前满足联邦政府 2020 年标准的标签程序。

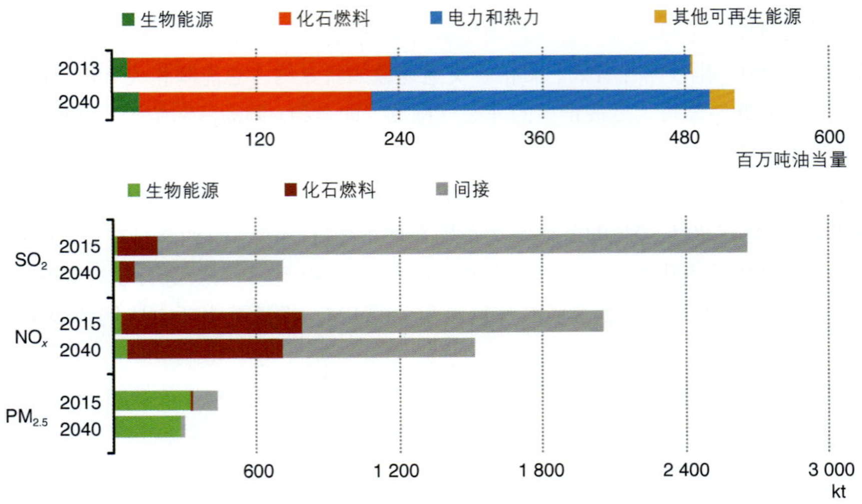

图 4-5　新政策情景下美国建筑领域的源需求和污染物排放

资料来源：IEA，IIASA。

在新政策情景下，到 2040 年建筑领域的污染物排放量会有所下降，但 NO_x 和 $PM_{2.5}$ 的减少并不如在其他领域那么明显。建筑领域中 SO_2 和 NO_x 污染物排量的下降主要是由于采取了能效政策，以及转而使用可再生能源和电力，而 $PM_{2.5}$ 排放量的减小则是 NSPS 施行的结果。能源之星计划改善建筑的保温以及气锅和壁炉的效率，所以相对于现在来说，尽管住房数量增长了 20%左右，供热面积增长了 35%，但供热需求还是会保持平稳。随着用以供暖的石油需求下降，SO_2 排放量继续降低，到 2040 年将会下降到目前水平的一半，如图 4-5 所示。建筑领域中的天然气需求略有下降，但是这仅引起 NO_x 排放量的小幅减少。建筑领域在与能源相关的 NO_x 排放总量（目前为 6%）中所占的份额到 2040 年将提高到 11%。尽管生物质能在木材加热器中的使用率在增长，但新的 NSPS 有助于略微降低其当前的 $PM_{2.5}$ 排放量。然而，建筑领域在与能源相关的 $PM_{2.5}$ 总排放量中所占的全部份额增长了 11 个百分点，到 2040 年达到 40%以上。因为发电领域采用了污染物排放监管措施，所以虽然到 2040 年建筑领域中电力和热量的需求增长了 13%，但是建筑领域电力使用所产生的间接污染物排放仍然会减少。

4.3　2040 年，更好的远景：清洁空气情景

尽管政府的长期努力，使得大气污染物的排放得到极大改善，新政策情景中也预见了现有和拟议措施所取得的更大进展，美国还可以进一步降低能源相关的污染。在清洁空气情景下，2040 年 SO_2 排放量新政策情景的水平上进一步降低 50%，额外减排 100 万 t，如图 4-6 所示。NO_x 排放量将降低 40%左右，在 2040 年额外减排 240 万 t，$PM_{2.5}$ 的排放量则下降 15%左右，下降至 90 kt，低于新政策情景的水平。

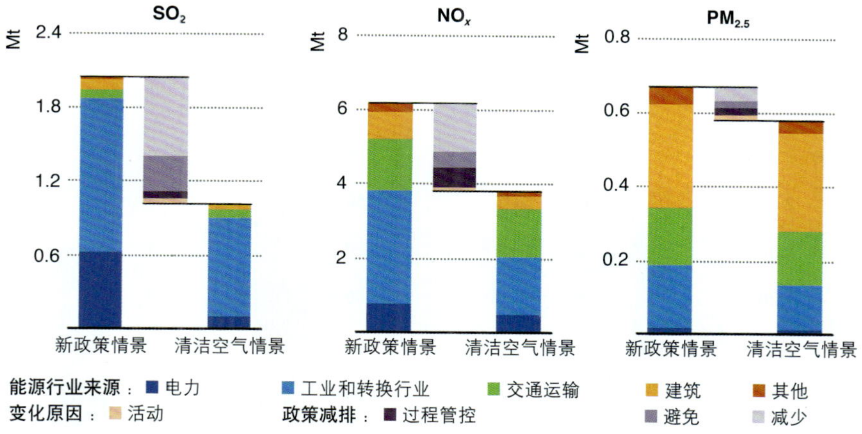

图 4-6 2040 年，与新政策情景相比，清洁空气情景下美国减排成效

注：IEA，IIASA。

在清洁空气情景，所有领域都能实现污染物减排。尽管现有的和已提出的政策使得发电领域的 SO_2 排放量显著降低，清洁空气情景中，近一半的额外减排来自发电过程，部分通过使用燃烧后控制技术，部分通过进一步减少煤炭的使用或增加对可再生能源技术的投资。主要通过降低排放强度，工业和转换行业又额外降低了 35% 的 SO_2 排量。提高能效在要避免化工、炼化和造纸等领域 SO_2 的排放中发挥着重要的作用。

相对于新政策情景而言，工业和转换行业也是清洁空气情景中 NO_x 排放量进一步减少的主要领域，贡献了近 2/3 的额外减排量。值得一提的是，通过限制炼化行业的排放（通过增加能效）和减少化工和水泥行业的排放（通过改进燃烧后的处理方式），还可实现进一步的减排。建筑领域 NO_x 的排放量也有所降低（占清洁空气情景减排总额的 15%），包括商业和住宅建筑，主要还是通过使用天然气取暖来降低排放。在发电领域中（12% 的 NO_x 削减量），增加燃烧后控制技术，增加可再生能源投资和减少煤炭的使用都是进一步减排的主要途径。鉴于新政策情景下交通行业 NO_x 排放量已大幅下降，实现进一步的减排将变得更加困难，主要通过减少交通活动和使用替代燃料汽车。

在清洁空气情景下，各领域 $PM_{2.5}$ 的排放量相对于新政策情景水平有了进一步的降低。在工业和转换行业最大的减排（占新政策情景相比 $PM_{2.5}$ 额外减排量的 1/2 左右）来自于钢铁行业，占总减排量的 1/4 左右。不到 20% 的 $PM_{2.5}$ 总减排量来自建筑领域，关键是要进一步降低生物质炉污染物的排放。在交通领域（$PM_{2.5}$ 减排量为 12%），汽车驾驶减少的非尾气排放占运输相关总减排量的 2/3 左右，这主要通过保持或转变交通模式来实现的。

将能源和空气质量战略结合将可带来巨大的利益。到 2040 年，清洁空气情景下对所有化石燃料的需求要大大低于新政策情景下的需求，从而降低石油进口费用，如图 4-7

所示。与新政策情景相比，2040 年清洁空气情景下，石油需求降降低 1.9 万桶 / 天，天然气需求降低 500 亿 m^3，煤炭需求降低 2.55 亿 t。这些政策组合在一起还有助于促进美国气候变化目标的实现：在清洁空气情景下，2040 年 CO_2 排放量大约比新政策情景低 11 亿 t。

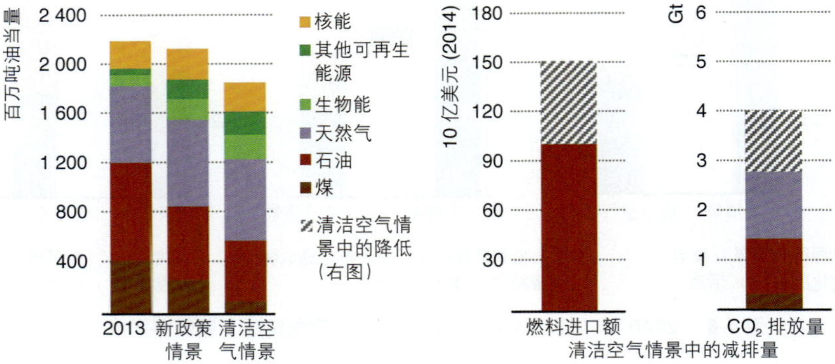

图 4-7　不同情景下 2040 年美国能源需求和能源领域主要指标

参考文献

[1] Greenstone, M., (2015), "The Connection between Cleaner Air and Longer Lives" , The New York Times, www.nytimes.com/2015/09/25/upshot/the-connection-between-cleaner-air- and-longer-lives.html?_r=0, accessed 24 September 2015.

[2] ICCT (International Council on Clean Transportation) (2014), Policy Update: Tier 3 Motor Vehicle Emission and Fuel Standards (final rule), www.theicct.org/sites/default/files/ publications/ ICCTupdate_Tier3_finalrule_mar2014.pdf, accessed 3 June 2016.

[3] US EPA (United States Environmental Protection Agency) (2011), The Benefits and Costs of the Clean Air Act from 1990 to 2020, Final Report – Rev. A, US EPA, Office of Air and Radiation, www.epa.gov/sites/production/files/2015-07/documents/fullreport_rev_a.pdf.

[4] — (2015), www3.epa.gov/airquality/greenbook/popexp.html, accessed 1 June 2016.

第5章　墨西哥

• 空气污染是墨西哥的一个重要问题，无论在城市，还是农村，均以生物质烧火作为做饭能源的主要使用模式，这与其他经济合作与发展组织（OECD）成员国不同。地理因素导致情况更为复杂：墨西哥的大城市大多海拔较高，其大气中氧气含量偏低，导致了燃料的不完全燃烧。墨西哥在第21届联合国气候变化大会上的气候承诺中特别强调了空气质量问题，并制订了一个宏伟的黑炭减排目标。

• 根据预测，到2040年，尽管能源需求会增加30%，墨西哥的大气污染物排放却不会大幅增长，与之相反，SO_2的排放量会减半。控制空气污染排放、燃料转换（特别是在发电）和提高能效的政策组合造成了这种脱钩现象。NO_x排放量将降低30%，$PM_{2.5}$的排放量降低15%左右。然而，空气污染对健康的影响仍然存在，由于室外空气污染而导致过早死亡将从现在的每年12 500起上涨到2040年的每年15 500起；到2040年，因室内空气污染而死亡的人数仅小幅下降至每年1 220起。

• 通过利用经试验和验证的措施，墨西哥有机会在新政策情景的基础上进一步改善空气质量。通过提供清洁的烹饪设施，采用更严格的交通排放标准，清洁空气情景会带来重大环境改善。相对于新政策情景而言，工业领域、发电领域和运输领域共同使得NO_x排放总量进一步降低了60%，而进一步提供清洁烹饪有助于减少65%左右的$PM_{2.5}$排放。总的来说，这些减排带来显著的健康效益：与新政策情景下空气污染相关的过早死亡人数至2040年将减少一半；而与新政策情景相比，清洁空气情景下2040年人均寿命增长了将近两个多月。

5.1　能源与空气质量背景

自20世纪90年代早起开始，墨西哥能源和卫生政策制定者就把当地空气污染的治理当作首要任务，当时，墨西哥城被列为世界上空气质量最差的城市。这是几十年工业化和城市化积累的结果，见证了城镇人口从1950年的1 200万扩张到2015年的1亿左右。但它也反映了政府为满足不断增长的需求所做出的选择：例如，1990年墨西哥仍有一半以上的电力是靠燃油发电获得。

因公共卫生情况造成的人员死伤在不断增长，为了解决这个日益严重问题，政府出台了大量的政策和控制措施。《生态平衡和环境保护基本法（LGEEPA）》是空气质量改善的总体法律框架。它将完成减排方案的责任委派给联邦政府，联邦政府则允许地方政府设计各自的空气质量方案，并将其提交给环境部（SEMARNAT）。主要的政策，PROAIRE，目前已覆盖了13个大都市区等全国重要中心城市。各个地区设计的PROAIRE内容各不相同，但都包含以下三个部分：

1）污染物监测。

2）年度汽车排放测试（低于特定标准的车辆，只能在5个工作日内使用4天）。

3）污染高峰时期的应急预案，可能包括禁止使用私人汽车，并在污染特别严重的时候停止一些制造业活动。

这些计划都产生了显著的影响：在墨西哥城，当今 SO_x 和 NO_x 的排放量约为1992年（Ireland，2014）的1/4。尽管有所改善，很多墨西哥的大城市年均 $PM_{2.5}$ 水平仍然远远超出了世界卫生组织（WHO）设定的目标。WHO的标准是每立方米不超过10 μm，而墨西哥城和蒙特雷两者的平均值都高于此限值的两倍。在某种程度上，这是由于墨西哥的五个最大城市中，包括墨西哥城在内的三个城市海拔都高于2 km。在此高度，大气中的氧含量是海平面含氧量的3/4，这造成了燃料的不完全燃烧。从而使得汽车和载物货车产生高浓度的PM和CO，这也解释了墨西哥交通领域PM排放量是经济合作与发展组织成员国平均排量两倍的原因。墨西哥政府清楚地意识到了这个问题，其在第21届联合国气候变化大会上所做的气候承诺中强调空气质量是实现其他目标的一个主要考虑因素。它制定了一个减少黑碳排放（$PM_{2.5}$ 的一个组成部分）的宏伟目标，承诺到2030年排放量要较现有政策情景减少51%。还提出将低碳能源发电比重增加到43%（较2015年的21%），这可以减少来自发电领域的空气污染。

5.2 2040年空气质量展望：新政策情景

随着收入和人口的增长，墨西哥2040年的能源需求预计要增长约1/3左右㊀。现在墨西哥的能源结构非常特殊，石油占能源总需求的一半，天然气占1/3，而煤炭则扮演了一个与其他国家相比相对次要的角色（占7%）。以现有的法规和第21届联合国气候变化大会上所做的气候承诺为代表的政策，有助于实现其能源结构多元化，特别是增加可再生能源利用。政府行为对减少 SO_2 排放已有明显成效，我们在新政策情景中的预测显示，燃油发电的大幅减少有助于将2040年能源领域 SO_2 总排放量减半，如图5-1所示。在预测中，其他污染物的排放量也会减少。尽管交通需求和工业活动量持续上升，到2040年 NO_x 排放量将降至100万t，比现在的水平低1/3；而 $PM_{2.5}$ 的排放量较现有水平仅降低15%左右，因为工业和转换行业的增长抵消了部分建筑领域和运输领域的水平。

㊀ 2016年11月公布的世界能源2016年展望将对墨西哥能源领域的前景进行了深入分析。

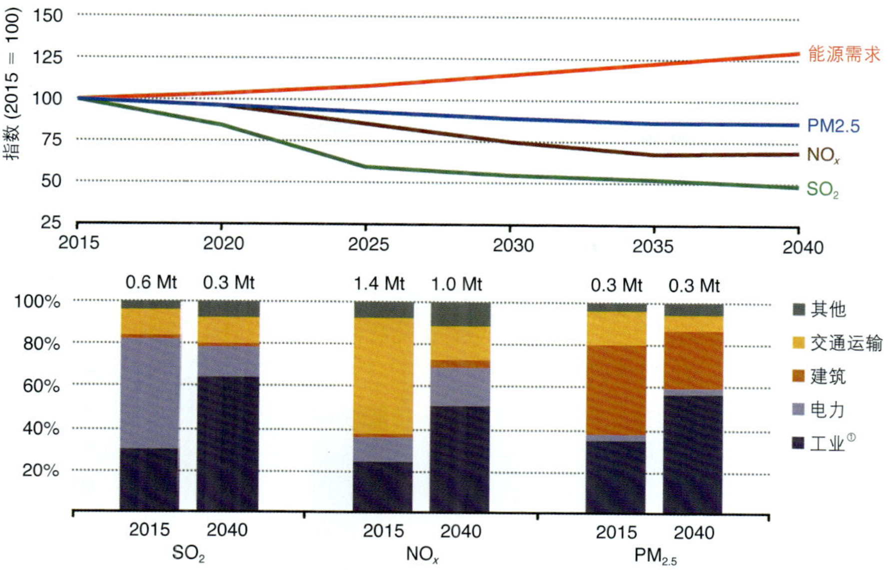

图 5-1　新政策情景下墨西哥大气污染物和能源领域的排放量

注：① 包括转换行业（不含发电）

资料来源：IEA，国际应用系统分析研究所（IIASA）。

5.2.1　发电领域展望

最近实施的改革决定了墨西哥发电领域的前景，包括通过促进必要的投资以满足不断增长的电力需求，并推进使用非石油能源（目前燃油发电占总发电量的 15%，并产生近 90%的 SO_2 排放），同时降低整体系统成本。预计到 2040 年，墨西哥的电力需求将增长近 200 TW · h，例如空调、家电及烹饪等家庭用电量将翻番，工业用电量将增长近 60%。目前墨西哥发电量中，燃煤发电占到 10%左右，所以从国家层面衡量，发电厂的烟尘排放不是主要的问题。NO_x 排放量方面，约 1/3 来源于燃煤，另外 1/3 来源于以石油为燃料的发电厂，燃烧天然气产生的 NO_x 刚刚超过 1/4。其余的电厂 NO_x 排放来自生物质发电厂。在 1994 – 1996 年，墨西哥针对新建和已建发电厂设定了新的 SO_2、NO_x 和 $PM_{2.5}$ 的排放限值。这些限值至今没有被更新，而与其他世界经合组织国家的管理规定相比它们代表了当前最高的排放范围许可。例如，墨西哥的 SO_2 限制标准几乎是美国的 10 倍。

大气污染物排放的前景在很大程度上取决于电力部门的全面改变计划。在其能源部门的改革方案中，墨西哥政府已经提出了一个计划，即彻底转变以石油为基础的发电方式，优先考虑天然气和可再生能源。这种转变已经在进行中：自 2005 年以来，石油发电的份额已经下降了 10 个百分点。在新政策情景中，在 2040 年之前，燃油发电几乎完全消失，这将减少发电领域几乎 90%的 SO_2 排放量，如图 5-2 所示。到 2040 年，随着 4

000 万千瓦联合循环燃气轮机的投产，天然气发电量将增加 3/4。展望期内，燃气发电产生的 NO_x 排放量增加了一倍多，按绝对值计算的话，抵消了燃油发电厂 NO_x 排放量的减少，因为除墨西哥城这样的关键城市之外，针对燃气发电 NO_x 排放的标准并不严格。到 2040 年，可再生能源（不包括生物质）和核能所占份额将从现今的 17% 翻倍到 35%，以满足大部分的额外电力需求并且不会对空气质量产生不良影响。鉴于 SO_2 排放量的大幅下降以及墨西哥燃煤发电的使用减少，规定严格排放水平的政策行动会显得没有其他国家那么迫切；但在电厂所坐落的城市社区的周边地区，污染物影响了当地的空气质量，当地居民深受其害，这需要政府介入处理。

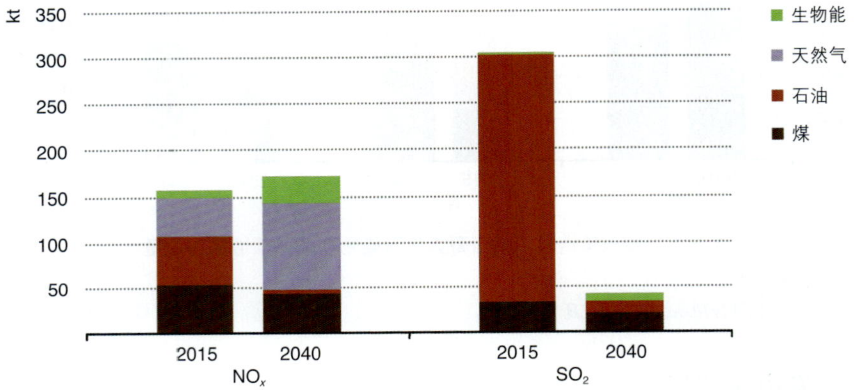

图 5-2　新政策情景下，墨西哥燃油发电所产生的 NO_x 和 SO_2 等大气污染物排放量

资料来源：IEA，IIASA。

5.2.2　工业和转换行业展望

1994 年，墨西哥首次建立了工业燃烧装置大气污染物排放标准；并于 2012 年进行了最新的修订，编入了更加严格的 SO_2 排放限值。SO_2、NO_x 和 PM 排放限值取决于工业燃烧装置的名义热容量。墨西哥立法的一个主要特征是，排放限值根据工厂位置的变化而变化，并且根据人口密度和其他方面的考虑划分成 3 种不同的严格级别。与其他地区相比，人口越稠密地区限值实施更为严格。例如，墨西哥城大都会地区的 PM 限值比全国其他地区的限值高出近 6 倍。此外，还有针对炼油过程和硫酸或水泥生产的明确监管规定。

这些更加严格的 SO_2 排放法规和规划的能源政策有助于稳定新政策情景中与工业相关的 SO_2 排放，如图 5-3 所示。尽管假设采用了合适的法规和额外能效政策，与工业相关的 NO_x 和 $PM_{2.5}$ 的排放量到 2040 年仍会上升 40%。在某种程度上来说，水泥行业对排放增长的贡献最大，因为在新政策情景下，水泥产量到 2024 年的涨幅将超过 80%。由于中小型企业天然气使用量的增加，非能源密集型产业 NO_x 排放量也将增长。

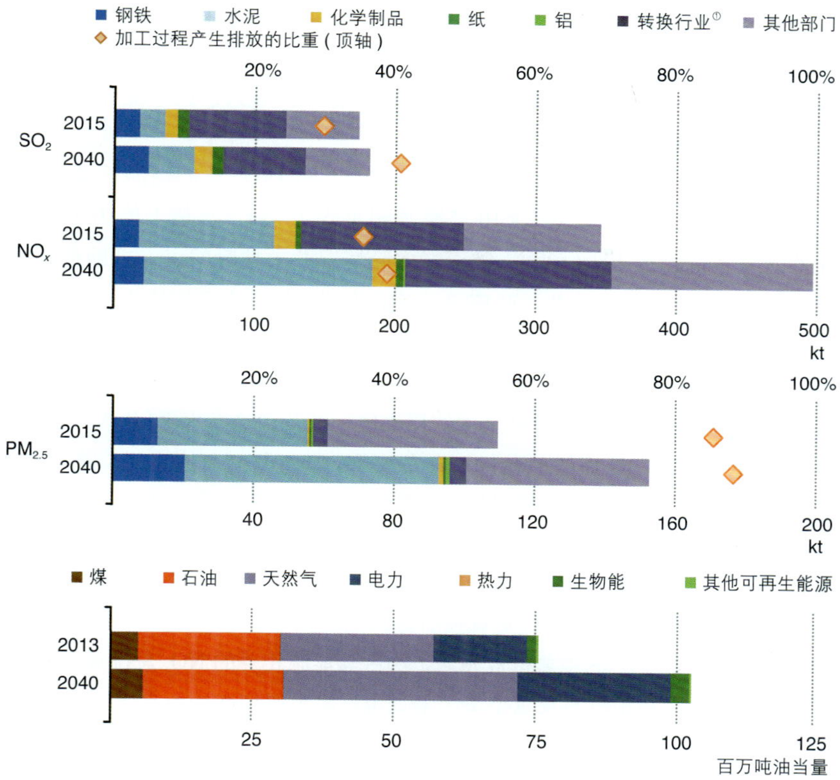

图 5-3 新政策情景下墨西哥大气污染物排放以及工业和转换行业中的能源结构

注：① 转换行业指化石燃料（如：炼油，油气开采，液化天然气终端），但不包括电力和热力生产。工业和转换行业包括了非能源使用（主要是化工原料）。
资料来源：IEA，IIASA。

5.2.3 交通运输领域展望

在交通领域，采取的措施不断变化，包括从淘汰含铅汽油（1997 年），在新汽油车中采用的三元催化转换器（1993 年）到 2004 年推出的全面标准，根据美国 Ⅰ 级 / Ⅱ 级和欧盟 Ⅲ 级 / Ⅳ 级标准对 NO_x 和 $PM_{2.5}$ 排放量的限值进行设置㊀。在墨西哥监管体系中，汽车制造商可以选择按照美国或欧盟标准的测试项目。在这两种情况下，限值和排放耐久性要求（迫使车辆在销售之外的一定时间内必须达到排放限制）与美国和欧盟的规定有所不同，分阶段逐渐提高对 2004 – 2007 年（“标准 A”）至 2010 年（“标准 C”）各示范年份的车辆管制。

2006 年实施了对于重型车的排放标准，到 2008 年，政府重新制定了重型车的排放

㊀ 更多细节请参阅美国（第 4 章）和欧盟（第 6 章）国家概况。

标准以符合美国2004年标准或者欧Ⅳ标准。然而，合规时间期限被延长到了2014年6月。2015年通过的修订标准规定了标准实施时间表，所实施标准应与US EPA 2010年标准或欧Ⅵ 2018年标准（中型车辆的参照标准为欧Ⅵ标准）等效，这样就可以在监管机构依然具有自由裁量权的前提下选择使用某个标准。

除了采用尾气排放标准，墨西哥还设置时间表，采纳更严格的燃油质量限值。到2009年，汽油中的硫浓度要求从1×10^{-4}减少到平均3×10^{-5}（最大值为8×10^{-5}），柴油中硫的含量不能超过1.5×10^{-5}。然而，实际情况并未按时间表安排地那样发展，汽车燃料的硫浓度不断超标。为此，政府通过颁布类似的标准来重振信心，这些标准将于2016年6月生效。此外，2015年底政府还努力统一规范超低硫柴油，通形成11个“全国配送走廊”，将已经在墨西哥城施行的1.5×10^{-5}限值的影响范围，延伸到瓜达拉哈拉和蒙特雷。计划在2018年7月把全国的标准统一规范到这一水平(从5×10^{-4}起)。政府还在努力进一步促进使用低硫燃料，宣布改革，将允许任何潜在进口商向墨西哥进口汽油和柴油。除了采用车辆和燃料标准，墨西哥政府正在寻求一种能减少城市的居民通行距离的城市设计模式，不再使用20世纪80年代和90年代流行的城市设计模式，当城市人口变多，规模变大，城市分布也会更加分散。希望通过提升人口密度，减少个人的通行距离，使得公共交通对市民更有吸引力。

交通运输是墨西哥NO_x的主要排放领域，约占与能源相关的NO_x总排放量的55%。在新政策情景下，全面实施汽车及重型车污染规范，将大幅度减少源自运输领域的NO_x排放量，目标是到2040年下降80%，如图5-4所示。因为对交通运输排量的规范较严，交通排放量下降的速度比其他行业要快，因此到2040年，运输领域在总体NO_x排放量中所占的份额将下降到15%左右。$PM_{2.5}$的排量将减少50%以上，由于其他部门的排放量一直保持稳定，实现这样的成果主要归功于公路运输的减排。目前SO_2的排放量主要

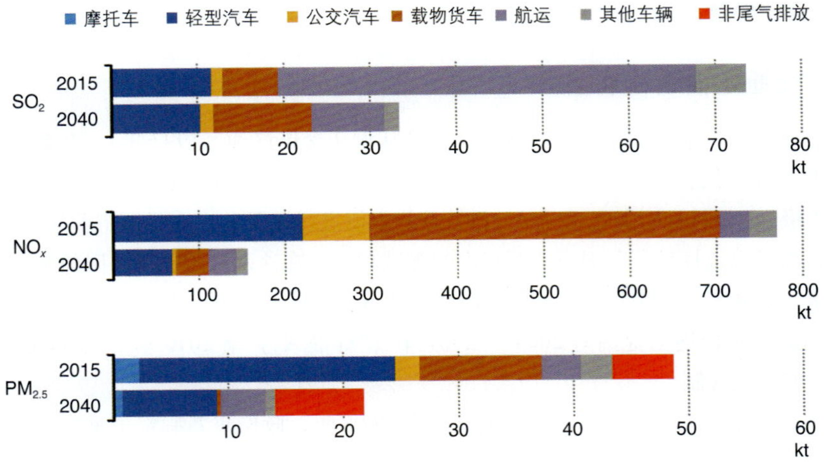

图 5-4　新政策情景下墨西哥运输领域大气污染物排放量

资料来源：IEA，IIASA。

源于海上交通的污染物排放，通过采用燃油质量监管的手段将其排放量减少了一半。加强监管也降低了重型车的 SO_2 排放量，因为重型车的活动愈加频繁，其净效应仍然是增加的。

5.2.4 建筑领域展望

墨西哥是世界经合组织中唯一一个主要使用生物质能烹饪的国家：大约有一半左右的农村家庭（1 300 万人）依靠木柴或木炭作为他们做饭的主要燃料。然而墨西哥也做出了改进：在过去的 25 年里，使用清洁燃料的人数每年增加 1.9%，远远超过人口和人均收入每年 1.3% 增长率。尽管取得了这些进展，但如今农村地区仍高度依赖固体燃料，居民行业的 $PM_{2.5}$ 排放量占总排放量的 40%以上。

在新政策情景下，政府政策增加城市天然气基础设施的政策取得了成功，越来越多的城市家庭不再使用液化石油气（LPG）而改用天然气。2040 年，天然气在建筑领域能源消耗的份额从目前的 4%提高到 11%。城市不再需要液化气，农村地区却因此受益，因为可以用液化气取代某些生物质燃料。偏远地区的人们仍然依靠燃烧免费的固体生物质来获得能量，但具有更高效率和更低 $PM_{2.5}$ 排放的改进型炉灶，也有助于减轻相关的问题。

5

建筑领域 3 种污染物排放的降低，主要是因为从传统的固体生物质转为更加现代化和高效的能源形式。虽然人们更多的将天然气用于取暖和做饭，但上述转变抵消了由其产生的 SO_2 和 NO_x 排放，如图 5-5 所示。虽然至 2040 年电力需求将翻倍，但由于发电

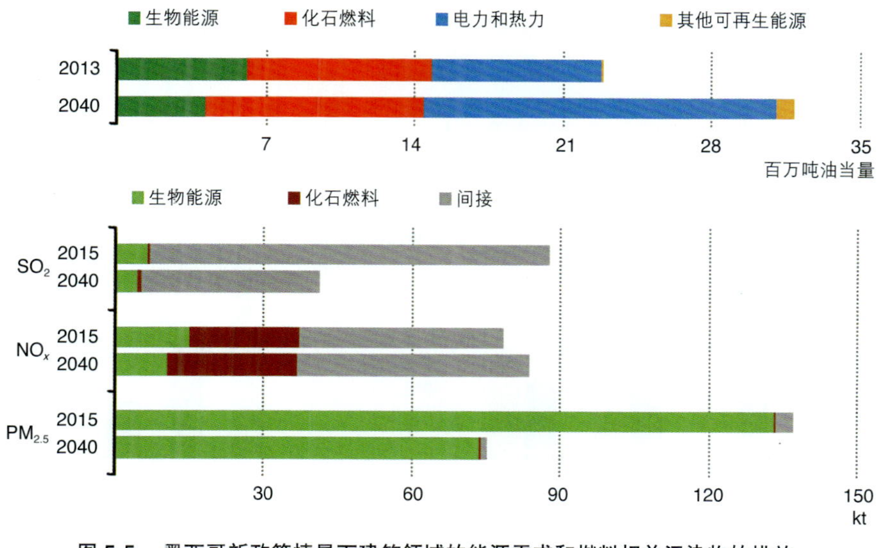

图 5-5　墨西哥新政策情景下建筑领域的能源需求和燃料相关污染物的排放

资料来源：IEA，IIASA。

领域逐渐减少石油的使用，与发电有关的 SO_2 和 $PM_{2.5}$ 间接排放降低了约 55% ~ 70%，NO_x 的排放量仅增加 14%。制冷和电器（冰箱和洗衣机）刺激了电力需求的增长，但能效的提高缓解了其增长作用。

5.3　2040 年，更好的远景：清洁空气情景

墨西哥有机会将空气污染降至低于新政策情景下的排放水平。高效政策将为市民提供清洁烹饪设备，工业及转换行业的排放标准也更加严格，所以在清洁空气情景下，空气质量将得到显著改善，全国人口健康水平也将得到重要的提升。在清洁空气情景中，墨西哥的城市和农村人口都将受益：国际卫生组织要求空气中污染物含量低于 10 μm/m³，在墨西哥可享受此空气标准的人口比例，将从目前的 50%左右提高到 2040 年的 85% 左右（新政策情景中为 62%），如图 5-6 所示。

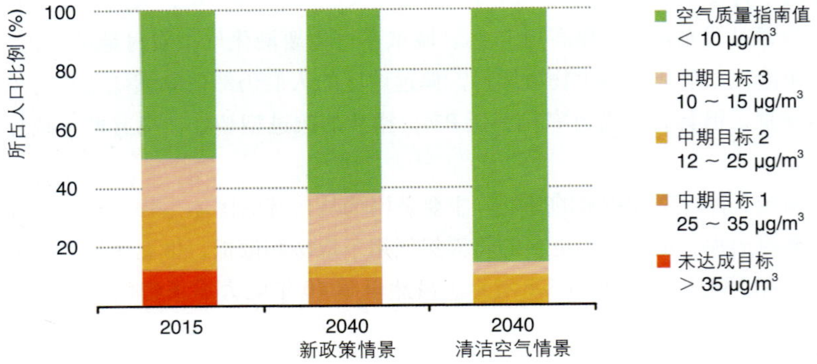

图 5-6　不同情景下墨西哥暴露于不同世界卫生组织 $PM_{2.5}$ 浓度目标的人口

资料来源：IEA，IIASA。

清洁空气情景中，空气质量的改善将大大减少空气污染对人们生活（见图 5-7）的

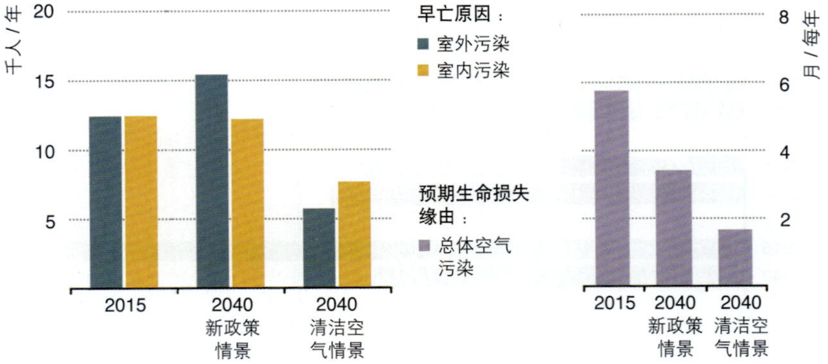

图 5-7　不同情景下墨西哥过早死亡人数和预期寿命的损失

资料来源：IIASA。

消极影响。与今天相比，在清洁空气情景中，2040 年因室外空气污染而导致的早亡人数将下降 50%以上，约每年 5 700 人，比新政策情景低 60%以上。清洁空气情景下，2040 年与室内空气污染（主要是由于农村使用固体生物质燃料）有关的过早死亡人数比目前低了近 40%，为 7 700 人 / 年（新政策情景中是 12 200 人）。这些改进将延长人口寿命：与新政策情景相比，清洁空气情景下 2040 年的平均寿命提高了近两个月。

2040 年，清洁空气情景下的 PM2.5 排放量将降低到约 9 万 t，比新政策情景低 2/3 左右，如图 5-8 所示。通过实施更严格的排放标准，工业和转换行业贡献了其中 65%左右的额外减排量。这些成就主要是在前 10 年（2025 年之前）收获的，对于过程中出现的污染问题，特别是在水泥行业，通过增加投入和设备升级就能及早地进行处理。政策还将影响住宅市场，贡献了 $PM_{2.5}$ 额外减放量的 20%左右，包括加强清洁炉灶的使用，促进部分农村地区用液化气代替固体生物质燃料。要实现后者的转换，需要增加基础设施建设包括在那些目前没有管线的地区铺设管道，那就意味着室内空气质量要在 2025 年后才能得到大幅改善。$PM_{2.5}$ 减排的另一个重要领域是交通运输业，相对于新政策情景而言，2040 年交通运输业的排放将降低 1/3，通过对车辆实行更严格的排放标准，这部分减排很快就能实现。

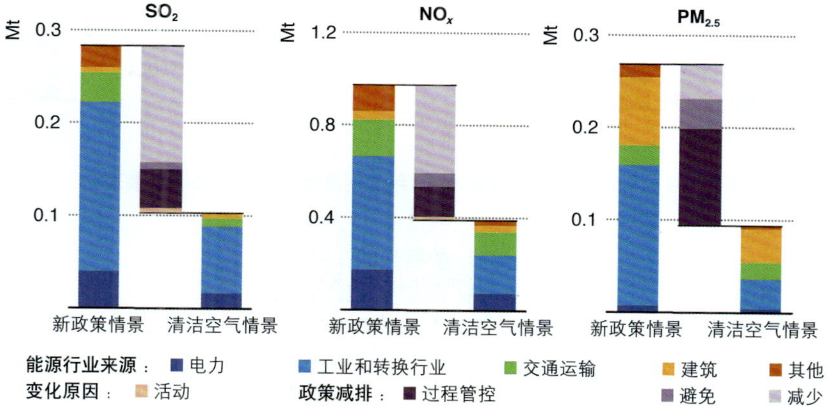

图 5-8　清洁空气情景下，墨西哥通过实施措施在 2040 年达到的减排效果（与新政策情景相比）

资料来源：IEA，IIASA。

与新政策情景对比，清洁空气情景下 2040 年 NO_x 的排放量降低了约 60%。这其中的 60% 是由于实施了针对工业和转换行业排放的更高的标准，特别是在水泥行业生产过程的污染物排放。发电领域的排放也有所降低，贡献了 15%左右的减排量，这正是更严格的污染物标准和可再生能源的增加所产生的综合效应。虽然运输领域的减排量小于其他领域（10%左右），但人们普遍能够感受到空气质量的改善，以及轻型车辆改进后对健康的影响，因为这类减排大多发生在具有严重的污染问题的城市中。

清洁空气情景下 SO_2 排放量比新政策情景低 65%。相对于新政策情景而言，水泥行

业这一单独领域的 SO_2 减排幅度最大，减排量几乎与整个发电领域的减排量相当。发电领域在从最低效的火电向可再生能源转型的同时，还实施了更加严格的燃烧后控制政策。

污染物减少除了会直接影响人类的健康和幸福之外，与新政策情景相比，清洁空气情景的政策也会带来相关的效益，其中石油和天然气的使用与新政策情景相比下跌了约 17%，降低了相关的进口费用，如图 5-9 所示。化石燃料需求的下降对 CO_2 排放量的减少起着重要的作用，与新政策情景相比，清洁空气情景下 2040 年 CO_2 排量将减少 9 500 万 t，也就是下降了近 20%。其结果是，清洁空气情景的政策措施帮助墨西哥将经济增长与 CO_2 排放脱钩，使墨西哥踏上与其他经济合作与发展组织国家一样的发展之路。2040 年的 CO_2 排放量将下降 10%以上，这有助于墨西哥实现其关于气候变化的承诺。

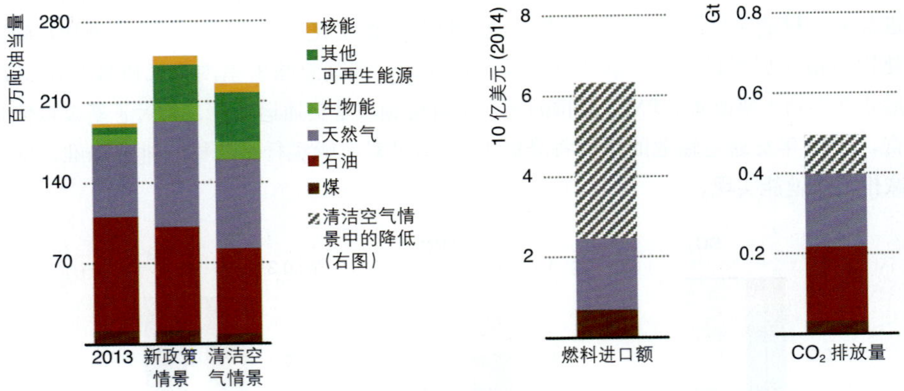

图 5-9　不同情境下墨西哥 2040 年的能源需求和能源领域主要指标

参考文献

[1] Ireland, C. (2014), "Coming Up for Air", Harvard Gazette, www.news.harvard.edu/gazette/story/2014/10/coming-up-for-air/, accessed 24 March 2016.

第6章 欧盟

• 在过去的数十年中，欧盟为了改善空气质量采取了重要的措施。在1990－2013年间，硫氧化物的排放量减少了近90%，氮氧化物的排放量则降低了一半多；$PM_{2.5}$的排放量与2000年相比减少了近1/5。欧盟所采取的主要政策措施包括：针对道路运输采取日益严格的欧洲标准，针对发电和工业行业采取大型电厂运行指令及作为其后续政策的工业排放指令，以及针对建筑业采取的生态设计指令、挥发性有机化合物指令第一阶段和涂料指令。尽管如此，空气污染仍然是目前欧盟最严重的环境健康风险：2015年，大约有34万人因为室外空气污染而早亡，平均预期寿命缩短了六个月，并且欧盟5.1亿居民人口中超过一半所接触的$PM_{2.5}$浓度已经超过了世界卫生组织的警戒线。

• 在新政策情景下，欧盟2040年的能源需求将比现在减少15%，而一次能源需求中可再生能源的比重会加倍。随着空气污染治理形势的日益严峻，按法规要求，氮氧化物的排放量要下降55%，特别是在道路运输部门，其能源效率也将增加。到2040年，因为煤炭在发电领域内的使用量下降，在建筑物中采取提高能源效率的措施，并且火力发电厂的排放降低，所以硫氧化物的排放量将下降47%。$PM_{2.5}$的排放量到2040年将减少20%，因为在家庭和发电厂中将大量使用生物质能，这将抵消部分燃烧化石燃料引起的污染物排放。

• 在清洁空气情景下，空气污染物的浓度，特别是$PM_{2.5}$浓度，将进一步减少，主要得益于更为严格的污染物控制标准、建筑中能源效率的进一步提高以及可再生能源发电的高度普及。这些措施不仅有助于将2040年欧盟过早死亡的人数控制在18万以内（低于新政策情况的80%），而且还可以在2040年以前将接触$PM_{2.5}$浓度高于世界卫生组织警戒线的人口比例降低至10%以下。除此以外，这些政策还将为欧盟减少1 200亿欧元的化石燃料进口费用，同时在2040年时减少2.6 Mt CO_2排放量。

6.1 能源与空气质量背景

欧盟已经预见到污染物排放量的持续下降。尽管自 1990 年以来欧盟平均经济增长速度达到了 1.6%，总人口由 1990 年的 4.78 亿上升到了现在的 5.1 亿，与 20 世纪 90 年代相比，NO_x 的排放量已经减少了超过一半，SO_x 的排放量减少了近 90%；另外，2000 年以来 $PM_{2.5}$[㊀] 浓度下降了近 1/5（欧洲环境署（EEA），2015 a）。然而，与这种趋势相反的是，2003 – 2012 年间，欧盟由家庭和商业公共楼宇中燃烧煤炭和生物质能所产生的细颗粒物浓度分别升高了 9% 和 11%（EEA，2015 a）。造成这一现象的主要原因是，为了抵御全球气候变暖，生物质能大量地取代了煤炭在供暖中的使用。2015 年，建筑业中生物质能的 $PM_{2.5}$ 的排放量占了欧盟总排放量的 40% 以上，而在经济合作与发展组织（OECD）国家，这个比率约为 33%。工业生产和发电部门的燃煤仍然是 SO_x 排放的最大源头，而运输部门排放的 NO_x 占了总排放量的一半以上。

欧盟减少空气污染的立法有很长的历史，可以追溯到 20 世纪 70 年代。欧盟 96/62/EC 指令的 4 个下级指令以及 2008 年通过的《大气质量指令》，共同对特定污染物的目标浓度进行了设定。2010 年以来，《国家空气污染排放限值指令》决定了污染排放量的上限。此外，针对不同污染源的特定法规覆盖了发电厂和工业排放（主要通过《中型和大型火电厂指令》和《工业排放指令》）、道路和非道路交通工具排放以及燃料质量标准。但是，尽管存在这些规定，某些地区仍然不能满足空气质量标准，针对这些条款执行后仍然不满足空气质量标准的地区，欧盟要求执行特定的空气质量管理方案以满足相关标准。尽管如此，17 个欧盟成员国的 $PM_{2.5}$ 浓度仍然超过欧盟设置的目标上限值（欧洲环境署，2015 a）。

尽管很多污染物排放量的减少导致大气中污染物浓度的显著降低（例如 SO_2），但并不是所有的污染物都有这种效果——大气层中复杂的化学过程有时并不能将排放量的降低传递为污染物浓度的降低。例如，尽管欧盟很多颗粒物和臭氧前体的排放量已经有了实质性的降低，其在大气中的浓度却降低得很慢。根据欧洲环境署（EEA）估计，2013 年，有 17% 的城市居民生活地区的空气质量超出欧盟提出的 24 h PM_{10} 限制标准。如果实施了世界卫生组织提出的更严格的标准，这一城市人口比例将提高至 61%（EEA，2015 b）。直接导致的经济损失（例如作物产量下降）约为 230 亿欧元，外部成本为 3 300 亿～ 9 400 亿欧元（欧盟，2013）。

欧盟在其他领域取得的成就不应该受到部分减排目标未达成的影响。例如，生态系统酸化的程度已经大为降低，这是因为主要引起酸化的化合物 SO_2 排放量降低。SO_2 排放量的降低是由欧盟及成员国层面的法规、高硫煤发电向更为清洁的天然气或可再生能源发电的转变，以及能源利用效率的持续提高共同作用的结果。一些空气质量法规，例

㊀ 颗粒大小是确定其影响人体健康程度的一个重要系数："粗颗粒"的直径介于 2.5 μm 和 10 μm 之间，"细颗粒"直径小于 2.5 μm。

如欧盟的《大型电厂运行指令（LCPD）》以及《工业排放指令》（IED），连同各自成员国级别的法规，要求欧洲很多燃煤电厂中安装先进的减排装置。SO_2 及其他污染物排放量的进一步减少则主要归功于：20 世纪 80 年代核电站的扩建；20 世纪 90 年代天然气发电厂数量增加，以及 2020 年的欧盟能源和气候政策包，这些都可以促进可再生能源的使用，并提高能源效率。因此，在 1980 – 2013 年，电力工业中煤炭的使用量降低了大约 15%，而在工业和转换行业，这一比率约为 60%。

然而，SO_2 排放量的下降并没有导致生态系统富营养化情况的相应改善。这主要是因为农业生产中 NO_x 和氨基排放并没有降低，两者都是导致生态系统富营养化的主要原因。在欧洲大陆的大多数地区，这些污染物的浓度已经达到富营养化的临界值。2010 年，欧洲 63% 的生态系统和 71% 的自然保护区域的空气污染程度已经超过了富营养化的限值（EEA，2015 c）。在 2015 年，欧洲的 NO_x 排放量为 660 万 t，其中仅道路运输产生的排放量占了排放总量的 51%。由于在运输和发电部门执行了严格的排放措施，NO_x 的排放量在最近 10 年内降低了大约 40%。运输部门所采取的减排措施主要是针对客车、轻型车辆和重型车辆分别设置的排放标准。例如，根据欧洲环境署的统计，自 2000 年以来日益严格的车辆排放标准已经导致柴油车辆的 NO_x 的排放量降低了 40%（EEA，2016）。最新发布的欧 VI 汽车排放标准普遍被认为是最为严苛的机动车排放标准，但是在实际执行该标准时遇到了较大的问题（参见第 1 章）。尽管各方努力，但 NO_x 的排放量，特别是来自农业中的氮肥，仍然是生态系统富营养化的一大威胁。

专栏 6–1 巴黎：欧洲大背景下的地方解决措施

整个巴黎地区有 1200 万人口，约占整个法国总人口的 20%，并且生产了这个国家大约 1/3 的 GDP。虽然它的气候与地理形态有利于大气污染物的扩散与溶解①，但这些因素却被高人口密度和活动频率带来的高污染排放量所抵消。个别污染物的情况已经得到了一定的缓解。例如，巴黎都会区的 SO_2 排放量在过去的 50 年里由于工业的减少降低了 20%；再如，铅污染已经基本消除，主要是由于汽油中的铅成分被取代。汽油中苯含量的降低也改善了空气污染的状况。然而，据统计，仍然有 100 ~ 400 万居民生活在 NO_2 和 PM_{10} 超标的环境中，尤其是住在主街附近的居民。空气中的臭氧含量偶尔也会超过对人体安全的界限。

巴黎地区的两个主要污染源是交通运输和供热。超过一半的 NO_x 排放和 30% 的 PM_{10} 一次排放来自道路交通，其中 80% 的 NO_x 是由柴油客车和货车产生的。包括生物质能燃烧在内的供暖造成了巴黎地区 20% 的 NO_x 排放量和 25% 的 PM_{10} 一次排放量。巴黎成功地执行了一项关于控制道路运输污染物排放量的计划，其中包括推广共享自行车、电动车、专用公交车道和有轨电车等措施。该措施在 2002 – 2012 年间将汽车的使用量减少了大约 25%（并且增加了公共交通的使用量）。除了提高车辆的效率之外，此计划还将 NO_x 和 PM_{10} 的排放量分别降低了

30% 和 35%。假如没有国家财政激励政策刺激居民购买柴油汽车（这项政策增加了 NO_x 和 PM_{10} 的排放量）的话，排放量的减少会更加明显。正因为这些因素的相互抵消，这些年大气中 NO_2 含量一直保持稳定。2015 年，巴黎采取了更严格的措施：禁止服役年限超过 15 年的载物货车和公共汽车在工作日行驶。这一措施迈出了在 2020 年以前淘汰老旧的、未达到欧 V 标准的柴油车辆的第一步。

除了某些污染物水平时常让人无法忍受之外，巴黎在 2015 年经历了 16 天的重度污染。这些情况多发生在春天，主要由城市郊外的氨排放、肥料的使用以及城市地区造成高污染水平的气候条件所引起。在这些情况下应减少高峰交通量，所采取的紧急措施包括免费的区域公共交通和限制交通流量（同时还应执行相应的单双号限行措施）。巴黎采取的其他措施包括居民区免费停车以及为 Autolib（电动汽车共享）的使用提供财政支持。

空气质量进一步改进需要欧盟、各国和各地区 3 个层面的努力：预计巴黎市民所接触的颗粒物中有 39% 来自巴黎地区之外的高污染地区，如图 6-1 所示。这种改进也依赖于针对不同污染源采取统一的污染治理措施：不仅要制定交通政策，还应当在巴黎地区限制生物质能的使用，降低工业排放量，也应关注颗粒物的农业来源。

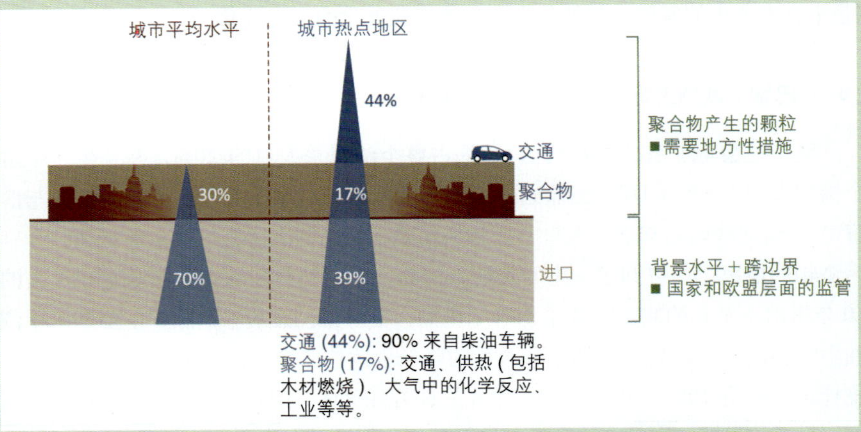

图 6-1　巴黎地区 $PM_{2.5}$ 浓度的来源

资料来源：来自 Airparif 和 LSCE（2011）。

掌握相关信息是减轻空气污染造成影响的基础。1979 年，Airparif 成立，它是巴黎地区独立的空气质量监测网络，并且经常对几种污染物进行检测。Airparif 每天都要预测预期污染水平，特别是当空气质量极差时，它还将此结果通知有关部门（可能借此采取短期措施）、公众和媒体。Airparif 也负责检测有关部门采取的干涉措施或其他已经采取的措施的效率。

6.2　2040 年空气质量展望：新政策情景

欧盟的能源总需求在过去的 10 年内一直在下降，通过现有的能源政策框架，这种下降趋势将维持到 2040 年。欧盟在 COP21 上的气候诉求已经体现在欧盟最新制定的 2030 年能源与气候计划，并对其成员国承诺，到 2030 年温室气体的排放量比 1990 年下降至少 40%，而在能源结构中可再生能源的比例至少增加到 27%。这些承诺主要由非约束性的提高能源利用效率的目标作为支撑。因此，在经济增长 55% 的同时，新政策情景下的总能源需求将在 2040 年下降 40%。燃油效率的提升以及其他燃料的使用有助于将欧盟对于煤和石油的需求量分别降低 65% 和 40%，同时可再生能源（这里还包括一部分天然气）在能源结构中的比例将有所增加。在建筑业未来“去碳化”的过程中，民用住宅生物质能的使用量平均每年将增长 1.2%。

主要空气污染物的趋势反映了这些行业的趋势，如图 6-2 所示。到 2040 年，这 3 种与能源有关的空气污染物的排放量均将下降，其中降幅最大的将是 NO_x（下降 55%）和 SO_2（下降 47%）。SO_2 整体排放量的下降主要是由于煤炭在电力行业中使用的减少，而 NO_x 排放量的下降与交通运输行业有关。在交通运输行业中，污染物排放的减少可以通过执行一系列严格的空气污染标准来实现，例如欧Ⅵ标准。而整体能源消耗量较低则与提升能源效率的政策与有关。$PM_{2.5}$ 排放量的下降则要慢得多：尽管其在运输行业已经下降了大约 50%，到 2040 年，$PM_{2.5}$ 的总排放量将下降 20%，因为在居民住宅和电力行业中使用的生物质能增加了 $PM_{2.5}$ 排放，从而导致 $PM_{2.5}$ 总排放量下降减缓。

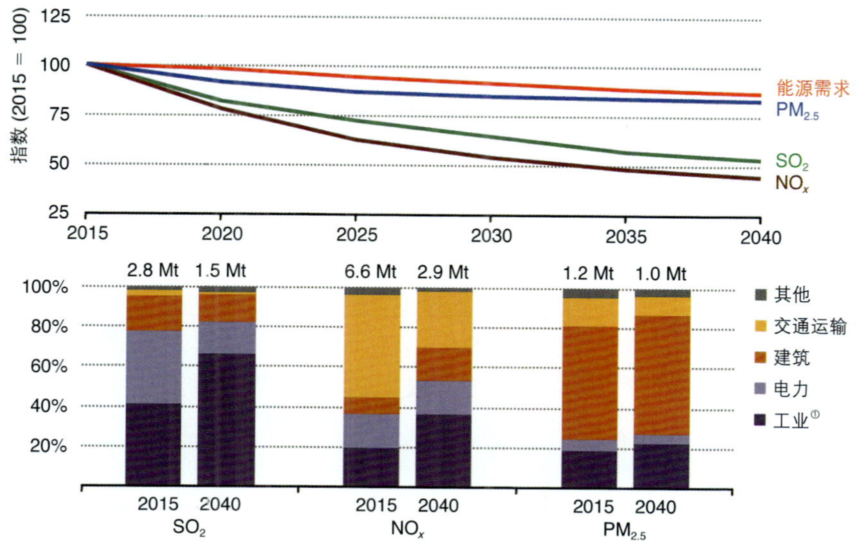

图 6-2　新政策情景下欧盟各部门空气污染物排放量

注：① 包含能源转换部门（不包括发电）。
资料来源：IEA，IIASA。

6.2.1 发电领域展望

近年来，欧洲电力行业正在经历巨大的变化，这是欧盟执行严格的能源与气候政策的结果。电力需求的增长在很大程度上被能源效率提升所抑制。燃煤发电量将迅速下降 3/4（这一下降量高于任何其他大型电力系统实现的下降），而可再生能源发电量将加倍。但还是有些国家，比如波兰，仍然十分依赖煤炭，其煤炭使用率大大高于欧盟平均水平。尽管生物质能的发展势头也很强劲，但可再生能源的增长仍然主要体现为风力发电和光伏发电的发展。在展望期内，欧洲能源结构中核能的比例将会有轻微的下滑，约为 10%，但由于其显著的不确定性，欧洲未来对核电的开发程度将有所降低。虽然天然气的成本相对较高，但是具有灵活性和可靠性，因此将仍然是欧洲未来低碳电力系统的重要组成部分。到 2040 年，欧洲电源结构中天然气所占的比例将从现在的 16% 提高到 40%。

欧盟现在有着全世界最严格的控制发电厂排放的措施。在过去的 10 年内，LCPD 及其后续指令 IED 导致了污染物排放的大量减少。这些指令在中期将继续促使未能遵从这些规定的发电厂关闭；在 2016 – 2023 年，对于排放量超过界限值的发电厂，其运营时间将会缩短，所以这些发电厂只能关闭。就颗粒物而言，这些发电厂的 $PM_{2.5}$ 的排放量不应超过 30 mg/m^3（这取决于发电厂的装机容量以及发电设施的新旧）。新建发电厂 SO_2 的排放量不应当超过 50 ~ 400 mg/m^3（取决于发电厂的设施），而对于现有发电厂，这一范围为 200 ~ 400 mg/m^3。现有发电厂和新建发电厂的 NO_x 的排放量标准分别为 200 ~ 300 mg/m^3 和 150 ~ 300 mg/m^3。

去碳化措施和严格法规的共同作用巩固了欧盟空气污染物排放量在展望期内的趋势，如图 6-3 所示。目前 $PM_{2.5}$ 的排放水平已经非常低，为 6 万吨（为欧盟 $PM_{2.5}$ 总排放量的 5%）。燃煤工厂的 $PM_{2.5}$ 排放量占了总排放量的大约 60%，而燃煤发电量占欧盟电力输出的 28%。发电中生物质燃烧所产生的 $PM_{2.5}$ 占了欧盟发电行业 $PM_{2.5}$ 排放总量的 35% 以上，这一比率和能源结构中所占的 6% 相比，显得非常高。到 2040 年，发电行业的 $PM_{2.5}$ 排放量要比现在降低 1/3，这种下降主要与煤炭使用量的降低有关。而煤炭使

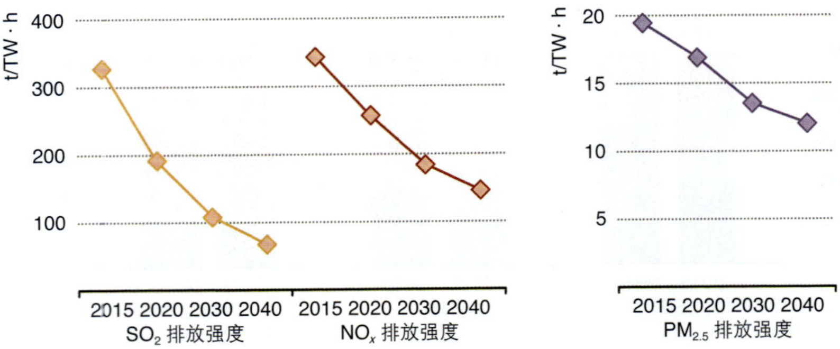

图 6-3　欧盟在新政策情景下的发电行业污染物的排放强度

资料来源：IEA，IIASA。

用量下降所产生的减排量的 1/4 实际上又被生物质能的大量使用所抵消。尽管 SO_2 的排放量在过去的 5 年内减半，发电行业仍然是欧盟 SO_2 排放的主要贡献者——其排放量占了总排放量的 35% 以上。在展望期内发电行业 SO_2 的排放量降低了几乎 80%，这与燃煤发电厂的下降量一致，主要由于其是 SO_2 排放的主要来源。现在发电行业 NO_x 的排放占欧盟排量的 1/6。到 2040 年，NO_x 的排放量要比今天下降 50% 以上。而来自燃煤发电厂 NO_x 的排放量将下降 80%，天然气和生物质能发电厂的排放量将分别增加 20% 和 30%。

6.2.2 工业和转换行业展望

一直以来欧盟就有限制工业行业空气污染物排放的法规，并且实施效果良好：仅在过去的 10 年中，SO_2、NO_x 和 $PM_{2.5}$ 的排放量就减少了大约 40%。就发电行业而言，2001 年的 LCPD（适用于大型热电厂，例如位于炼油厂和钢铁厂内的热电厂）和 2010 年的 IED（其目标为热输入超过 50 MW 的设施），均推动了当前取得的进展。IED 涵盖各种工业和转换部门，例如金属生产和加工、矿业、化工、废弃物管理、造纸和纸浆生产。它为各行业提出了通过现有技术和系统确定的排放界限值，并要求在该指令涉及到的所有设备安装中应用这些技术。2015 年 11 月执行了针对中型燃烧电厂的新指令，主要针对额定热输入在 1 ~ 50 MW 时的排放源。它要求在 2018 年 12 月之前，在此行业中的新设施应当符合限值，而到 2025 年或 2030 年，现有设施也应当符合其规模的限值。此外，液体燃料指令将规范燃油中的含硫量。

6

目前，欧盟最大的工业 SO_2 和 $PM_{2.5}$ 的工业排放源是炼油、钢铁和化工等行业，而最大的 NO_x 排放源是化学工业。提高能源效率、促进燃料转换，以及减少空气污染的政策都可以进一步减少欧盟在新政策情景下的空气污染。到 2040 年，SO_2 和 NO_x 的排放量要减少到 1 Mt 左右，与 2015 年的水平相比，分别下降了 13% 和 18%，如图 6-4 所示。提高能源效率的政策是工业领域 SO_2 和 NO_x 的排放量下降的主要原因，而其他的空气质量措施可以适当抵消工业生产发展所带来的排放量的增长。炼油行业以及其他行业的转型将带来更进一步的减排。与此相对，$PM_{2.5}$ 的排放水平与现在相似，仍为 22 万 t，因为更严格的控制措施和能源效率的提高可以补偿因工业活动增长而产生的污染物。

6.2.3 交通运输领域展望

限制道路车辆污染物排放的欧洲标准（以下简称“欧”字标准）的建立是基于对 1970 年欧盟委员会前身发布的指令的多次修正和修订。轻型汽车的尾气排放标准以及重型汽车的排放标准（以下简称“欧 I 标准”）发布于 1992 – 1993 年。这些标准最初用于新型车辆的批准，并在一年后用于所有车辆的注册和销售。这些标准对常规车辆每公里排放的污染物质量做出了规定（包括 CO、HC、NO_x 和 PM）；从欧 V 标准开始，对

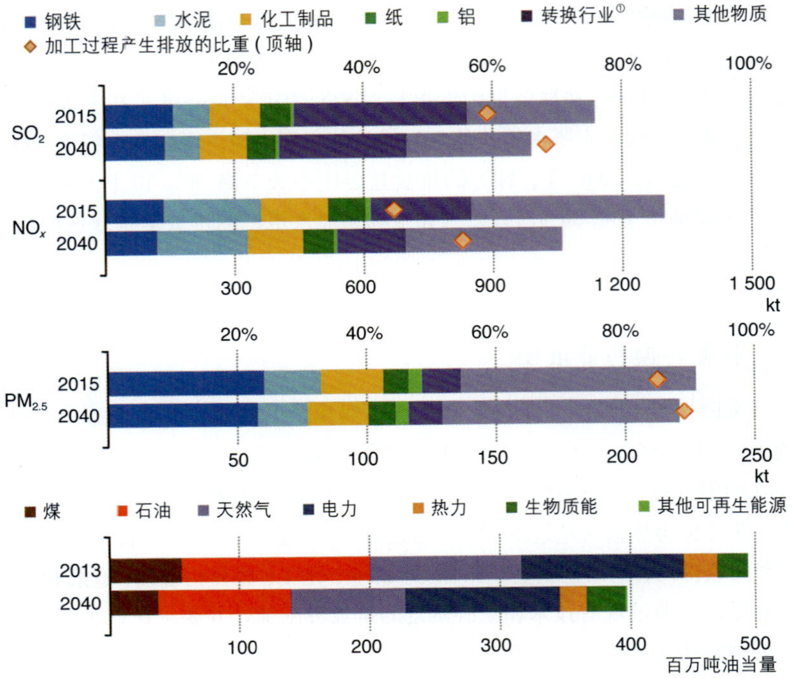

图 6-4　新政策情景下欧盟的工业和转换行业的空气污染物排放和能源结构

注：① 转换指化石燃料（如炼油、石油天然气的生产和液化天然气的终端产品），但不包括发电和供热。工业和转换行业包括非能源用途（主要是石油化工原料）。

资料来源：IEA，IIASA。

排放的颗粒物总量也将做出限定。轻型车辆的“欧”字标准规定了客车排放限值，还分别规定了 3 种重量级轻型商用车的排放量限值，对柴油发动机和汽油发动机采用不同的限制值。当前用于轻型客车的标准为欧 6（参见表 6-1），按照欧洲燃油和排放测试标准

表 6-1 在欧盟道路运输中特定空气污染物的排放限值

目标车辆	燃料	标准	实现销售和注册时间	颗粒物限值	氮氧化合物限值	硫含量限值	单位
轻型客车	汽油	欧 6	2015 年 9 月	0.005	0.06	–	g/km
	柴油	欧 6①	2015 年 9 月	0.005	0.08	–	g/km
摩托车	汽油 / 柴油	欧 4	2017 – 2018 年	0.08	0.17 ~ 0.55	–	g/km
重型汽车	柴油	欧 5	2020 – 2021 年	0.06	0.0045	–	g/km
燃料质量	汽油	欧 VI	2013 年 1 月	0.02 ~ 0.03	3.5	–	g/kW · h
		欧 V	2009	–	–	10	1×10^{-4}%
	汽油	欧 V	2009	–	–	10	1×10^{-4}%

注：①实际行驶中的排放量可能超过这些检测的界限值，2018 年和 2022 年的该因数分别为 2.1 和 1.5（参见第 3 章）。限定范围反映了不同的车辆规模或发动机的情况。

(NEDC)，需在底盘测工机上检测车辆性能。

重型汽车的排放标准与轻型汽车的标准同期发布，但是这些标准以能源消耗而非距离的方式表示（例如，以克每千瓦时而不是克每公里的形式表示），这样可以针对在各种载荷下行驶的车辆（载物货车、城市公共汽车等）提出合理而一致的标准。当前正在使用的是欧Ⅳ标准。此外，燃油质量标准也将汽油和柴油中的硫含量限制在 10^{-5} 以下，这是全世界最严格的标准，同时也在日本和韩国施行，并且很快就会在美国、印度和中国执行。

有最新证据表明，检测结果和真实情况下的性能之间存在较大差异（燃油经济性标准也是如此），欧盟委员会将从 2017 年 9 月开始选择新的实际驾驶排放检测（RDE）以确定某种新型号的车辆是否可以投放到市场中（尽管到 2021 年之前新的柴油汽车的 RDE 值仍然可能超标 50% 以上）。此外，欧盟正在采用更为严格、更有代表性的检测过程——世界统一的光检测过程，此过程将同附属的检测过程 WLTC 一并使用。

2015 年欧盟交通运输部门在 NO_x 的排放量为 340 万 t，这占了与能源相关的氮氧化物总排放量的一半以上。在欧盟的交通运输工具中，柴油客车所占的比率为 50%，此比例之高不同寻常，这意味着客车的排放量很高，几乎占了所有与运输有关的 NO_x 的排放量的 40%，是世界平均水平的 3 倍[㊀]。在与运输有关的 NO_x 排放源中，运货载物货车占据第二位，为 30%，其次是轻型商业汽车，约为 10%。在新政策情景下，如今正在使用尾气管道排放控制措施以及车辆检测方法的改进共同将交通运输行业 2040 年的 NO_x 排放量降低约 75%，至 800 万 t 左右，并且运输行业 NO_x 的排放量占总排放量的比率也将降到 30% 左右。一般来说，尾气排放管道标准在减少轻型汽车和重型汽车的 NO_x 排放方面同样有效，但是控制柴油汽车的 NO_x 排放方面作用更为显著，因为大约 60% 的柴油汽车常在城市地区活动（而且这个比例还在逐渐增加），只有不到一半的载物货车会在城市道路上行驶。这样，人们会更加频繁地接触由客车排放的 NO_x。

当前欧盟运输业的 $PM_{2.5}$ 排放量大约占了与能源有关的 $PM_{2.5}$ 总排放量的 10%（约为 11.5 万吨）。运输行业的 $PM_{2.5}$ 的排放量到 2040 年将下降大约一半，这主要是由采用尾气管道排放标准（占 90%）以及使用能源效率更高的汽车（占 10%）的结果，如图 6-5 所示。到 2040 年，$PM_{2.5}$ 的排放量将有大幅度的下降，这很大程度上是由于轻型汽车和载物货车的排放量降低，而且两冲程的摩托车已经不在欧洲的公路上行驶了。以非排气方式的细颗粒物排放（通过道路磨损、磨耗、制动器和轮胎等方式排放）当前占了运输行业 $PM_{2.5}$ 排放总量的 1/3，到 2040 年时还将持续增长，因为汽车活动量在增长。在 21 世纪 20 年代初期之前，它们将一直是运输行业 $PM_{2.5}$ 排放的主要来源。

道路运输中燃料燃烧导致的 SO_2 排放在欧洲 SO_2 总排放量中的比例很低（3.3%）。现在执行的燃油标准十分严格，足以将国内运输的 SO_2 排放总量（包括国内海陆运输）

㊀ 在柴油车释放的 NO_x 中 NO_2 的含量比汽油车多，因此在巴黎和伦敦等大型城市中，高浓度的 NO_2 很大程度上是由柴油车造成的。

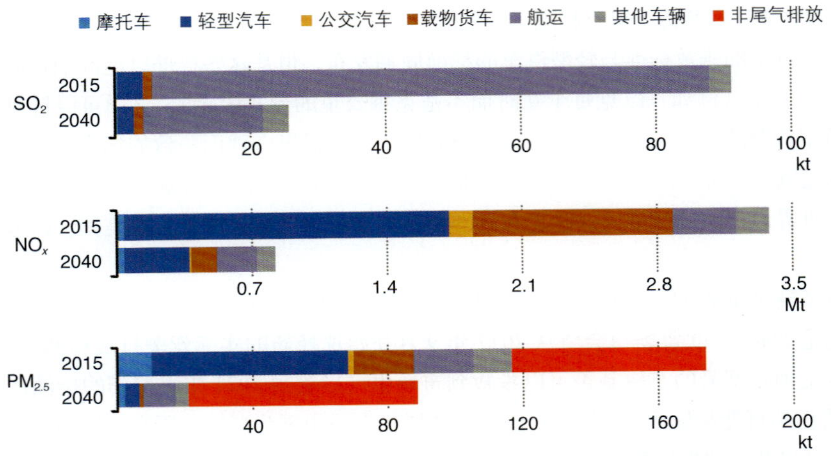

图 6-5　新政策情景下欧盟各类运输工具的空气污染物排放

资料来源：IEA，IIASA。

减少 70%。这样，到 2040 年，运输行业的 SO_2 排放量只占能源相关的排放总量的 1.7%。

6.2.4　建筑领域展望

在欧盟的家居和非住宅建筑物消耗的能源中，大约有 3/4 用于满足供热需求，其中大部分用于室内供暖，少部分用于生活热水。尽管如今在建筑行业通过燃煤给室内供热的比率还不到 5%，它排放的 SO_2 几乎占了此类排放总量的 3/4。波兰占此类煤炭总消耗的 70%，那里仍然有半数人口依赖于固态燃料（煤炭、固态生物质能，或交替使用，取决于价格和可获取性）为房间供热。

在过去 10 年中，大多数东欧国家的建筑物煤炭消耗量急剧性减少，因为家用燃料开始转向使用天然气或生物质能。这促进了近年来 SO_2 排放量的降低，但是也导致了 $PM_{2.5}$ 排放量的升高，而 NO_x 的排放量几乎没有变化。在某些东欧国家，固态燃料在建筑物能源消耗结构中所占比率仍比欧洲平均水平高（例如，在罗马尼亚和保加利亚，其比率为 40%）。为解决这一问题并应对气候变化，欧盟委员会在过去的 10 年内一直在鼓励使用可再生能源（包括生物质能）。然而，只要能以可持续的方式获取生物质能对碳排放而言即可被认为是中性的，但它的 PM 排放量高于其他备用能源，例如天然气。

在应对建筑行业不断增长的 PM 排放量时，欧盟委员会在 2015 年 4 月将 生态设计指令的适用范围扩大至固态燃料锅炉和固态燃料房屋用暖气。从 2020 年 1 月 1 日开始，锅炉应当满足相关要求。此指令的要求包括能源效率方面（75% ~ 77%，取决于锅炉的尺寸）以及污染物排放方面（PM：40 ~ 60 mg/m^3；CO_2：针对生物质能锅炉和化石燃料锅炉分别为 200 mg/m^3 和 350 mg/m^3；CO：500 ~ 700 mg/m^3）。

根据新政策情景，建筑行业的空气污染物排放量显著下降：建筑行业的 SO_2 排放量到 2040 年将比今天降低近 60%，这主要归功于煤炭以及石油使用量一定程度上的下降，如图 6-6 所示。尽管下降幅度已经很大，但其在发电和运输等行业的下降速度将会更快。2040 年，建筑行业的 SO_2 排放量将和发电行业的排放量相当（而现在后者约为前者的两倍）。NO_x 的排放量也将下降，但不及运输和发电行业的下降速度，主要是由于生物质能污染物排放的增加。因此，建筑行业氮氧化物排放量占比将翻倍，在 2040 年将达到 17%。

生态设计指令的执行将减少固态燃料锅炉产生的平均 $PM_{2.5}$ 排放量。然而，在建筑行业中生物质能使用的增加（到 2040 年此比率将达到 50% 左右，大多数用于房间供暖）同时也使得排放量上升。这样造成的总体效果是，与 2015 年相比，2040 年的 $PM_{2.5}$ 排放量仅将减少大约 10%。到 2040 年，欧盟建筑行业的 $PM_{2.5}$ 的排放量占与能源有关排放总量的比率将上升 4 个百分点，达到 60%。房屋建筑是消耗电能和热能的主要场所，也将间接导致能源行业其他污染物的排放。在新政策情景下，到 2040 年，电能和热能的需求量将上升大约 15%，但是如果电力行业监管得当，这 3 种污染物的间接排放量将会降低。

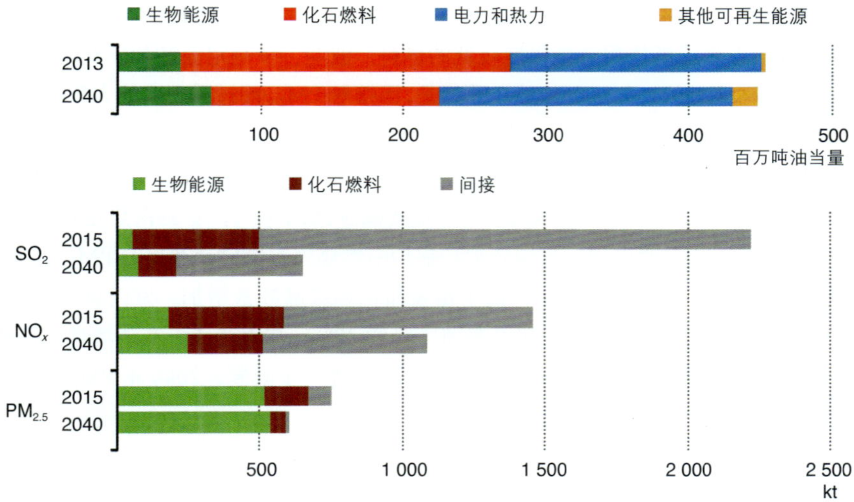

图 6-6　新政策情景下欧盟建筑物的能源需求以及相关污染物的排放量

资料来源：IEA，IIASA。

6.3　2040 年，更好的远景：清洁空气情景

2040 年，新政策情景的措施可以将接触 $PM_{2.5}$ 超过世界卫生组织标准的人数减少至大约 1.2 亿，如图 6-7 所示。政府已经制定了切实可行的方法以推动进一步的减排。在清洁空气情景下，$PM_{2.5}$ 的平均排放量将有所降低，这样只有不超过 5 000 万人（约为欧盟总人口 1/10）所接触的 $PM_{2.5}$ 超过世界卫生组织规定的水平。

这会对公众健康产生相应的影响。在新政策情景下，2040 年由室外空气污染造成的

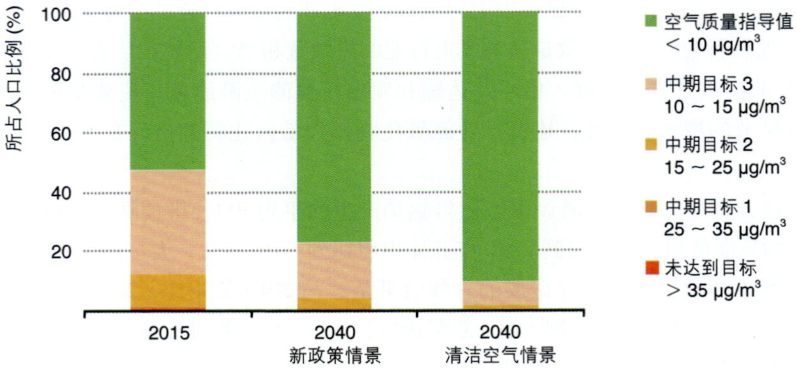

图 6-7　欧盟在不同情景下接触不同水平的 $PM_{2.5}$ 浓度的人口数量（根据世界卫生组织标准的划分）

资料来源：IIASA。

平均预期寿命损失为近 5 个月，而在清洁空气情景下，此寿命损失为不到 4 个月，如图 6-8 所示。这种趋势在东欧国家尤其显著。这些国家目前高度依赖固体燃料供热，在清洁空气情景下也将逐渐使用污染程度较低的燃料。波兰、罗马尼亚和匈牙利的平均预期寿命损失将减少约 30%。与这种趋势一致的是，因接触 $PM_{2.5}$ 而过早死亡的人数也将下降。整体来看，2040 年欧盟由于室外空气污染造成的过早死亡人数从新政策情景下的 23 万减少到清洁空气情景下的 18 万。在东欧国家，特别是波兰和罗马尼亚，效果显著。

新政策情景中，颗粒物排放量到 2040 年要减少大约 40%。房屋供热是目前造成欧盟 $PM_{2.5}$ 污染的一个主要原因，家用壁炉和锅炉中燃烧固态燃料而产生的 $PM_{2.5}$ 几乎占了总排放量的一半。尽管到 2040 年，由于房屋面积和家庭数量增加，室内供热的需求也会增加，新政策情景下 $PM_{2.5}$ 的总排放量将下降约 30%。与之相比，在清洁空气情景下，由于 EcoDesign 指令对固态燃料锅炉污染物排放的进一步限制，2040 年 $PM_{2.5}$ 的排放量将减少近 70%。

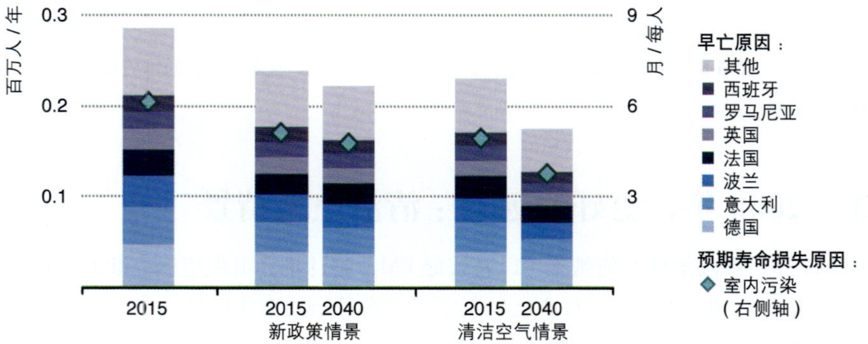

图 6-8　欧盟国家在不同背景下的过早死亡人数以及预期寿命的损失

资料来源：IIASA。

$PM_{2.5}$ 排放的第二大来源是工业和交通运输行业，目前这些行业的排放量占总排放量的 20% 左右，如图 6-9 所示。在清洁空气情景下，这些排放量与新政策情景相比，将在 2040 年减少大约 30%。这主要是严格执行污染控制措施的结果，特别是针对钢铁行业和肥料生产的排放。在电力行业中排放量的减少主要是因为生物质能发电和供热装置的改进。目前，生物质能电厂的 $PM_{2.5}$ 排放量占电力行业 $PM_{2.5}$ 总排放量的 36%。由于缺少严格的排放措施，这一比例在新政策情景下将增加到 70%。然而，目前已经存在一些控制生物质能发电 $PM_{2.5}$ 排放的措施，包括使用纤维过滤设备和静电除尘器等。通过采取这些措施，到 2040 年，在清洁空气情景下，电力行业使用生物质能所产生的 $PM_{2.5}$ 排放量与新政策情景相比将降低大约 3/4。

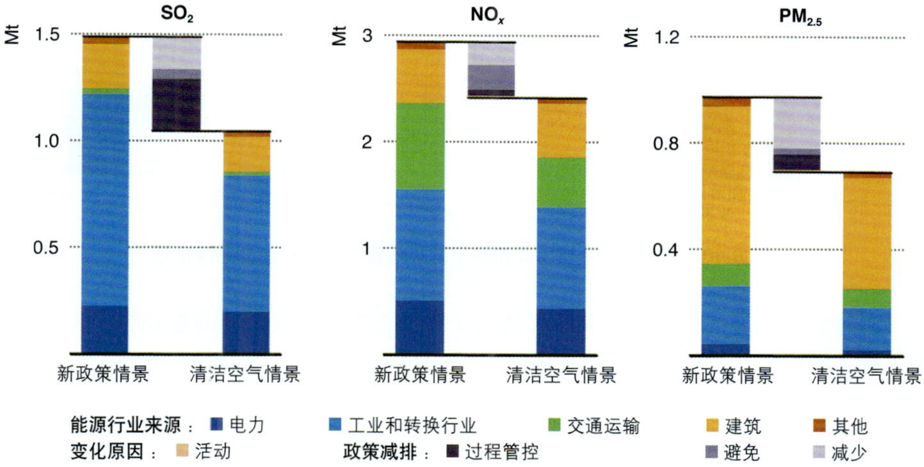

图 6-9　欧盟 2040 年清洁空气情景相对新政策情景下所降低的污染物排放量

资料来源：IEA，IIASA。

到 2040 年，与新政策情景相比，NO_x 的排放（如今主要来自于交通运输行业）在清洁空气情景下将减少近 20%。约一半的减排量是由于执行了更严格的排放标准（包括完全符合这些标准），特别是针对轻型汽车和载物货车。能源效率的提高和燃料转换也起到了非常重要的作用：到 2040 年，与新政策情景相比，在清洁空气情景下每一种作用都可以将氮氧化物的排放量减少大约 1.2 亿 t。

使用污染程度更低的燃料也可促进交通运输和电力行业 NO_x 排放量的降低。在道路运输中，尽管遵从排放规定能够有效减少排放，但是将轻型商业柴油汽车转换成汽油混合动力、天然气和电动汽车会更有助于进一步降低排放量。在非道路运输中，航海领域大量使用液化天然气取代石油可以将 NO_x 的排放量降低大约 4 万 t。工业发动机系统、电器和制冷系统中电能利用效率的提升也是促进减排的另一个重要因素。水泥生产行业的排放量下降尤其明显。因为烧制熟料生产水泥的过程需要高温条件，所以水泥生产仍然是 NO_x 排放的一个主要来源，但是有望大大降低其排放水平。

欧盟的 SO_2 排放主要来自工业、交通运输行业以及电力行业的煤炭燃烧。和新政策情景相比，到 2040 年这些排放量在清洁空气情景下将减少 30%。这种减少是由于在工业和家庭中执行了更严格的污染控制，并且在某种程度上也与能源效率的提高有关。和新政策情景相比，工业生产的 SO_2 排放量在 2040 年将减少大约 24.5 万 t，而这主要归功于铁合金和其它非铁金属生产、精炼和水泥生产的减排。

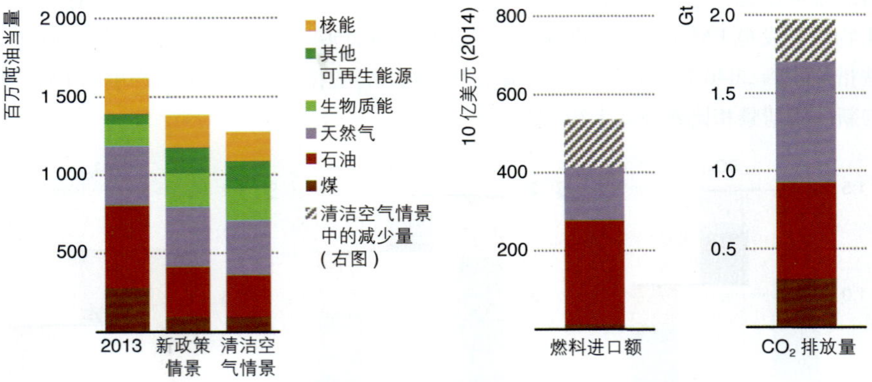

图 6-10　欧盟 2040 年不同情景下的能源需求和各种能源关键指标

清洁空气情景下的各种政策不仅是实现欧盟更清洁空气目标的重要的一步，也有助于提高能源安全。和新政策情景相比，到 2040 年，清洁空气情景下能源效率的提高以及道路运输模式的转变将减少 800 亿美元的石油进口费用（比目前的进口费用减少 1/5），如图 6-10 所示。由于建筑行业和工业行业能源效率提高以及可再生能源在电力行业所占份额增加，天然气的消耗量将降低，这将节省 400 亿美元的天然气进口费用（与新政策情景相比），约为当前天然气进口费用的一半。与新政策情景相比，CO_2 的排放量将下降 2.6 亿 t，这有助于欧盟满足 COP21 气候变化承诺。

参考文献

[1] EC (European Commission) (2013), Environment: New Policy Package to Clean Up Europe's Air, www.europa.eu/rapid/press-release_IP-13-1274_en.htm, accessed 3 June 2016.

[2] EEA (European Environment Agency) (2015a), European Union Emissions Inventory Report 1990-2013 under the UNECE Convention on Long-Range Transboundary Air Pollution, Technical Report number 8/2015, EEA, Copenhagen.

[3] — (2015b), Air Quality in Europe: 2015 Report, EEA. Luxembourg.

[4] — (2015c), www.eea.europa.eu/soer-2015/europe/air, accessed 15 May 2016.

[5] — (2016), Explaining Road Transport Emissions-A Non-Technical Guide, www.eea.europa.eu/publications/explaining-road-transport-emissions.

第7章　中国

• 严重的空气污染给中国社会与公众健康带来了迫切的挑战。如今，大约有100万人的早亡与室外污染有关，而室内空气污染造成的早亡人数可达120万。由于恶劣的空气质量，中国的人均预期寿命减少了大约25个月。

• 中国政府在各方面都采取了重要的应对措施。在新政策情景下，预期中的经济结构转型将使中国开启低能源强度的发展模式，再加上现有和已起草的空气质量与能源政策的执行，到2040年，污染物排放量将显著降低。SO_2的排放量将降低大约30%，而NO_x和$PM_{2.5}$的排放量将降低大约40%。工业和转换部门所减少的SO_2和$PM_{2.5}$排放量几乎与当前美国整个能源体系排放量规模相当。

• 在新政策情景下，中国平均空气质量目标（$PM_{2.5}$浓度降至35 μg/m^3）将在21世纪30年代实现。这有助于将2040年的人均预期寿命提高9个月。然而，仍然有近一半人口生活在空气质量不达标的地区。随着人口老龄化的加剧，到2040年，将有150万人因室外空气污染而早亡，而100万人将早亡于室内空气污染。

• 清洁空气情景中的措施可以显著地改善中国的空气质量。在此情景下，$PM_{2.5}$的空气质量目标将在21世纪20年代实现，2040年的人均预期寿命将比现在提高15个月。2040年，清洁空气情景下生活在空气质量达标（10 μg/m^3）地区的人口数量约为执行现有政策下这一人口数量的两倍（尽管仅有6%），而生活在污染水平超过35 μg/m^{3}的地区的人口数量将减少1/4。2040年由室外空气污染造成的早亡人数将在稳定在今天的水平，而由室内空气污染造成的早亡人数将进一步下降到56万。所采取的关键措施包括工业排放控制、提高能源效率（针对所有污染物）、针对重型汽车采取更严格的标准（减少NO_x的排放）以及实现清洁烹饪（减少$PM_{2.5}$排放量）。

7.1 能源与空气质量背景

在过去的 25 年内，中国经历了快速的工业化和城市化进程。生活在城市地区的人口翻了一番，占总人口的比率已达到大约 55%，而人均收入已经增长了 7 倍以上。如今的能源需求几乎是 1990 年时的 3.5 倍。化石燃料的燃烧满足了能源需求增长的 90% 以上。煤电发电量占总发电量的 3/4。道路运输和转换行业所需的 2/3 的能源是通过煤炭和石油消耗产生的（其余部分是电），而运输行业中 90% 以上消耗的能源是石油。在建筑行业，煤炭和石油只能满足总能源需求的 1/4，其余的 38% 来自生物质能的使用。

能源需求的增长与经济变迁和社会发展齐头并进，带来的却是高昂的环境成本。根据环境保护部的数据，在中国 74 个主要城市中，只有 8 个城市的空气质量监测结果满足国家 2014 年清洁空气标准（环境保护部，2015）。2013 年，只有 8 个城市能达标。这个国家主要的工业中心，特别是北京、天津和河北省，各种主要污染物的排放密度都很高。

中国的能源和空气质量之间的关系经过了在大多数工业国家都有过的历程。SO_2 和 NO_x 排放量的增长与工业和电力行业不断增长的煤炭使用量有关。20 世纪 90 年代中期之后，建筑行业的颗粒物（$PM_{2.5}$）[㊀] 排放缓慢下降，因为传统生物质能的使用正在逐渐减少，而来自工业和电力行业的排放量正在上升。中国经济增长的规模和速度导致了空气质量的严重恶化，而空气污染物排放的总水平已经超过了该地区其他国家的水平。据估计，中国目前只有 3% 的人口所接触的空气 $PM_{2.5}$ 浓度符合世界卫生组织的标准，而大约有 55% 的人口所接触到的 $PM_{2.5}$ 水平甚至超过世界卫生组织中期目标 1 的下限。大约有 100 万人的早亡与如今的室外空气污染有关，而还有 120 万人的早亡与室内空气污染有关。总体而言，恶劣的空气质量导致中国人的平均寿命缩短了 25 个月。

中国政府已经认识到了这一问题的严重性（其在预防空气污染方面的努力和控制措施可以追溯到 20 世纪 70 年代），现在正在认真对待这一问题。中国采取的一项标志性行动是 2013 年印发《大气污染防治行动计划》。此计划是一个省级层面执行的行动线路图，旨在 2013 – 2017 年全国范围内实现空气质量的改善。其目标是将 $PM_{2.5}$ 排放量降低到符合国家环境空气质量标准，并且包含解决其他污染物问题的详细措施。尽管此行动计划为全国性计划，它仍侧重于 3 个地区：京津冀地区、长三角地区和珠三角地区。到 2017 年，这 3 个地区的 $PM_{2.5}$ 排放量与 2012 年的水平相比，将分别减少 25%、20% 和 15%，而北京市的 $PM_{2.5}$ 年均浓度控制在 60 $\mu g/m^3$。此次行动计划包括涉及到各行业以及各种燃料使用的详细措施，并设定了电力行业和工业燃煤的控制目标，以及在运输中分阶段淘汰重污染车辆的目标，还提出 2017 年在全国引入清洁汽油和柴油燃料的计划。除了设定标准之外，此行动计划还引入了新的大气污染防治激励措施，例如每月评选并发布空气质量最优和最差的 10 个城市。政府不仅采纳了这一行动计划，还在改进环境空气

㊀ 粒径小于 2.5 μm 的细颗粒物质。

质量检测方面做出了重大努力[⊖]。

中国在空气污染防治方面的努力以及能源领域化石燃料使用的减少共同促使其向能源密集程度较低的经济增长模式转变。在 COP21 上，中国政府希望到 2030 年将整体能源结构中低碳燃料的比例提升至 20%（如今这一比例约为 10%），并且到 2030 年，碳强度将比 2005 年下降 60% ~ 65%。这些目标实现的概率较高，甚至可能提前完成。例如，中国对可再生能源的投资超过了世界上任何其他国家，并且已经采取了非常严格的能源效率标准，特别是在工业和交通运输行业。根据初步数据，尽管 2015 年经济仍在持续增长，煤炭使用量已有所下降，与能源相关的 CO_2 排放量也是如此。

根据官方统计，中国在减少空气污染方面做出的努力取得了持续的成效。在过去 10 年内，SO_2 排放量下降了 1/3（很大程度上与能源行业新的污染控制措施有关），而 $PM_{2.5}$ 的排放总量下降了 19%（主要由于工业和转换部门所实施的新法规，以及民用生物质能的减少）。另一重要成就是煤炭燃烧产生的污染物排放量在 2010 年达到了峰值。然而，NO_x 排放量在过去 10 年内增加了 1/3，其中 60% 的增长来自道路运输排放量的快速增长，而小汽车的拥有率从 2005 年的 15 辆 / 千人增加到今天的近 100 辆 / 千人。

专栏 7–1 北京对空气污染的监测和预报

北京一直在以惊人的速度发展，并成为重要的工业中心，同时容纳了超过 2000 万人口。但这个城市恶劣的空气质量却使人们的日常生活质量大打折扣。2015 年，北京的年均 PM 浓度超过了 80 μg/m^3。由于风向及其他原因，城南地区的监测浓度甚至更高。事实上，这一平均浓度表明空气质量相比 2014 年已经减少了 6.5%，尽管如此，2015 年“重度污染”的天数（中国空气质量机构监测到任一主要污染物的日均浓度超过 200 μg/m^3）仍然稳定在 46 天左右，而 2014 年为 45 天（这与 2013 年的 58 天相比有所下降）。

以上这些关于空气质量的数据反映了市政府在测量、监测和预报方面做出的努力——这是实现有效政策回应的一个前提条件。自 1997 年以来，北京市一直在积极研究空气质量预报技术，并且是中国第一个建立了环境检测机构进行空气质量预报的城市。现在，这个城市内遍布了 35 个空气质量监测站，向公众发布 6 种主要污染物（包括 $PM_{2.5}$）浓度水平的信息，对其进行评估，并制定该城市的应急响应措施。北京市的空气质量预报系统由市环保局下属的环境保护监测中心运行。京津冀预报预警中心成立于 2014 年，现在拥有一个 12 人的团队，其中有 3 名专家在分析与预报方面拥有 10 年以上的经验。这种运作模式被看作是其他城市的一个样板，而该中心的新闻和预警信息被很多报纸、电视、网站和手机 APP 转载（亚洲清洁空气中心，2015）。

⊖ 截至 2014 年底，中国已经建立了 1436 个检测站（比 2012 年底多了将近 1000 个），这些监测站位于 338 个市县。它们每小时实时报告主要监测的污染物（$PM_{2.5}$、PM_{10}、SO_2、NO_2、地面 O_3 以及 CO_2）平均浓度，以及相应的空气质量指示性指标。

7.2　2040 年空气质量展望：新政策情景

在新政策情景中，尽管总体能源需求量随着国民生产总值（GDP）的 3 倍增长提高了 1/3，中国来自能源行业的空气污染物排放量在 2040 年仍将下降。SO_2 的排放量在 2040 年要比当前水平下降 30%，而对于 NO_x 和 $PM_{2.5}$，这一下降比例约为 40%。正如在 COP21 上的承诺，改善中国能源密集型经济现状的政策将促使 2040 年单位 GDP 能耗减少 60%，同时抑制能源需求以及相关空气污染排放量的增长。未来，能源行业低碳化的努力将会使化石燃料在电力行业中的使用比率减少 20 个百分点，于 2040 年降至 57%。煤炭使用量受到的影响最大：自 2000 年以来煤炭使用量年均增长 9%，最近几年的煤炭总消费量达到峰值，之后将逐渐下降。到 2040 年，煤炭在整体能源结构中的份额将从如今的大约 2/3 降到 50% 以下。

根据新政策情景，全国平均环境空气质量 35 μg/m³ 的目标（PM 值）将于 2030 年左右实现，但是一半以上的人口仍然生活在高度污染的环境中。到 2040 年，由于空气更为清洁，平均预期寿命将比现在提高 9 个月，由空气污染造成的预期寿命损失将减少到 16 个月。这并不足以降低由室外空气污染造成的早亡人数，而这一数字到 2040 年会增加 40%，即 150 万人，主要由于人口老龄化发展的趋势（更容易受到空气污染的伤害）。住宅方面的 $PM_{2.5}$ 排放量到 2040 年将下降超过 50%，这样可以将室内空气污染导致的早亡人数减少 15% 以上，到 2040 年为 97 万人。总体而言，根据新政策情景预测，空气质量将得到明显的改善，但是还远未能解决此问题。

所有污染物的排放量都会减少，如图 7-1 所示。与能源有关的 SO_2 排放量到 2040 年

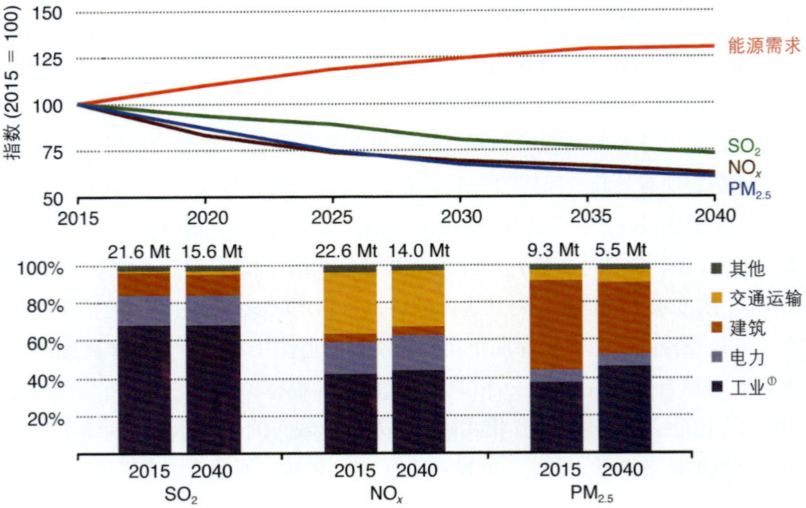

图 7-1　中国在新政策情景下能源行业和空气污染物的排放量

注：① 包括转换行业（发电除外）。
资料来源：IEA，IIASA。

将比 2015 年减少 600 万 t。在工业和转换行业，控制技术的应用带来了工业污染物排放与工业用煤量的大幅下降。在能源行业，空气污染政策减缓了煤炭消耗增长。到 2040 年，类似的措施也将促使能源行业和工业 NO_x 排放量下降。在交通运输行业（NO_x 排放的主要来源），由于日趋严格的排放标准，NO_x 的排放量会逐渐下降，并且将限制数量日益增长的汽车。与 2015 年相比，2040 年能源相关的 NO_x 总排放量将减少近 860 万 t。同期 $PM_{2.5}$ 的排放也下降了 40%，这与居民使用生物质能的明显下降有关，同时部分 PM2.5 的下降也与其他行业生物质能燃烧产生的 $PM_{2.5}$ 的增长相互抵消。

总体而言，2040 年之前，工业和能源行业仍然是与能源相关的 SO_2 排放的主要来源。工业和道路运输业仍然是 NO_x 排放的最大来源，但因能源需求将持续增加，工业和转换部门（尽管排放量有所下降）到 2030 年左右将超过建筑部门，成为 $PM_{2.5}$ 排放的最大来源。

7.2.1　发电领域展望

中国电力行业的前景主要由中国 2040 年前经济结构转型效果所决定——中国将从重工业占主导地位的经济向以服务业为主的经济模式发展。在 2000 – 2013 年，发电量年均增长 11%，但是增长速度却在显著下降。在新政策情景下，从现在到 2040 年，电力需求将以每年 2.6% 的增速稳步增长，并伴随着电力结构的日益去煤化和多元化。煤炭在电源结构中的占比将从如今的 3/4 以上下降至 2040 年的不到一半，而可再生能源的份额在展望期结束时将超过 1/3，而此比例现在为 1/5。

近年来，燃煤发电成了空气污染治理政策中的一个焦点，不仅因为这些发电厂都是主要的排放源，也因为很多发电厂位于中国沿海省份中人口密集的城市地区附近，如图 7-2 所示。由于超过 2/3 的燃煤发电厂是在最近 10 年内建成的，目前中国已经拥有世界上最现代化、效率最高的一批火电机组。但是由于缺乏系统性的监管，为了逃避安装控制设备所带来的运行成本，很多电厂在建设时没有采取适当的控制技术，或是在安装设备时没有采取适当的监测措施。2012 年中国引入了一组新的排放标准，使中国火力电厂的排放限值与欧美的同类电厂大体相当。颗粒物每小时的界限值为 30 mg/m^3；对于 SO_2 排放而言，新建电厂的烟气浓度不得超过 100 mg/m^3，现有发电厂不得超过 200 ~ 400 mg/m^3（根据各省情况而有所不同）；而对于 NO_x，对于新建发电厂和现有发电厂的界限值分别为 100 mg/m^3 和 200 mg/m^3。现有发电厂必须遵从这些标准，这已经引发了中国对燃煤发电厂改造的巨大投资，如图 7-3 所示。最初的焦点是在沿海省份的发电厂上。据报道，这些发电厂已经完全进行了改造。目前的焦点是让中部和北部省份的发电厂也符合要求，再接下来是人口相对稀少的中国西部地区。

在新政策情景下，中国 2040 年的发电量要比现在增加几乎一倍，但是污染物的排放量却将下降。SO_2、NO_x 和 $PM_{2.5}$ 分别下降 30%、35% 和 40%，如图 7-4 所示，主要原因是对新建和现有发电厂执行了新的、更为严格的排放标准，特别是对现有发电厂的改造（在 2040 年运行的燃煤发电厂有 2/3 是目前已经建成的）。通过控制排放减少污染的政策以及

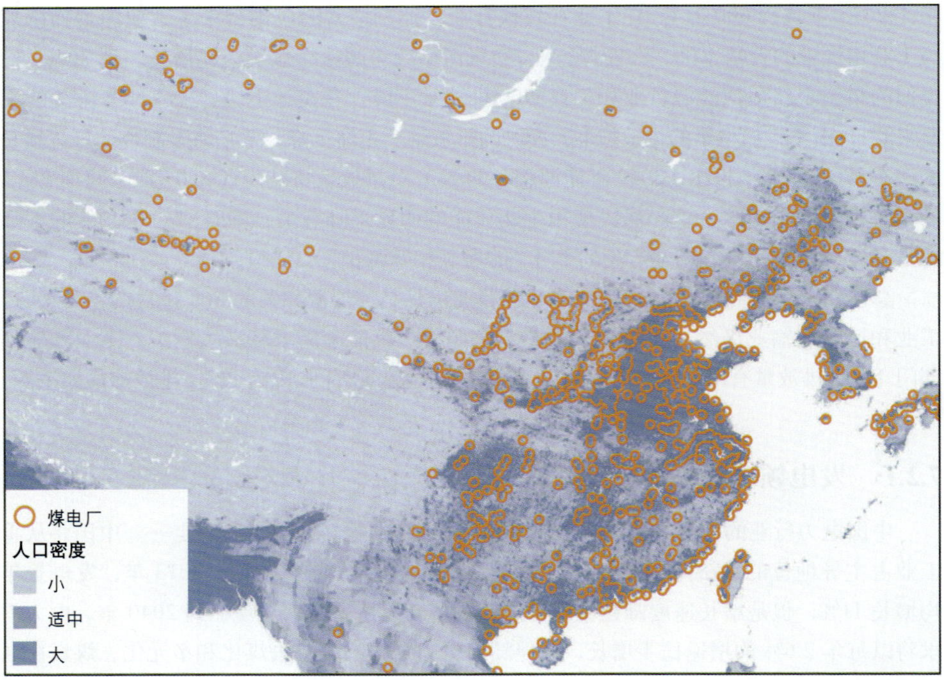

图 7-2　2015 年中国的燃煤发电厂和人口密度分布

资料来源：基于普氏全球电厂的数据库和 CoalSwarm 的 IEA 分析。

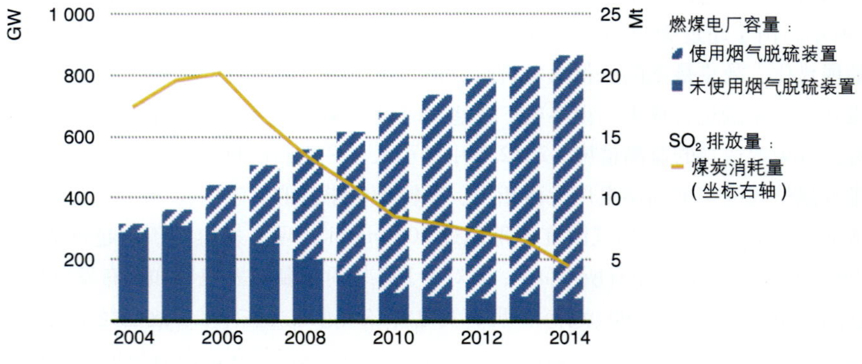

图 7-3　中国装有烟气脱硫装置的燃煤发电厂装机容量以及相应的 SO_2 排放量

资料来源：IEA 分析，IIASA，电力规划设计总院，中国电力企业联合会。

伴随的火电厂排放强度的降低共同导致了 SO_2 和 $PM_{2.5}$ 排放量 70% 的下降以及 NO_x 排放量 85% 的下降。由于燃煤发电厂颗粒物排放强度的下降和能源结构的多元化，中国电力行业整体的 $PM_{2.5}$ 排放强度到 2040 年会下降一半以上。出于类似原因，发电厂的 SO_2 和 NO_x 的排放强度也会下降大约 50%。

在执行污染控制和能源结构多元化政策的同时，中国的部分措施着重于减少人与污染物的接触，将排放源远离人口稠密的地区。在中国北部和西部建设燃煤发电厂群就是一个很好的例子——这里是人口密度较低的地区，可以通过特高压输电线路将电力输送到沿海省份等需要电能的地区。这一做法可以减轻空气污染物排放对居民健康的影响。

除了设置严格的排放界限值以外，本章预测中一个重要的变量是执行政策的速度和一致性。尽管国家排放控制中的改造措施可以在几年内完成，但仍然需要密切监督和严格的执行措施。中国现在对超低排放机组改造的发电厂实施补贴。这一措施能加速控制装置的安装，并且可以激励发电厂在目前的排放限值下超额完成目标任务。

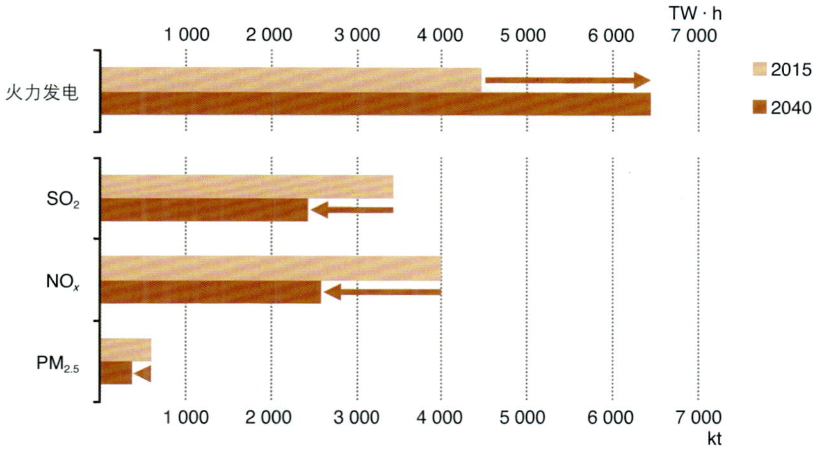

图 7-4　中国在新政策情景下的发电量和空气污染物排放的变化

7.2.2　工业和转换行业展望

工业与转换行业是中国最大的能源消费行业，它们消耗的能源有超过 2/3 来自煤炭和石油。从某种意义上讲，这些行业也是空气污染物的最主要来源。它排放的 SO_2 和 NO_x 比任何其他部门都要多，并且是第二大 $PM_{2.5}$ 排放源（仅次于建筑行业）。基于这些行业的现有规模，中国工业的污染物排放量约占全世界工业和转换行业 SO_2 排放总量的 40%，约占 NO_x 和 $PM_{2.5}$ 排放总量的 1/3。在中国并不缺乏限制工业和转换行业的法规，但是在这个国家有超过 7 000 万家十分分散的中小型企业，造成了执行法规方面的困难。“十二五规划”为能源和资源密集型行业优先制定了措施，其目标是在 21 个关键类别的工业中淘汰过时或效率低下的生产能力，包括钢铁、水泥、电解铝和玻璃等。发展新的高耗能项目受到了严格的控制。当有新建、改建或扩建的项目时，大量过时或过量的产能必须被淘汰。

预防和控制空气污染的行动计划也对三个主要目标区域设定了严格的目标。例如，北京有 1 200 家高污染企业需要在 2017 年底之前被改造或关停；而在天津，核准的钢铁和水泥的总产能将分别限制在 2 000 万 t 和 500 万 t 内。此行动计划也要求对清洁生产进行审核，并且在关键行业中进行清洁生产技术改造，例如钢铁、水泥、化工、石油以及有色金属冶炼。与 2012 年相比，预计 2017 年的排放强度将减少 30% 以上。新的干式水泥窑有望使用低氮排放的燃烧技术。而工业中每单位附加值的能耗应当在 2017 年减少大约 20%。

当前中国工业和转换行业中已经采取了排放控制措施，但是尽管这些措施覆盖面比较广泛，所使用的技术的仍然相对低效。例如，在如今的工业和能源转换行业中大约有 2/3 与煤炭有关的 $PM_{2.5}$ 排放是通过简单与廉价的静电除尘器（ESP）设备进行控制。向炉内注入石灰也可以控制大约一半的耗煤工业的 SO_2 排放，但是其效率只有 50% 左右。新政策情景将基于现有政策和计划实施的政策采用更高效率的减排技术，如图 7-5 所示。具有更高效率的除尘设备（例如高级静电除尘器和纤维过滤器）可以更有效地控制 $PM_{2.5}$，而增加使用湿法烟气脱硫装置，例如湿式洗涤法或湿硫酸法，可以实现大约 85% 的减排效率。目前已广泛采用的 NO_x 减排技术是使用低氮燃烧炉，因为它们是工业和转换行业中控制 NO_x 排放的一种最低成本的方法。此类技术推广的速度预计会在 2030 年变慢，因为届时大型工业设施将已经完全装备这些技术。使用这些技术所需的成本对于中小型企业来说通常过高。而在新政策情景中，相关法规只涉及到部分小型企业。

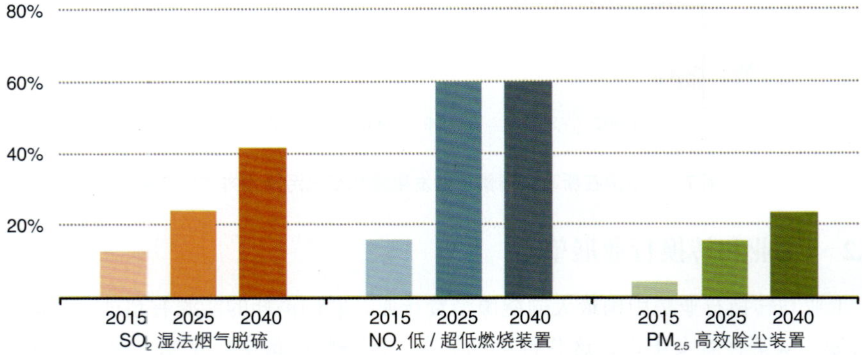

图 7-5 新政策情景下中国工业和转换行业中燃煤装置采取排放控制措施的比例

注：使用率以总燃料消耗占此控制设备所涉及的行业的比率的形式表示。
资料来源：IEA，IIASA。

中国在新政策情景下采取的政策可以极大地减少工业和转换行业空气污染物的排放，如图 7-6 所示。从现在到 2040 年，SO_2 和 $PM_{2.5}$ 的排放量要比现在下降 1/4 以上，而 NO_x 的排放量将下降 1/3 以上。此等规模的下降意味着它将在总排放量下降中占据较大比例。2040 年，中国工业和转换行业的污染物减排分别占全国 SO_2、NO_x 和 $PM_{2.5}$ 减排总量的 2/3、40% 和 1/4。中国所有污染物的总减排量在世界上都是最高的。SO_2 和 $PM_{2.5}$ 的减排量与如今美国整个能源行业的排放量相同。如今工业空气污染物排放的最大源头钢铁行业占了工业和能源转换行业 SO_2 减排量的很大一部分（排放量将下降 60%）。而水泥行业则是 NO_x 减排的主要行业（排放量将下降 70%）。这两个行业基本上都是 $PM_{2.5}$ 减排的

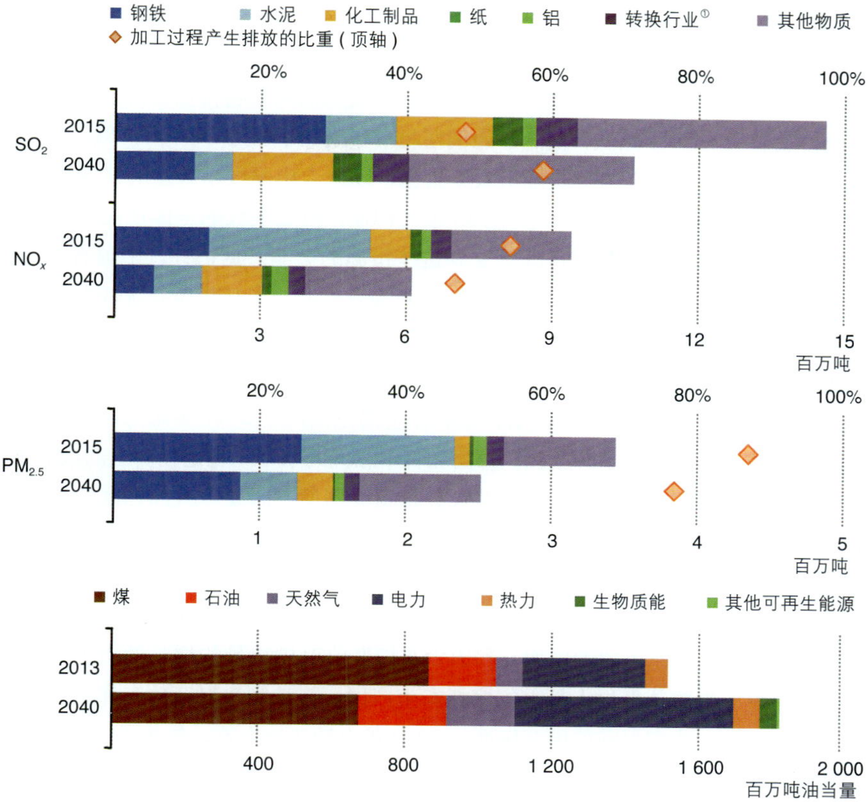

图 7-6　新政策情景下中国工业和能源转换部门中燃煤装置采取排放控制措施的比例

注：① 转换指化石燃料（如炼油、石油天然气的生产和液化天然气的终端产品），但不包括发电和供热。工业和转换行业包括非能源使用（主要是石油化工原料）。

资料来源：IEA，IIASA。

主力军。即使到 2040 年，这些行业仍然是空气污染物的主要排放源，而它们在空气污染物排放中所占的份额会随着经济的进一步成熟而下降。到 2040 年，化工行业将成为中国 SO_2 和 NO_x 排放的主要来源。

随着减排政策的实行，中国工业排放的轨迹也会受到两种总体趋势的影响。执行工业绩效标准，并且升级在主要耗煤行业中使用的技术，有助于减少对煤炭的需求。此外，中国经济减少重工业的结构性重组也可以显著地减少钢铁和水泥行业的生产活动（从而降低对煤炭的需求），进而减少空气污染物的排放。燃烧后控制技术和能源效率的提高，同样有助于各类工业的 SO_2 和 NO_x 的减排。$PM_{2.5}$ 排放量减少几乎完全归功于燃烧后控制措施。

7.2.3　交通运输领域展望

尽管交通运输行业与工业和转换部门向大气中排放了几乎同样多的 NO_x，它并不是当前中国空气污染物排放的最大来源。然而，在这一行业中采取的行动却十分重要，因为人接触与交通运输有关的污染物的程度非常高，特别是 $PM_{2.5}$。如今，超过 80% 的客车以及将近 60% 的公路货车活动在城市地区。道路交通的颗粒物排放量占了上海和广州的颗粒物排放总量的 20% 以上，而这一比例在北京和深圳分别为 30% 和 40%。

过去，政策制定者要努力尽快地引入新措施，以跟上中国汽车数量的快速增长。中国汽车排放控制计划可以追溯到 20 世纪 80 年代初期，但是现代的全国性控制计划仅始于 20 世纪 90 年代中期。现在仍可以感受到这些措施的影响。据估计，中国有 6% 的汽车不能达标，直接导致与公路运输有关的 CO、碳氢化合物（燃料燃烧状况较差的一个标志）和 PM 排放量的 40%，以及超过 30% 的 NO_x 排放量。

最近在中国发布的政策引入了很多针对交通运输有关排放的更严格的控制措施。针对燃油质量，《大气污染防治行动计划》强制在全国范围内于 2017 年底之前执行国五标准。这可以将硫的浓度限制到和欧洲、韩国和日本相同的水平，也是世界上的最低水平，见表 7-1。对于其他污染物的限制也在界限值和测试周期方面参考欧洲标准。目前对客车执行的国家标准是针对汽油车和柴油车的国四标准（相当于欧Ⅳ），但是环境保护部在 2013 年针对汽油车和柴油车发布了国五标准（相当于欧Ⅴ），此标准将于 2017 年底执行。国六标准的草案将于 2016 年 5 月发布，一旦被批准，有望于 2020 年开始执行。分别从 2020 年和 2023 年 3 月起生效的国六 a 和国六 b 标准将对排放量的增长做出更严格的限制㊀。此外，由于中国是世界上最大的摩托车生产国，该计划也对两轮车和三轮车的尾气排放进行了限制。中国目前的国三标准于 2009 年中期开始生效，是基于针对摩托车的欧Ⅲ标准制定的，但是增加了持久性的要求，即要求摩托车在其销售期过后的一段时间内仍然符合排放界限值的规定。

各城市采取的措施进一步反映了客运交通在空气污染中扮演的重要角色。2015 年北京为 15 万辆新机动车颁发了牌照，而其中有 3 万个牌照颁发给了新能源汽车（即采用效率更高的替代燃料的汽车）。在 2014 年，北京每月摇一次号，平均 164 名申请者中只有一人能得到牌照。上海在 2014 年和 2015 年仅拍卖了 10 万个汽车牌照，其中在 2014 年有 5.6% 的申请者得到了牌照，而相关的登记费用为每辆车 7.4 万元人民币（约为 1.05 万欧元）。这两个城市都禁止常规摩托车上路，仅允许电动摩托车上路。到 2015 年年底，有 7 个中国城市（其人口占中国总人口的 6% 以上）执行了机动车限购等相关限制措施。此外，有 14 个中国城市对机动车作出了限制，而《大气污染防治行动计划》要求到 2017 年，所有不能满足最低排放标准的机动车（黄标车）都予以报废，并且将提高公共交通的使用率。

人均收入的增长和对客、货运运输的强烈需求促使了新政策情景下运输活动的快速

㊀ 由于发布时间有限，在新政策情景中未考虑国六标准。但是，清洁空气情景呈现了本章的其余内容，并且包含相应标准。

表 7-1 中国公路运输有关空气污染物排放的限值

目标车辆	燃料	标准	在销售和登记中实施的时间	颗粒物限值	氮氧化合物限值	硫含量限值	单位
客车	汽油	国四	2011 年 7 月 1 日	–	0.08 ~ 0.11	–	g/km
		国五	2017 年 1 月 1 日	0.0045	0.06 ~ 0.082	–	g/km
	柴油	国四	2013 年 7 月 1 日	0.025 ~ 0.060	0.25 ~ 0.39	–	g/km
		国五	2018 年 1 月 1 日	0.0045	0.18 ~ 0.28	–	g/km
两轮车	汽油	国三	2009 年 7 月 1 日	–	0.15	–	g/km
三轮车	汽油	国三	2009 年 7 月 1 日	–	0.25	–	g/km
重型汽车	汽油	国四	2014 年 7 月 1 日	0.02 ~ 0.03	3.5	–	g/kW · h
	柴油	国四	2014 年 7 月 1 日	0.02 ~ 0.03	3.5	–	g/kW · h
		国五	2017 年 7 月 1 日	0.02 ~ 0.03	2.0	–	g/kW · h
燃料质量	汽油	国四	2013 年 12 月 31 日	–	–	50	$1 \times 10^{-4}\%$
		国五	2017 年 12 月 31 日	–	–	10	$1 \times 10^{-4}\%$
	柴油	国四	2014 年 12 月 31 日	–	–	50	$1 \times 10^{-4}\%$
		国五	2014 年 12 月 31 日	–	–	10	$1 \times 10^{-4}\%$

注：界限值的范围反映了不同的车辆大小或发动机类型。

增长。车辆拥有数量将从现在的每千人 100 辆增长到 2040 年的每千人 360 辆，而年均货运交通量将增长 3%，这与工业活动的增长密切相关。这样，交通运输对石油的需求将从现在的每天大约 500 万桶增加到 2040 年的每天 900 万桶，而燃油效率的提高以及其他燃料的使用（例如电、生物燃料和天然气）只能在一定程度上缓解这一矛盾增长。

在这样的背景下，控制排放的政策在限制与运输有关的排放量增长中起到非常重要的作用。NO_x 的排放量将在 2040 年下降到 420 万 t，与当前水平相比降低了 40%，而这种下降的趋势将随着低排放机动车不断投入到公路系统中而加速，如图 7-7 所示。如今，公路运输产生的 NO_x 排放量占了交通运输相关的总排放量的 80% 以上，是这一趋势的主要决定因素。国五标准在客车中的实行可以将排放量下降大约 45%；而国六标准的引入还能进一步降低排放量。从 2017 年起，在重型汽车的销售和登记中引入国五标准（可以进一步降低 NO_x 的界限值，但不会降低 $PM_{2.5}$ 的界限值）可以将载物货车和公共汽车 NO_x 的排放量（公路运输的 NO_x 排放量的主要来源）降低 55%。

与运输有关的 $PM_{2.5}$ 的排放量占了当前中国所有与能源有关的 $PM_{2.5}$ 排放的大约 5%，但是这种较低的份额掩饰了总运输排放量很高的事实（比美国高出大约 60%）。而在全国人口密度较高的城市中这一比例更高。尽管 2015 – 2040 年间公路车辆的行驶公里数

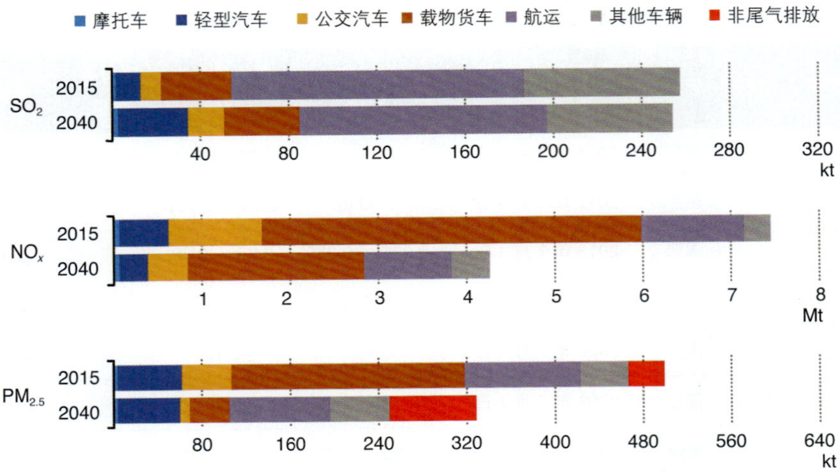

图 7-7 新政策情景下中国各类运输工具的空气污染物的排放情况

资料来源：IEA，IIASA。

增长了 3 倍、能耗翻了一倍，在新政策情景中提出的政策可以将 $PM_{2.5}$ 的总排放量下降 1/3，由每年 50 万 t 下降到不到 33 万 t。尽管取得了显著进步，中国运输行业的 $PM_{2.5}$ 排放量仍然比美国高出 7%，而这对人的健康有重要影响。虽然排放标准成功限制了尾气排放，但车辆行驶里程数的整体增长也会增加 $PM_{2.5}$ 总排放量中非尾气排放所占比例，此比例将从如今的 7% 提高到 2040 年的近 25%。此外，最终运输燃料燃烧放出的 SO_2 只占与能源相关的 SO_2 总排放量很小的一部分。在提高燃油质量标准方面做出的努力有助于限制 SO_2 总排放量的提高。尽管在此期间石油需求一直持续增加，总排放量峰值将出现在 2030 年左右，约为 31.5 万 t，此后 SO_2 的排放量开始降低。

7.2.4 建筑领域展望

几乎有一半的中国人口将继续依赖固体燃料做饭和取暖，这些人大多在农村地区，其中 2/3 使用固态生物质能，其他使用煤炭。2015 年，中国的室内空气污染导致大约 120 万人早亡[⊖]。中国政府一直以来重视这一问题的解决：早在 20 世纪 90 年代中期，全国炉灶改良工程就已经在农村推广了 1.8 亿改良炉灶，该计划的目标是减少生物质能的使用量（并扭转土地质量变差和滥伐森林的趋势）。中国卫生部在 20 世纪 90 年代启动了另一项计划，在农村部分地区推行“炉灶改造”。大多数城市开始在“九五计划”期间采取改进措施，以促进清洁能源在烹饪和取暖中的使用，并鼓励家庭将其使用的能源从煤转换为天然气或电。这些计划成功地降低了固体生物质能在家庭中的使用量，但是伴随着城市化、收入的提高以及生活方式的改变，房屋供暖的需求也有所增加，煤炭在居民中的消耗量再次上升。展望未来，采用额外的措施（主要是农业部启动的中国清洁炉灶行动倡议）有助于解决这一问题，而依赖传统生物质能做饭的人口数量将在现在的 4.5

亿人口基础上减少 2/3。然而，到 2040 年，在中国还将有大约 1.7 亿人仍然依靠传统的生物质能。

生物质能（以及较小程度而言的煤炭）在烹饪和取暖方面使用量的下降可以让居民的 $PM_{2.5}$ 排放量下降一半以上，并且可以将 NO_x 和 SO_2 的排放量降低 1/3，如图 7-8 所示。$PM_{2.5}$ 排放量的降低在减少对健康的不利影响的过程中起到了非常重要的作用：与室内空气污染有关的早亡人数在 2040 年将下降大约 15%（约 100 万人）。除了居民用能的整体趋势外，对能源效率的持续关注也将使电力需求年均增长率下降 3.5%，是过去 10 年中的增长水平的 1/4，有利于限制该领域的排放量。此外，2017 年将有超过 30 个城市升级区域供热系统，这样有望降低居民区燃料的直接燃烧，并减少对健康的不利影响。某些城市的目标是在其工业区实现全面集中供暖（衢州、台州、东莞和银川），而其他城市设定了目标，要达到对其居民区的供暖高覆盖率（哈尔滨、石家庄、江门和邯郸）。

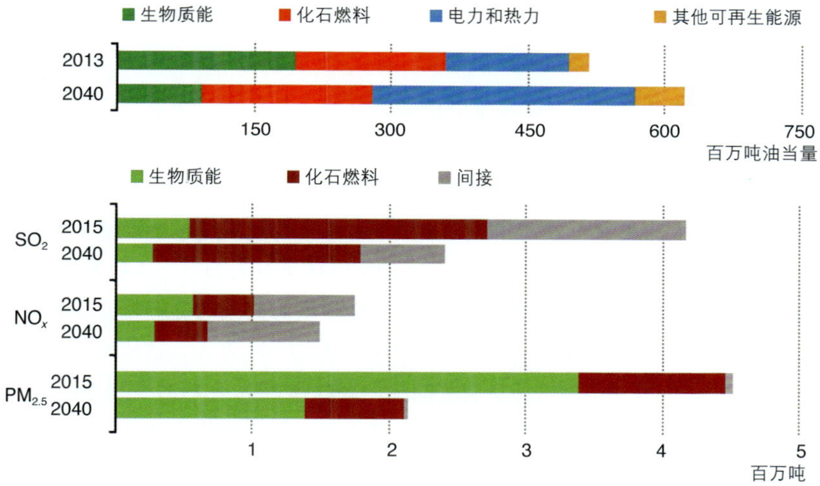

图 7-8　新政策情景下中国建筑领域的能源需求以及相关污染物排放情况

资料来源：IEA，IIASA。

7.3　2040 年，更好的远景：清洁空气情景

随着各项政策的进一步强化，中国将实现空气质量的改善，并将超出新政策情景中预期的效果。在清洁空气情景中，国家空气质量的目标是到 21 世纪 20 年代实现达到 35 μg/m^3，这与新政策情景中现有和计划中的规定之下达到这一标准的时间相比有大幅度提前。到 2040 年，中国人口中接触污染物浓度超过世界卫生组织制定的中期目标 1

㊀ 中国有针对室内空气质量的标准，此标准将颗粒物含量限制在 150 μg/m3，但是大多数家庭都超出这一标准。

35 μg/m³ 的人数将显著减少，不到总人口的 1/4，而这个比率在新政策情景中为 46%，如图 7-9 所示。

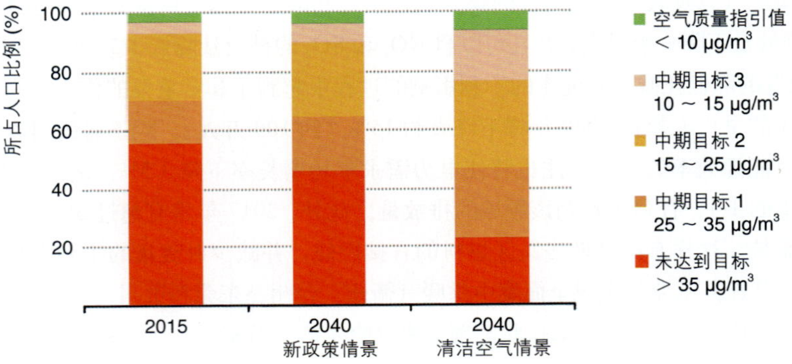

图 7-9 中国在不同情景下接触不同水平的 $PM_{2.5}$ 浓度的人口数量（根据世界卫生组织的划分）

资料来源：IIASA。

空气污染物浓度的降低可以带来显著的健康红利。与新政策情景相比，在清洁空气情景中人均预期寿命到 2040 年将增加 6 个月，这比今天的人均预期寿命多了 15 个月，如图 7-10 所示。在新政策情景下，2040 年，由室外空气污染的导致的早亡人数将从现在的 100 万人增加到大约 150 万人，这是因为中国人口出现老龄化，越来越多的老年人对空气污染将更加敏感。在新政策情景中，与室内空气污染有关的早亡人数将在 2040 年降低到 100 万人以下；在清洁空气情景中，空气污染对人的健康的影响将会显著降低。到 2040 年，由室外空气污染造成的早亡人数将下降到大约 100 万人，这比新政策情景中的人数少了超过 1/3；而与室内空气污染有关的早亡人数到 2040 年将减少到 56 万人左右。

在清洁空气情景中，能源行业所产生的各种主要空气污染物排放量都将下降，如图

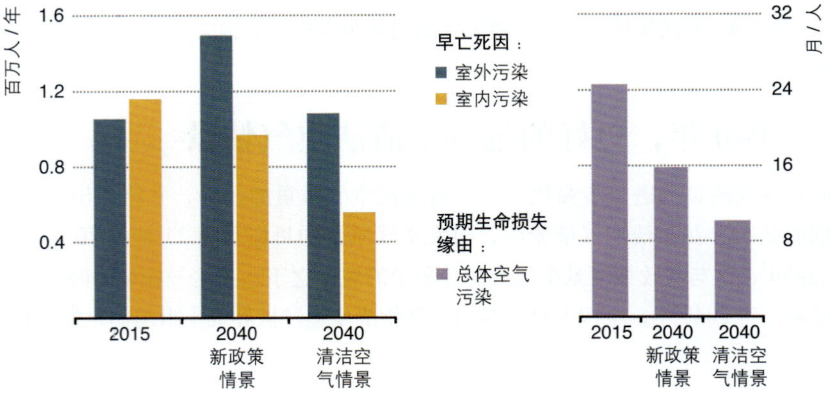

图 7-10 中国在不同情景下的早亡人数以及预期寿命损失

资料来源：IIASA。

7-11 所示。$PM_{2.5}$ 排放量将在 2040 年下降到 220 万 t，与新政策情景达到的水平相比，多下降了 60%。在清洁空气情景中，$PM_{2.5}$ 减排量中有大约 85% 可以在未来 10 年内实现，这主要是严格执行政策带来的结果。与新政策情景相比，到 2040 年还有大约一半的削减来自于居民。使用传统炉灶的人口数将减少，到 2020 年，他们将使用清洁的替代能源（例如液化石油气、天然气和电）。

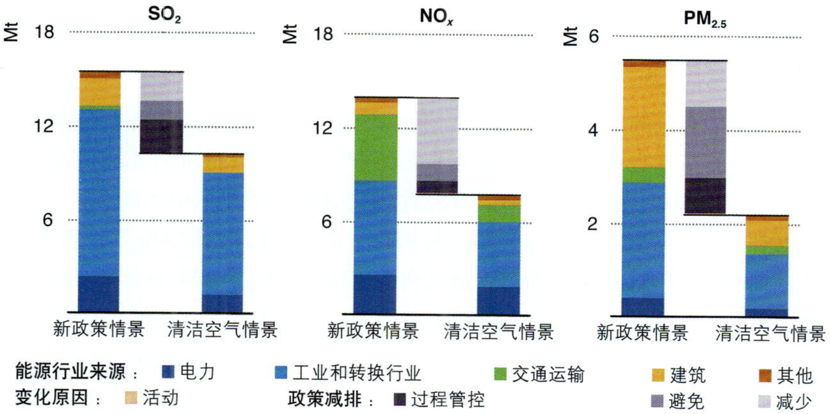

图 7-11 中国 2040 年清洁空气情景相对新政策情景下所降低的污染物排放量

资料来源：IEA，IIASA。

在清洁空气情景中较强政策的支持下，到 21 世纪 20 年代中期，大部分农村人口将使用类似液化石油气、太阳能炉灶以及经过改进后的使用生物质能的高级炉灶，例如饼状或颗粒成型燃料，或者在装备有烟囱的高效炉灶中使用薪柴和木炭（第 3 章重点讲述）。

与新政策情景相比，在清洁空气情景中，到 2040 年 $PM_{2.5}$ 排放量将下降大约 40%，主要来自于工业和转换部门。最大的一部分源于钢铁行业加工过程中排放量的减少。交通运输行业 $PM_{2.5}$ 排放的降低约占总体 $PM_{2.5}$ 排放量降低的 5%，这一比例相对较低，但是这一行业的改进对健康的影响非常大。到 2040 年，与新政策情景相比，与运输有关的 $PM_{2.5}$ 的排放量将减半。由于采取了更严格的标准，重型汽车的 $PM_{2.5}$ 排放量到 2040 年将下降到几乎为零，但是公路汽车的非尾气排放即使在 2040 年也非常显著。在城市地区，与新政策情景相比，私家车 $PM_{2.5}$ 减排的一半要归功于排放标准的实施。而发展公共交通模式的策略又能额外减排 1/3，燃油转换和提高燃油效率减排贡献率分别为 15% 和 5%。

尽管新政策情景中 NO_x 排放量有了显著降低，清洁空气情景中 2040 年还能多减少 620 万 t 的排放量，并将 NO_x 的排放量降低 45%。其中，减排量最大份额（约 50%）是来自于运输行业，重型汽车的排放标准提高起到了非常关键的作用。城市地区的总减排量大多与客运有关，并且归功于排放标准的实施、由公路运输向其他模式的转换以及天然气公交车和电动汽车的使用。在新政策情景下，工业和转换部门对总 NO_x 减排量的贡献率约为 1/3，尽管能源效率的提升也有一定的减排效果，但这主要是因为燃烧后的尾气处理（特别是在炼油和化工行业）以及减少过程排放的措施。电力行业的排放量在 2040 年将降低到 180 万 t（比新政策情景中的水平还低 75 万 t），另外降低了 12% 的总 NO_x 排放量。这主要是由于在新政策情景中强有力的法规促使减排的实施，从而促使效率较低的燃煤发电厂转而使用低碳燃料。在清洁空气情景中，能源结构中低碳燃料（不包括生物质能）的占比将从 2013 年的约 22% 增长到 2040 年的 49%，而燃煤发电量所占的份额将从 2013 年的 76% 下降到 2040 年的约 39%。

在清洁空气情景中，中国的 SO_2 排放量到 2040 年将再下降 520 万 t，比新政策情景中提出的水平还低 1/3。SO_2 排放的主要源头是工业和转换部门。在这些大量排放 SO_2 的行业中，与生产有关的排放量将大幅度下降，例如水泥、精炼和纸浆和造纸行业。电力行业的 SO_2 减排力度也很大，主要是由于采取了促进可再生能源使用以及分阶段淘汰低效燃煤发电厂的措施，并进一步采用燃烧后控制技术以去除烟气中的硫。

清洁空气情景带来很多协同效益。与新政策情景相比，到 2040 年，所有化石燃料的需求将有所下降，煤炭、石油和天然气将分别下降 19%、10% 和 2%，导致进口化石燃料费用下降，如图 7-12 所示。与新政策情景相比，电力行业占全部煤炭使用下降量的 90%。而随着汽车燃油经济性能的提高，交通方式的转变以及城市地区燃料转换激励政策共同贡献使得汽车对石油的需求量下降约 95%。天然气需求量降低的主要原因是电力行业中天然气使用量的下降，但城市地区公交车以及住宅领域天然气使用量的增加抵消了部分电力行业需求量的下降。作为这些趋势的结果，与新政策情景相比，中国到 2040 年 CO_2 排放量将减少 17%，相当于减排 17 亿吨。

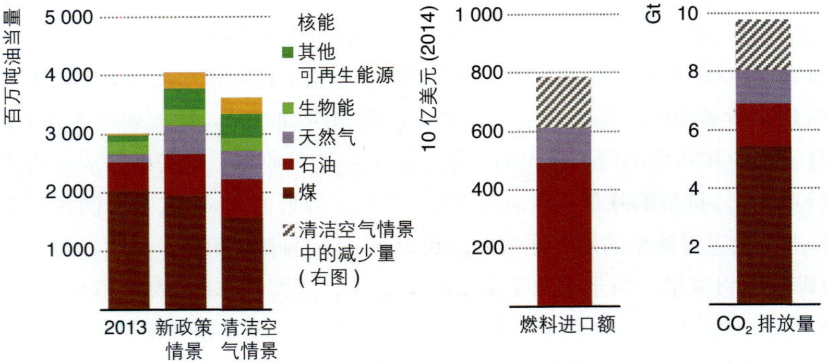

图 7-12 2040 年各情景下中国的能源需求以及能源行业的关键指标

资料来源：IEA，IIASA。

参考文献

[1] Clean Air Asia (2015), "Air Pollution Prevention and Control Progress in Chinese Cities", www.cleanairasia.org/wp-content/uploads/2016/03/ChinaAir2015-report.pdf, accessed 3 June 2016.

第8章 印度

• 在全球污染最严重的20座城市中，印度就占11座。印度空气质量恶劣，已成为一个重大的公共卫生难题：2015年，室外和室内空气污染分别导致约59万人和100万人早亡。现在，印度的平均预期寿命因空气污染减少了23个月。人口发展趋势、收入增加、城市化和工业化进程的加快都加速了其能源消耗，致使空气污染日益严重。

• 新政策情景中，印度现有和规划中的政策有助于遏制污染物排放的增加：尽管经济增长强劲，到2040年，SO_2和NO_x的排放量仅各增加10%左右，$PM_{2.5}$的排放量仅增加7%。《新环保修订规则》在削减电力行业污染物的排放方面甚为有效，而且印度新Ⅵ标准降低了交通行业的NO_x和$PM_{2.5}$排放量。然而这些成绩为工业和转换行业中排放物的飙升所抵消。最终结果是，一直到2040年，空气质量仍需要政策对其重点关注。虽然预期寿命平均损失时间下降到16个月，但因室外空气污染造成早亡的人数增长超过90万。而随着清洁炉灶的大范围使用，与室内空气污染有关的早亡人数降至80万左右。

• 清洁空气情景说明，在一个尚未建立大量能源和工业基础设施的国家，及时采取更为严苛的空气保护法规可以对公众健康产生积极的影响。让全民使用清洁炉灶，对重型车辆施加排放标准，对工业和转换行业施以更严格的燃料质量标准和排放限制，都有助于到2040年实现排放量的显著下降：与新政策情景相比，SO_2排放量下降70%以上，NO_x排放量下降一半以上，$PM_{2.5}$的排放量更是削减80%。到2040年，预期寿命平均损失时间降至8个月，由室外和室内空气污染引起的早亡人数分别降至56万和36万左右。在清洁空气情景中，居住在符合世界卫生组织（WHO）空气质量指南地区的人口比例，现在还不到1%，2040年将达到10%左右。

8.1 能源与空气质量背景

现在的印度，在全球经济和能源中的地位正经历着一场深刻的变革。随着中国经济增长放缓，能源密集度降低，印度开始成为全球能源需求的火车头。印度占全球人口的1/6，但能源使用量只占全球的6%，因此印度的能源消耗一定会迅速增长。为做好准备，印度已在供给侧和需求侧两方面出台了一系列新政。提高使用现代能源的普及率、增加收入，大力推进城市化和工业化（即通过“印度制造”战略），这些都是支撑印度能源前景的力量。但一个重大的风险摆在面前：这些政策很可能会导致本已恶劣的空气质量雪上加霜，尤其是考虑到煤炭（占44%）、生物质能（占24%）和石油（占23%）在印度能源结构中占重要地位，而在现在的能源比重中，天然气只占6%，可再生能源占2%，核能占1%。

印度人口稠密，平均每1平方千米约有420名居民，是美国人口密度的12倍，并拥有45座百万以上人口城市，其中很多城市的空气问题已相当严峻，如德里、孟买、钦奈和加尔各答。根据WHO数据显示，在全球污染最严重的20座城市中，印度竟占11座（见专栏8-1）。目前印度正处于经济发展的起飞阶段，经济问题和环境问题千头万绪，决策者需从中权衡利弊。尽管如此，在政策重点处理事项清单上，空气污染仍榜上有名，它已被定性为第5大死亡诱因（Atkinson R等，2011）。空气污染已在印度许多地方，尤其是在不断壮大的城市中产阶级中间，成为公众关注的热门话题。

自20世纪80年代中期，中央污染控制委员会（CPCB）发起一项国家空气监测方案，在全国范围内对环境空气质量进行监测。目前，有580多家在役空气质量监测站，覆盖了28个邦和5个联合属地的245座城市（包括上面提到的45座人口超百万城市）。许多监测点的颗粒物（PM）浓度超标（PM10浓度达到60 μg/m^3），因此当前应重点关注PM[⊖]。而越来越多的监测点的测量结果表明，NO_x的问题愈发严峻，其浓度接近或超过法定标准（40 μg/m^3）。另外，监测点SO_2的浓度通常低于设定限值（50 μg/m^3），这主要是由于燃烧的煤硫含量很低。

与其他地方一样，印度空气污染的来源多与能源相关，包括车辆、热电厂、备用发电机、砖窑厂、工业活动以及用来做饭和取暖的生物质燃烧。同时，道路扬尘、垃圾和农业燃烧和建筑活动等与能源无关的排放物是造成空气污染的重要因素。住宅领域，特别是传统生物质的使用，是$PM_{2.5}$排放的罪魁祸首，占印度总排放量的近2/3。使用传统方法，燃烧生物质来做饭和取暖仍然是农村地区能源供应的支柱：现在印度约2/3的人口用固体燃料作为做饭的首要燃料。这一做法的负面结果主要体现在妇女和儿童身上，使他们成为室内烟雾环境的最大受害者（见第3章聚焦点）。

NO_x的排放主要来自于运输业，它占总排放量的40%，其次是电力行业占30%左右，工业和转换行业占20%左右。运输业的NO_x排放多数来自于公路运输，其中主要来自载

⊖ 颗粒大小是确定其影响人体健康程度的一个重要系数：“粗颗粒”的直径介于2.5 μm和10 μm之间，“细颗粒”直径小于2.5 μm。

物货车和公共汽车等重型车辆。在印度，虽然拥有私家车的趋势越来越明显（在其他新兴经济体和许多工业化国家亦如此），但公交车和火车等公共交通工具仍然是人员流动的重要载体。

能源行业的 SO_2 排放中，电力行业占了一半。在印度电力系统中，煤炭是核心燃料，提供了近 3/4 的电力供应。印度的煤炭硫含量相对较低，但灰分含量高，目前产出的煤中，灰分含量达到 30%以上，有的甚至接近 50%。进口煤，特别是从印度尼西亚进口的煤，灰分含量适中，硫含量也很低。印度国内煤炭的成分构成加重了颗粒物的排放问题，如果不加以适当控制，高灰分煤将增加粉尘排放量。2015 年，印度制订了一套针对大型燃烧设备 SO_2、PM 和 NO_x 的排放标准，取代了之前主要针对颗粒物的标准。

尽管之前许多工厂没有针对 SO_2 和 NO_x 的排放标准，但却安装了相应的控制技术，可这些设备往往质量欠佳，或操作效率低下。PM 排放条例的颁布，督促许多煤电厂安装颗粒物控制技术：据估计，印度 85%以上的煤电厂都采用了某种形式的控制装置，最常见的就是静电除尘器（ESP）。但小型工业发电厂和供热企业往往没有这种控制装置。最先进的 ESP 除尘率高达 99%，但这需要控制装置和设备的操作特性与煤种稳定匹配。当前印度面临与污染控制条例大规模脱钩的现象，对设备的减排采取严格的监控措施和标准乃是当务之急。

专栏 8–1 德里：通过能源和空气质量政策解决污染源问题[⊖]

德里是印度的首都，这里居住着 1 600 多万人口，近十多年来一直饱受恶劣空气的困扰。$PM_{2.5}$ 的环境浓度超过世界卫生组织空气质量指引值的 10 倍（见第 1 章）。因此德里被冠之以“全球污染最严重城市”的称号。

虽然运输业经常成为媒体关注的焦点，但德里的空气污染源仍呈多样化趋势。为应对这一问题，德里近十多年来落实了几项关键措施，其中包括：

- 规定污染严重行业迁出德里，如纤维素生产业、水泥制造业、化肥和无机化工品生产业、造纸业、橡胶业、木材工业和砖窑厂。
- 所有公交车、三轮车和出租车从柴油转为压缩天然气。此外，在德里注册的机动车辆早于其他地方采用国家排放标准。
- 煤电厂转为以天然气做燃料。
- 禁止在德里露天焚烧垃圾。
- 最近，印度政府对私家车颁布限号令，规定私家车根据其车牌号每隔一天才能上路。

上述措施对解决特定污染源问题已初见成效，但其有利效应很快就被庞大的

⊖ 此分析是国家环境工程研究所（NEERI）A. Bhanarkar 等人和国际应用系统分析研究所（IIASA）P.Purohit 等人合力开展的持续性研究的一部分。

8

人口和经济活动所抵消。因为初级和次级 PM 源源不断从外地区进入，所以在任何情况下，地方性措施本身不足以实现城市的低 PM 浓度：在上风向实行严格的排放管控才是解决污染问题的上上之选。若要显著减少空气污染，德里要采取一套综合性方案，包括解决所有主要污染源的问题，适当考虑地域来源和扩散模式。

传统的生物质能做饭和两家煤电厂（Badarpur 和 Rajghat）的运营是德里 $PM_{2.5}$ 排放物的两个主要来源。此外，如果不采取行动来减排，那么在现行法律下，预计未来 15 年德里 PM 排放量将增加 25%，见图 8-1 所示。但如果能在电力行业和传统的露天做饭两方面采取行之有效的减排措施，同期排放量将减少 35%。

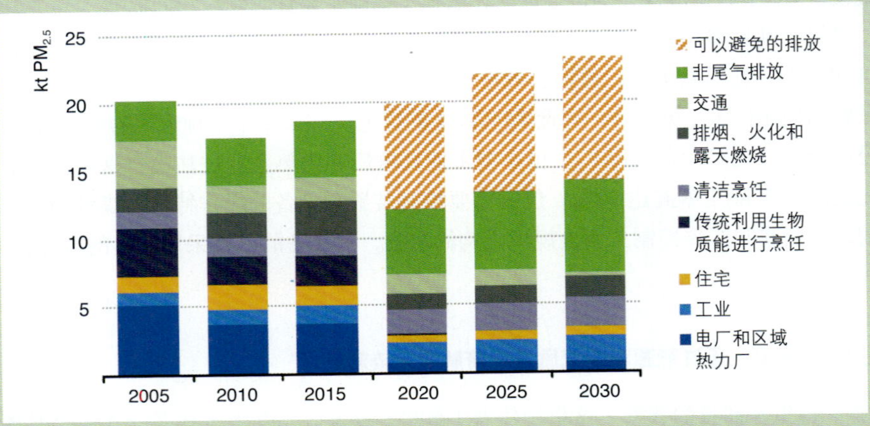

图 8-1　德里电力行业和利用生物质能做饭 $PM_{2.5}$ 排放的减少

8.2　2040 年空气质量展望：新政策情景

预测到 2040 年，印度经济总量将扩大 5 倍以上，能源消费增加一倍多，绝对增数超过任何一个国家。经济增长将使数以百万计的人口收入提高，生活质量改善，电力普及，摆脱贫困。启动大规模投资以满足不断增长的能源需求，是印度将面临的一个重大挑战。而在实现经济增长的同时，又能让能源生产对环境的影响得到有效抑制，这将是一个非常艰巨的任务。

到 21 世纪 20 年代中期，印度预计将成为全球人口最多的国家。到 2040 年，印度的人口密度将达到每平方千米 540 人，可与今天荷兰的人口密度相提并论。截止 2040 年，印度城镇人口将增加 3.15 亿人，与之相关的新兴基础设施建设及其所带动的住房和能源密集型产品需求大增，后者包括钢铁、水泥和玻璃。预计到 2040 年印度 3/4 的住房存量仍未建成，但机遇与挑战并存可以利用这一机会采用最佳效率模式（尤其是制冷系统）。另一需要解决的问题是适当的抑制灰尘，否则建筑活动中与能源无关的 PM 排放将和与能源相关的排放共同加速空气质量的恶化。在运输方面，根据新政策情景，富裕人群流动性更大，到 2040 年，印度的汽车保有量将新增 2.55 亿辆。

采取政策措施遏制空气污染物的继续增排至关重要。如果不考虑新政策情景下的政策力度，截止2040年，SO_2 和 $PM_{2.5}$ 的排放量将翻番，NO_x 排放量将增长近2.5倍。电力行业新出台的法规是限制 SO_2 排放量的重要因素，可以限制到2040年 SO_2 排放相对当前增长10%左右，同时不遗余力的在贫困家庭中继续推广清洁炉灶可以使 $PM_{2.5}$ 的增排速度放缓至7%左右。运输行业新颁布的客车标准可以将 NO_x 到2040年的增排量遏制在10%以内，如图8-2所示。

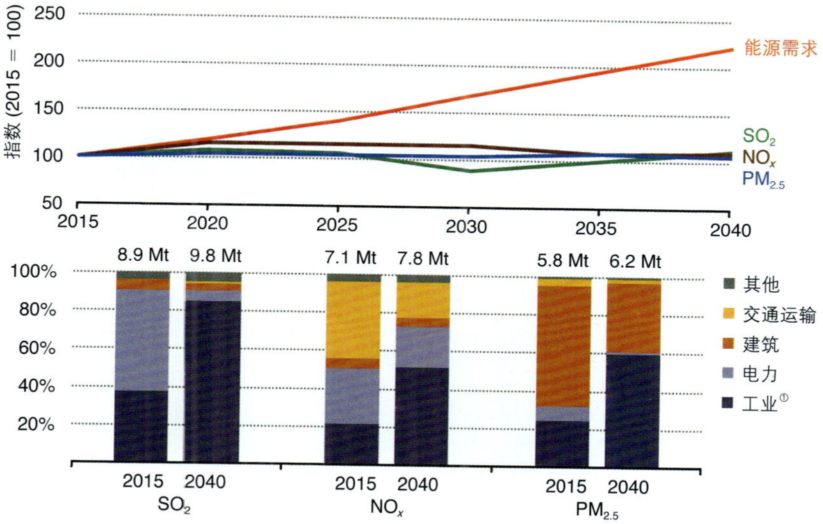

图8-2 新政策情景中，印度空气污染物和能源行业的排放情况

注：① 包括转换行业（发电除外）。
资料来源：IEA，IIASA。

空气污染对公众健康的影响依然十分严重。尽管已在所有行业采取了降低排放强度的措施，然而，尤其是 $PM_{2.5}$ 等污染物排放量的绝对增长，加上人口规模的不断扩大，由室外空气污染导致的早亡人数将明显上升。而与室内空气污染相关的早亡案例预计将从现在的每年100万例降至2040年的80万例。空气污染导致的预期寿命平均损失时间从现在的23个月降至2040年的16个月。

8.2.1 电力领域展望

展望期内，印度发电量将增加2倍以上。尽管政策重点支持使太阳能光伏发电（PV）和风力发电由发展迅速，煤炭仍是新政策情景中电力的支柱。到2040年，印度有1 500太瓦时（TWh）的额外电力来自煤炭，比其他发电来源表现出更强劲的增长势头。由于电厂通常在城市、城镇和村庄附近择地而建，如图8-3所示，因此对人体健康有十分明显的潜在影响。印度有近1/4的人口紧挨临电厂居住，不到5%的人口居住在毫无除尘设备的煤电厂附近，这种局面在未来将改善。

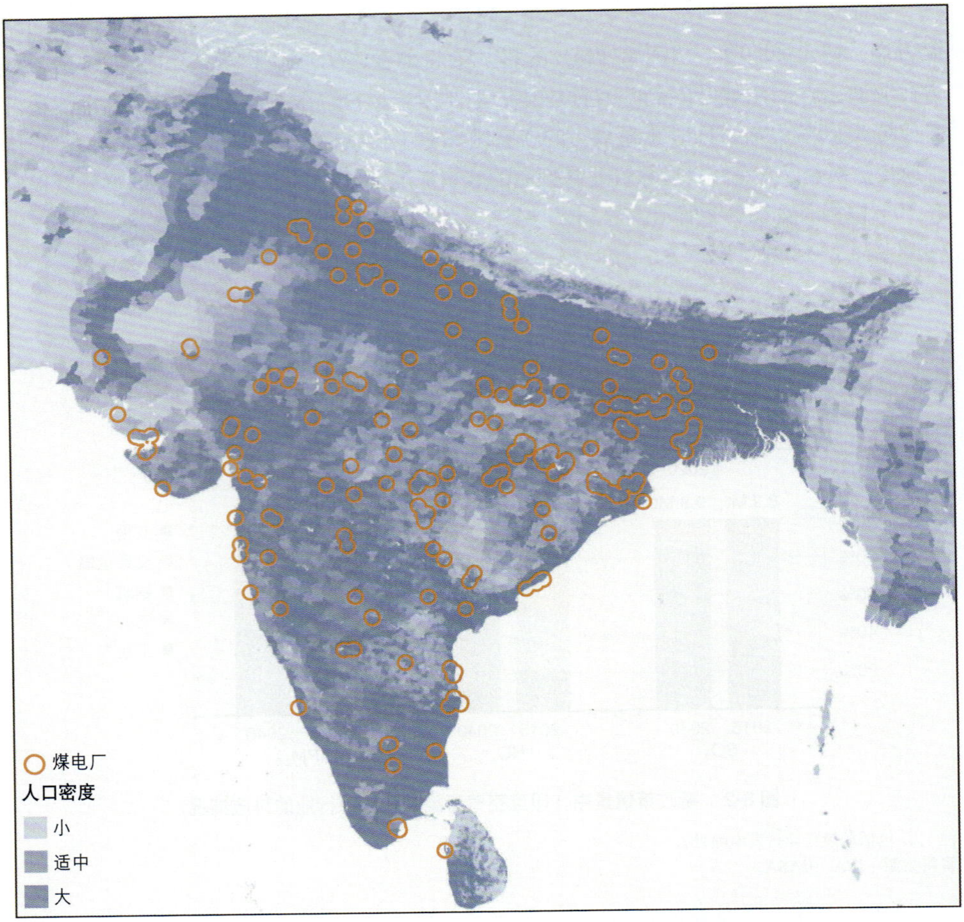

图 8-3　2015 年印度次大陆的煤电厂和人口密度分布概况

资料来源：IEA 基于普氏全球电厂数据库和 CoalSwarm 的分析。

2015 年 12 月，《环境保护修订规则》（EPAR）提高了对新建电厂和现有电厂的排放标准。对于颗粒物的排放限值，新建电厂为 30 mg/m^3，而现有工厂则依据其建成年份设为 50 ～ 100 mg/m^3 不等。该规则也对煤电厂 SO_2 和 NO_x 的排放限值做了新规定，与欧盟和美国已有的标准相当。即使印度使用的煤种通常含硫量很低，新规则也要求加大脱硫和其他控制技术进行投资改造，并要求在 2017 年之前完全满足新规则要求。

延迟实施或不实施 EPAR 将面临巨大风险。与之相反，及时实施该规则并提高发电效率，使电源结构多样化可使得到 2040 年电力行业 SO_2 减排近 90%，从 470 万 t 降到 50 万 t，PM 排放量减少 3/4。（在当前政策和正规划的政策下，非生物质可再生能源和核能发电迅速发展，因此电源结构的多元化是可预见的）。到 2040 年，SO_2 的排放量只降低 20%以上，因为煤电厂 SO_2 排放量的急剧下降与部分燃气发电厂和生物质燃烧的增加所抵消。实施 EPAR 需要对现有庞大的 174 吉瓦（GW）燃煤电厂进行技术改造，采用现代控制技术，同时，展望期内预计建成的 305 GW 装机容量将引进最先进的技术，对 NO_x、SO_2 和 PM 进行有效控制。燃煤电厂可以燃烧低硫量的国内煤或从印度尼西亚进口低硫煤，遵守 EPAR 关于 SO_2 的规定。根据规定，输送距离超过 500 km 的煤的灰含量必须低于 34%，因此洗煤工序得以加强，进而有利于减少发电过程中产生的粉煤灰或 PM。在总减排量中，严格落实 EPAR 可以实现 SO_2 和 NO_x 减排 85%，$PM_{2.5}$ 减排近 90%，如图 8-4 所示。电力行业电源的多样化，或燃料的转换，可显著实现 NO_x 减排 11%，SO_2 减排 10%，$PM_{2.5}$ 减排 8%。其余的减排量是通过采取更高效的发电技术实现的。

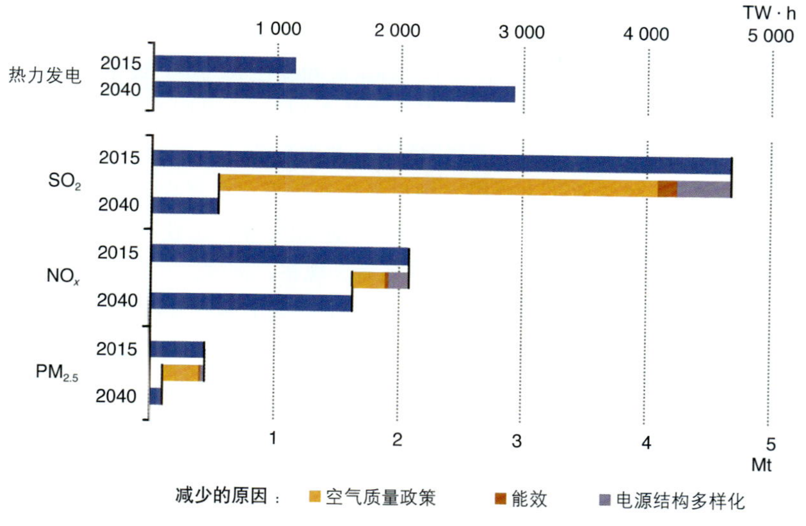

图 8-4　新政策情景中，印度发电和空气污染物排放的变动情况

资料来源：IEA，IIASA。

EPAR 设定的标准非常严格但可行。然而，这些标准的实现需要电厂严格遵守，严密监视，对违规现象严惩不贷。控制技术累计需要投资约 1 450 亿美元，虽数额巨大，但空气质量改善所带来的社会价值和公共卫生益处更是不可估量。而真正的难题在于找到一种方法，使采用了控制技术的发电厂可以收回额外成本，否则资金来源便没有着落。而在印度，电价受到严格监管，成本不能总是保证全部收回，故而更加艰难（IEA，2015）。

8.2.2　工业和转换行业展望

印度政府正试图通过“印度制造”战略对产业结构进行调整，转向以工业为主导的经济增长模式。这一战略好处众多，但对能源行业提出了额外要求（从单位国内生产总值的来源来说，通常工业所需的能源至少是服务行业所需能源的 10 倍），也对空气质量产生了直接影响。当今印度工业活动所排放的 SO_2 占整个能源相关排放的 1/3，$PM_{2.5}$ 占近 1/4，NO_x 占近 1/5。

印度 CPCB 正逐步在重点工业部门推行排放标准：如水泥和钢铁行业已制定了针对 PM、NO_x 和 SO_2 的排放标准，而铝业、大型造纸厂和小型锅炉等其他行业目前只对 PM 设定了排放限值。对于烟囱中 SO_2 的排放，通常的解决方法是依据其建成年份和规模制定最低烟囱高度规定和标准。然而，在某些情况下会在人口密集区施以严控，避免对人体健康造成更大的危害。其他政策措施也有助于遏制污染物继续增排的势头，特别是通过执行、完成和交易机制提高工业能效，这是一项基于市场的、可颁布效率证书的创新型交易方案，目前正在转换行业（包括炼油厂）中试验。

在新政策情景中，逐步落实更严格的工业排放标准有望改善几个重点工业部门的排放强度。但在多数情况下，印度现行环保法规的力度与其他国家相比较小。举例说，现在印度对多数钢铁制造工艺（如鼓风炉、烧结机和碱性氧气炉）设定的 PM 排放限值是中国的 3 倍（150 $\mu g/m^3$ 对 50 $\mu g/m^3$），是德国的 8.5 倍（世界钢铁协会，2014）。据预测，到 2040 年印度工业的环保绩效达不到国际最佳排放标准。

简而言之，尽管采取了多项提高排放强度的政策，在新政策情景中，工业产出的绝对增长仍将导致污染物排放量的绝对增加。到 2040 年，工业和转换行业排放的 SO_2、NO_x 和 PM 是 2015 年的 3.5 倍，如图 8-5 所示。现在，钢铁、水泥和化工石化这三个能源密集型行业产生了绝大多数各类污染物排放量，到 2040 年这种格局仍保持不变。现在，仅钢铁部门就占了工业和转换行业 $PM_{2.5}$ 总排量的 45%，而到 2040 年，原钢产量比 2015 年增加 4.5 倍，比例更是提高至 2/3 左右。尽管印度煤的硫含量很低，SO_2 的排放量依然大幅增加，在钢铁部门更是如此。与许多东南亚国家类似，砖窑毗邻人口居住区而建，即使在能源排放总量中的占比减少，但 SO_2 和 PM 排放依然居高不下，现在已经并将继续对人体健康构成严重隐患（见专栏 8-2）。

专栏 8-2 印度砖窑

世界砖产量的 90%左右集中在中国和南亚地区（包括印度、巴基斯坦、孟加拉国和尼泊尔）。印度是仅次于中国的全球第二大产砖国，估计每年产砖 2 500 亿块。制砖业能耗巨大，占工业能源需求的近 15%，因此成为空气污染物的重要来源：占工业 SO_2 的 11%和 PM 排放量的约 17%。印度砖窑约有 14 万座，从业工人 1 000 万以上（Maithel，2013），其中大量集中在超过印度半数人口居住的北部印度河恒河平原。

印度制砖业的结构与发达国家有很大不同。这里小厂众多，严重依赖传统的制砖工艺（包括固定烟囱牛沟窑和砖夹），不仅排放大量 SO_2，还排放出黑碳（从健康和气候变化的角度来说，这是一种极具危害力的 $PM_{2.5}$）。恒河平原之所以成为全球黑碳的重要来源地，部分原因是制砖业中生物质和煤没有实现完全燃烧。制砖业过度依赖体力劳动，砖窑靠近城市地区，每年的制砖时间集中在三到四个月，

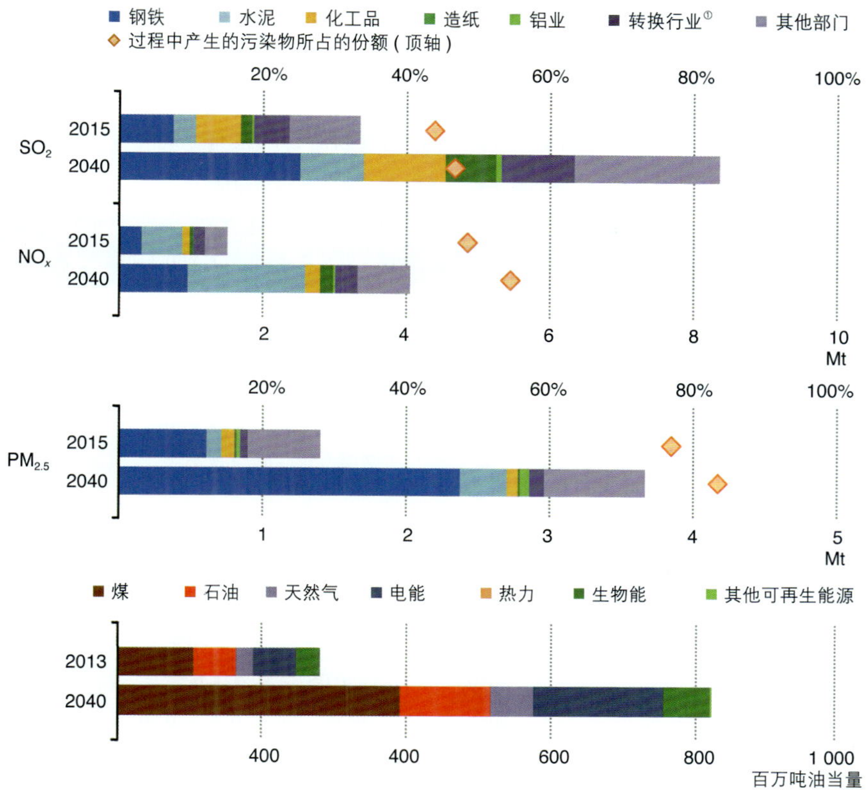

图 8-5　新政策情景中，印度工业和转换行业的空气污染物排放和能源结构

注：① 转换行业指化石燃料（如炼油、石油天然气的生产和液化天然气的终端产品），但不包括发电和供热。工业和转换行业包括非能源使用（主要是石油化工原料）。
资料来源：IEA，IIASA。

这些因素都加剧了对人体健康的不利影响。

印度当局早在 1996 年就着手设定排放标准，解决制砖业的排放问题，但收效甚微。这一行业非常分散，通过改善生产工艺（包括采用燃料内部燃烧方法，即充分利用燃煤电厂的粉煤灰）和采用更现代化的制砖技术（如锯齿形燃烧和砖窑建造可变轴）可减少 50%以上的 PM 排放（沙克蒂基金会，2012）。在现代化隧道窑中生产空心砖来取代实心砖，可显著降低排放量。

8.2.3　交通运输领域展望

过去 10 年，印度的客运车辆增长了近两倍，随之而来的是尾气和非废气排放量的强势增长以及对人类健康的更大危害：现在印度城市地区运行的客运车辆总数和里程总数占全国的 3/4 左右。20 世纪 80 年代中期，CPCB 制定了汽油车和柴油车的排放标准。现在印度全国范围内对轻型车和重型车采取的首个印度Ⅲ标准，相当于轻型车的欧3标准和重型车的欧Ⅲ标准。

许多人口稠密的印度城市早在2010年就采取了印度Ⅳ标准（相当于欧4标准），其严格排放标准的实施时间早于全国，见表8-1。印度政府已经宣布，到2017年在全国范

表 8-1　印度公路运输有关空气污染物的排放限值

目标车辆	燃料	标准	在销售和注册端实现时间	颗粒物排放限值	NO_x 排放限值	硫排放限值	单位
载客轻型车	汽油	Bharat Ⅲ	2010	–	0.15 ~ 0.21	–	g/km
		Bharat Ⅳ	2017	–	0.08 ~ 0.11	–	g/km
		Bharat Ⅵ	2020	0.004 5	0.06 ~ 0.082	–	g/km
	柴油	Bharat Ⅲ	2010	0.05 ~ 0.1	0.50 ~ 0.78	–	g/km
		Bharat Ⅳ	2017	0.025 ~ 0.06	0.25 ~ 0.39	–	g/km
		Bharat Ⅵ	2020	0.025 ~ 0.06	0.08 ~ 0.125	–	g/km
两轮机动车	汽油	Bharat Ⅲ	2010	–	1.0	–	g/km
		Bharat Ⅳ	2017	–	0.20 ~ 0.39	–	g/km
		Bharat Ⅵ	2020	0.045	0.06	–	g/km
	柴油	Bharat Ⅲ	2010	0.05	0.5	–	g/km
		Bharat Ⅳ	2017	–	0.20 ~ 0.39	–	g/km
		Bharat Ⅵ	2020	0.045	0.09	–	g/km
三轮机动车	汽油	Bharat Ⅲ	2010	–	1.3	–	g/km
		Bharat Ⅳ	2017	–	0.2	–	g/km
		Bharat Ⅵ	2020	–	0.085	–	g/km
	柴油	Bharat Ⅲ	2010	0.05	0.5	–	g/km
		Bharat Ⅳ	2017	0.042 5	-	–	g/km
		Bharat Ⅵ	2020	0.025	0.1	–	g/km
重型车		Bharat Ⅲ	2010	0.16 ~ 0.22	3.5	–	g/km
		Bharat Ⅳ	2017	0.03	3.5	–	g/km
		Bharat Ⅵ	特定城市在2020年	0.01	0.46	–	g/km
燃料质量	汽油	Bharat Ⅲ	2010	–	–	150	10^{-4}%
		Bharat Ⅳ	2017	–		50	10^{-4}%
		Bharat Ⅵ	2020	–	–	10	10^{-4}%
	柴油	Bharat Ⅲ	2010	–	–	350	10^{-4}%
		Bharat Ⅳ	2017	–	–	50	10^{-4}%
		Bharat Ⅵ	2020	–	–	10	10^{-4}%

注：限值范围反映了车辆大小不同或者发动机不同，只在选定区域较早实施印度Ⅵ标准。

围内让所有轻型车和重型车执行印度Ⅳ标准。2016 年 2 月，印度政府进一步发布了一份“草案通知”，力图到 2020 年 4 月让全国范围内的轻型车和重型车跳过印度Ⅴ标准，直接采用印度Ⅵ标准㊀。印度Ⅵ标准规定，汽油燃料和柴油燃料中的硫含量只能保留 10^{-6}，一举使印度走在全球燃油含硫标准的前列。

在减少道路运输空气污染方面，印度可谓举全国之力。在政策层面，各级政府举措不断落地。印度最高法院也根据德里多年来的实际情况裁定，车龄在 15 年以上的营运车辆需报废，所有营运载客汽车（包括公交车、出租车和机动三轮车）要使用压缩天然气（CNG），临时禁止销售引擎过大的新式柴油车。与关于（CNG）的措施一样，这些举措通常会以配套性国家级政策和市级政策的形式加以强化，虽然降低了排放强度，但带来的好处远被人员流动性和更持续强劲的需求量增长所抵消，因此，德里仍然是全球范围内重度污染城市。新出台的《2020 年国家电动车任务规划》，目的就在于到 2020 年实现每年销售 6 百万到 7 百万辆混合动力和电动汽车，并以两轮车为主。

智能城市可以对公共交通的城市规划和投资进行统筹，为遏制与运输相关的空气污染提供了一条光明大道。德里地铁轨道系统的发展(遵循了加尔各答和钦奈早期使用的系统)就是一个实例，包括北方邦首府勒克瑙在内，印度诸多大城市的政府当局也正在考虑推行地铁系统。另一个优选项是大力发展快速公交系统。截止到现在，印度已有 8 座城市运营了这一系统，每日可容纳乘客超 40 万人，公交专用线总里程近 170 km。其他城市的经验表明，取得上述成绩远非易事，但在艾哈迈达巴德市，这些举措已证明行之有效。

在新政策情景中，小客车的保有量将由现在的不到 20 辆 / 千人增加到 2040 年的 175 辆 / 千人，公路客运车辆的整体活动量增加 6 倍以上。尽管轻型车和重型车的燃油经济性将会改善，交通运输的石油需求量将从现在的 150 万桶 / 天上升到 2040 年 500 万桶 / 天(与其他地区类似，替代燃料的使用非常有限)。据预计，采用印度Ⅵ标准确实会抑制交通运输业中空气污染物排放的继续蔓延，如图 8-6 所示。就目前来说，交通运输业占印度能源 NO_x 排放量的 40%左右，但到 2040 年，这一比例将降至 1/5 以下，降幅达 50%，而排放量也下降至 140 万 t。这源于对重型车采取了更为严苛的排放标准，其中公交车起了关键作用。在新政策情景中，尽管印度有意将部分运输负载转移到新建的铁路货运专线上来，但绝大部分的负载仍由道路专线承担。尽管工业产值迅速增加，但鉴于印度Ⅵ 标准开始在某些选定城市逐步推广，截止 2040 年，货物运输的排放量将下降 40%。

交通运输业在整个印度能源 $PM_{2.5}$ 的排放中占比并不大，低于 5%，但重卡、公交车和二冲程摩托车的 PM 排放水平高于其他很多国家。据预计，控制公交车尾气排放（以及消除二冲程摩托车尾气排放）的成功将使整个交通运输业 $PM_{2.5}$ 的排放在未来 10 ~ 15 年呈下降走势，但随着客运车辆的增长抵消了部分排放量的下跌，排放量将趋于平稳。

废气排放也助长了 $PM_{2.5}$ 排放的增加。目前，其在运输业 PM 排放占比只有 5%，随

㊀ 对于重型车，印度Ⅵ意味着采用更严格的全球统一稳态试验循环（WHSC）和全球统一瞬态试验循环（WHTC）、非循环排放试验、运营一致性试验和发布定型便携式排放测量系统试验的规范。

8

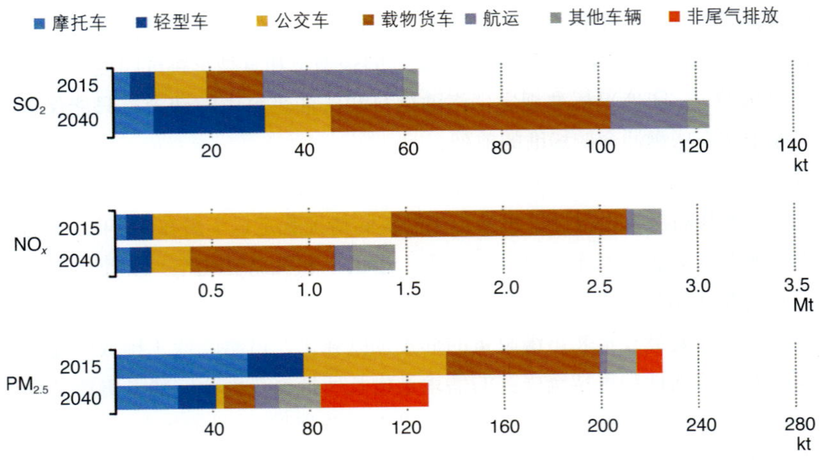

图 8-6　新政策情景中，印度不同运输工具的空气污染物排放

资料来源：IEA，IIASA。

着车辆活动量的增加，到 2040 年这一份额将升至约 35%。现在，运输燃料的排放量占整个印度能源行业 SO_2 排放量的 1%以下。据预计，展望期内，即便把规划中的提高相关燃料质量标准的举动考虑在内，多数与能源有关的 SO_2 排放量仍来自公路货运车辆。

8.2.4　建筑领域展望

现在，印度约 2/3 的人口用固体燃料作为做饭的主要能源。这一比重正随着城市地区减少使用固体生物质而悄然发生变化。25 年前，有 50%的城市家庭用固体生物质做饭，现在降到 25%。然而，农村地区的这一比重仍高达 85%左右。用固体燃料生火做饭的负面影响主要体现在妇女和儿童身上，这让他们生活在高浓度烟尘的室内环境，严重危害其身体健康。政府最近推出的 PaHal 计划旨在将液化石油气（LPG）作为一种更加清洁的替代能源加以推广，以缓解上述影响。该 PaHal 计划授权每一户合格的家庭每年购买 12 钢瓶液化气。购买后，政府将把补贴直接划拨到用户的银行账户上，这是一项全球规模较大、具有社会效益的转移支付方案。印度一直鼓励每个家庭采用效率更高的生物质炉灶，并将沼气加以推广，以此减少室内空气污染，但迄今为止并未实现预期效果。印度最近推出一项 UJJWALA 计划，免费为农村地区贫困线以下的妇女提供做饭所需的液化气。预计有生活在贫困线以下的约 5 000 万个家庭有资格从该计划中受益。

在印度，做饭并非是唯一助长室内空气污染的因素。占总人口 20%的约 2.4 亿人无法获得电力，尤其是在夜间用电高峰期，更有数百万人口遭受电力供应不稳之痛[㊀]。大范围的照明是采用煤油灯来实现的（仅有 1%左右的人口使用生物质、手电筒、蜡烛和

㊀ 加速电力普及的活动或清洁离网照明解决方案都源自于偏远村庄电气化计划（旨在提供清洁照明）、全球离网照明协会（GOGLA）的倡议和亚洲照明 / 印度消费者意识活动。

太阳能台灯）。有 30%的印度家庭（约 8 000 万人）长期使用煤油灯。煤油释放的烟尘中 PM 含量很高，特别是黑碳含量（见第一章，专栏 1-2）。

目前来说，建筑业燃烧活动排放的 PM 约占印度整个能源领域的 2/3（该部门占 NO_x 和 SO_x 排放量的比重不大）。据预测，印度力争到 2040 年全面普及电力，让每个家庭实现电气化，改善上述情况。这一努力，加上可靠的电力供应，将使采用煤油灯照明的做法成为历史。到 2040 年，因家庭燃料影响人体健康的程度将显著降低。

在新政策情景中，预计无法得到清洁炉灶的人数将从现在的 8.4 亿人降至 2040 年的 4.8 亿人，这些人全部生活在农村地区。到 2040 年，所有的城市家庭做饭将不再使用固体生物质和煤油，而是使用液化气，在某些地方还会使用管道天然气和电能。到 2040 年，得益于上述改善成效，建筑业 $PM_{2.5}$ 的排放量将比现在削减 40%，如图 8-7 所示。建筑业中的 NO_x，民用住宅和商业建筑的油耗量固然有所上升，但由于固体生物质使用率的下降，其排放量会略有下降。同时，由于固体生物质使用率的下降和煤油灯的逐步淘汰，SO_2 的排放量也会下降。到 2040 年，建筑业中的电力需求增加近 5 倍：电力行业中与建筑耗电有关的 SO_2 和 PM 间接排放量会下降（实施 EPAR 之后的成效），但 NO_x 排放量会翻番。

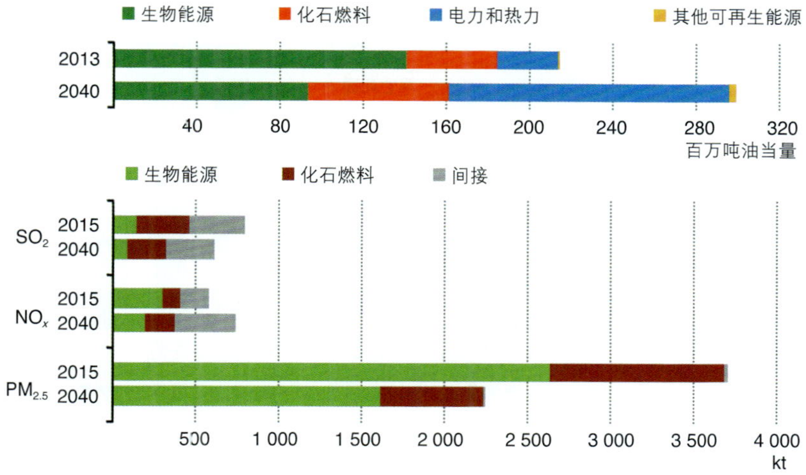

图 8-7　新政策情景中，印度建筑物及相关污染物排放的燃料能源需求

资料来源：IEA，IIASA。

8.3　2040 年，更好的远景：清洁空气情景

在新政策情景中，印度采取了诸多解决空气污染问题的重要措施，但以后需要更多措施。根据清洁空气情景，到 2040 年，仍然有 2/3 的印度人口要面对超过 WHO 中期目标 1（见图 8-8）的空气污染水平。与新政策情景相比，落实清洁空气情景提出的政策将使全国 PM2.5 的排放量削减到水平线的 80%以下。使得生活在空气污染水平超过 WHO 中期目标 1 的人口比例将下降到 20%以下。

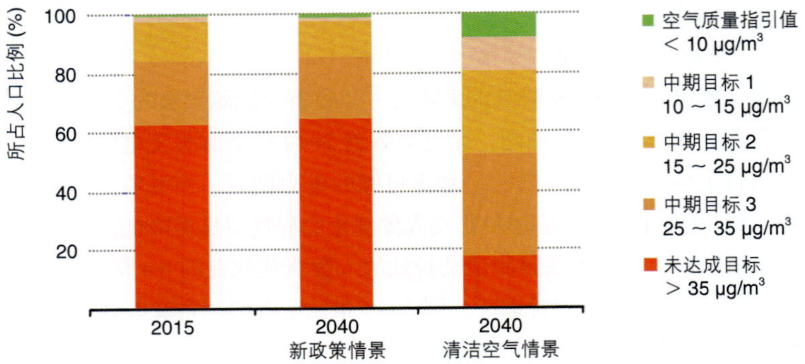

图 8-8 不同情景中，接触不同细颗粒浓度水平的印度人口（根据 WHO 目标）

资料来源：IEA。

清洁空气情景带来了公众健康的明显改善：到 2040 年，人们的平均寿命比新政策情景中的提高 8 个月，比现在提高 15 个月，如图 8-9 所示。相对于新政策情景而言，到 2040 年，与室外空气污染有关的早亡病例将下降 40%，有约 56 万人。到 2040 年，印度将全面普及清洁炉灶，使用传统生物质的人数减少，室内 $PM_{2.5}$ 的受害人群将大幅下降，届时与室内空气污染相关的早亡人数将降至 36 万例左右。

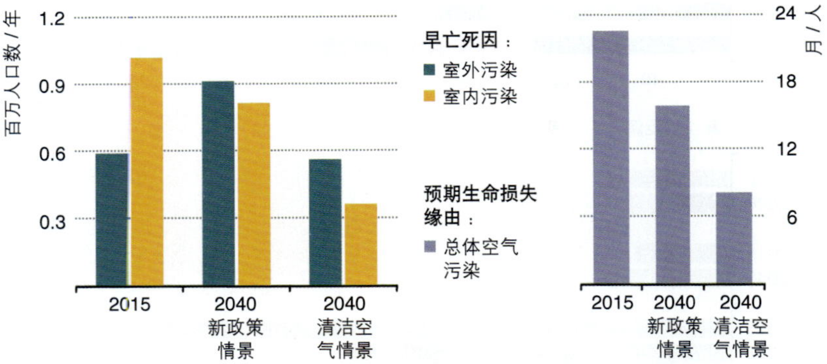

图 8-9　不同情景中，印度早亡案例和预期寿命的损失

资料来源：IIASA。

相对于新政策情景，在清洁空气情景中，到 2040 年，与能源相关的 $PM_{2.5}$ 排放总量下降近 80%，为 140 万 t，如图 8-10 所示。尽管各行各业对减排成效都有贡献，但最主要的是建筑业和工业，占到减排量的 90%，这得益于农村家庭推广现代化燃料和更富效率的炉灶以及工业 $PM_{2.5}$ 排放量的减半。在工业方面，主要的减排是在钢铁制造过程中实现的，这更加表明，在一个尚未大量建立自己的能源和工业基础设施的国家，及时执行严格的减排标准将会起到十分巨大的影响。

在清洁空气情景中，按绝对数算，电力行业和运输业的减排成果相对较小。然而，印度人口密度高，发电厂临近人口聚集区而建，再加上交通量迅速飙升，致使这两个

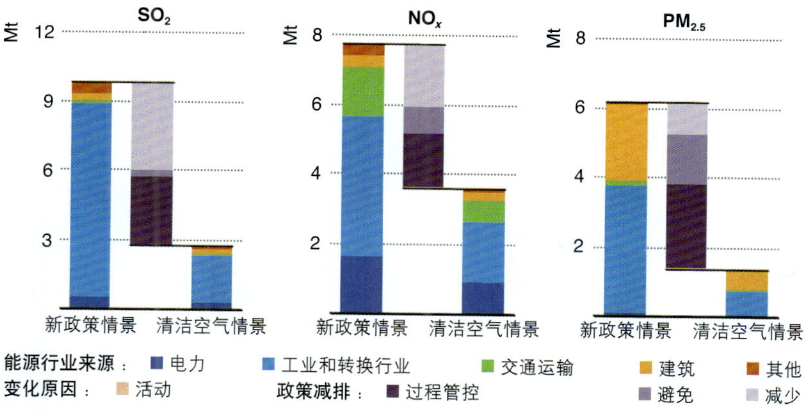

图 8-10　相对于新政策情景，清洁空气情景中 2040 年印度采取措施后的污染物减排量

资料来源：IEA，IIASA。

行业 PM 的减排对公众健康产生了不成正比的积极作用。相对于新政策情景，在清洁空气情景中，由于电力结构的进一步多元化和排放标准的提高，电力行业 PM 的排放量到 2040 年将减半。煤炭在发电中的比重将由现在的 73%降到 2040 年的 37%。相对于新政策情景，PM 排放量到 2040 年将下降近一半，而随着电动两轮车的推广，在车辆总数中的占比由今天的不到 1%增至 2040 年的 85%以上，使得两轮车和三轮车成了额外减排的主因。

2040 年，与新政策情景相比，清洁空气情景下 NO_x 的排放量将降低至 360 万 t，削减了一大半。其中半数以上的减排量来自于工业和转换行业，特别是来自水泥行业加工过程中排放量的减少。工业排放量稳中有升，因为改用清洁燃料的潜力有限，而且小型工业锅炉（与电站相比）通常会降低控制 NO_x 的有效性。因此，对大型设备实施更为严苛的排放标准依然是遏制工业和转换行业 NO_x 排放量增加的主要政策选项。来自公路货运车辆和公共汽车的进一步减排，交通运输业成为 NO_x 减排的第二功臣。电力行业 NO_x 排放量也会下降，到 2040 年，要比新政策情景中的低 45%，这一减排多数受益于可再生能源的快速推广和更加严格的监管。NO_x 控制技术的减排效率通常比 SO_2 或 PM 的控制设备低。因此，将基于燃烧的发电模式转型升级为用风能、太阳能或水能发电站，将大大减少 NO_x 的排放。

在清洁空气情景中，SO_2 的排放总量到 2040 年将降至 270 万 t，相对于新政策情景下降 70%。工业的减排贡献率占比 80%，反映了当下的监管力度不够。全部行业都将实现减排，其中最大的份额来自于发展最快的钢铁和水泥等行业。在新政策情景中，鉴于已经在 EPAR 下实现了发电过程中 SO_2 排放的锐减，所以电厂虽然是 SO_2 排放的主要来源，其对 SO_2 的减排贡献已经很小。

在清洁空气情景中，空气质量的改善获得补充益处。终端使用效率的提高和发电来源的多元化（逐渐去煤）表明，CO_2 的年排放量到 2040 年比新政策情景中的要少 12 亿 t

（见图 8-11）。在清洁空气情景中，石油进口量比新政策情景中的要低 13%，煤进口量减半，天然气进口提高 22%。

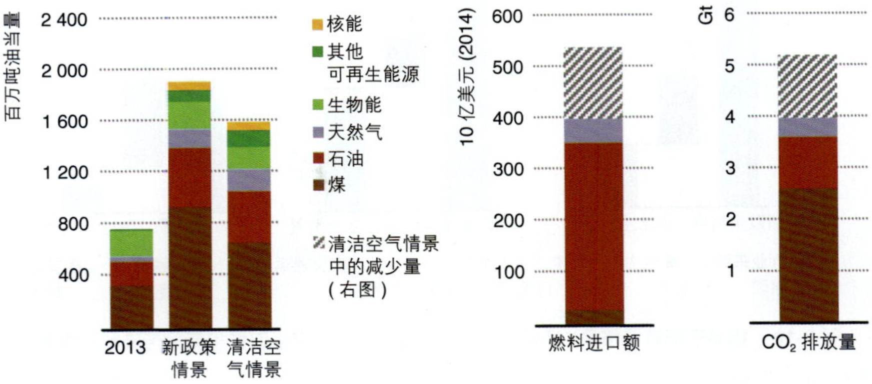

图 8-11　不同情景中 2040 年印度能源需求和能源行业关键指标

相对于新政策情景，到 2040 年，每年石油进口额下降 1 100 亿美元，煤炭进口下降 250 亿美元。而在清洁空气情景中，由于天然气进口的增加量被天然气价格的下降所抵消，其进口额保持不变。

参考文献

[1] Atkinson, R., et al. (2011), "Systematic Review and Meta-Analysis of Epidemiological Time-Series Studies on Outdoor Air Pollution and Health In Asia", Air Quality, Atmosphere and Health, Vol. 5(4), Springer, pp. 383-391.

[2] IEA (International Energy Agency) (2015), India Energy Outlook: World Energy Outlook Special Report, OECD/IEA, Paris.

[3] Maithel, S. (2013), Evaluating Energy Conservation Potential of Brick Production in India, South Asian Association for Regional Cooperation, New Delhi.

[4] Shakti Sustainable Energy Foundation (2013), "A Roadmap for Clear Brick Production in India", www.catf.us/resources/publications/files/Brick_Kilns_Performance_Assessment.pdf, accessed 3 June 2016.

[5] WHO (World Health Organization), Air Pollution: A Global Assessment of Exposure and Burden of Disease, WHO, Geneva, forthcoming.

[6] World Steel Association (2014), Air Quality Report, World Steel Association, Brussels.

第9章　东南亚

• 空气污染在许多东南亚国家都是一个十分迫切的问题，其污染来源和形式多种多样。不能忽视的是，能源行业在其中扮演着非常关键的角色。空气质量标准早已出台，但实际执行结果却不尽如人意。一些国家依赖传统生物燃料生火做饭，是空气污染的一个主要原因。2015 年，印尼与室外污染有关的早亡人数达 7 万人，与室内污染有关的早亡人数达 14 万人。

• 在新政策情景中，能源需求增长迅猛，2040 年将达到 11 亿 t 油当量，比当前高出 80%。严格的空气质量政策的缺失加上煤炭需求的强劲增长，导致排放量上升：从现在到 2040 年，SO_2 和 NO_x 的排放量都将增加 45%。而鉴于无法获得清洁炉灶的人口比重将从现在的 45%降到 2040 年的 30%，$PM_{2.5}$ 排放将降低 13%。但到 2040 年，这一地区依赖传统做法，使用生物质能生火做饭的人群仍达 2.25 亿人，空气污染对人体健康造成的影响依然严峻：到 2040 年，在印度尼西亚发生的与室外空气污染相关的早亡案例将升至 12 万例左右，与室内空气污染相关的早亡案例也只略降至 12 万例。

• 在清洁空气情景中，东南亚能采取有效措施的范围狭窄。与新政策情景相比，2040 年 SO_2 和 NO_x 的排放量将下降 75%，$PM_{2.5}$ 的排放量下降 85%。2035 年实现清洁炉灶的全面普及，2030 年实现电力的全面普及。这对人体健康是非常有益的：到 2040 年，印尼发生与室外空气污染有关的早亡病例将降至 1.9 万例，与室内空气污染有关的早亡病例将降至 4.5 万例。到 2040 年，80%以上的印尼人口将生活在空气质量达到世界卫生组织（WHO）规定的 $PM_{2.5}$ 浓度的环境中，而现在生活在达标环境中的人口只占 40%多。

9.1 能源与空气质量背景

东盟 10 国的经济、政治和能源情况各有不同，但都有一个共同点，那就是发展迅速。自 2000 年以来该地区的经济规模扩大了一倍，而人口也增长了约 20%，城镇人口比例从 2000 年的不到 40%增加到现在的 45%以上。经济和人口快速增长之后，随之而来的是能源需求的大幅增长，后者自 2000 年以来增长了 55%左右。

在此期间，能源需求的增长主要依靠消耗煤和天然气（均在 30%左右）、油（27%）和生物能源（10%），但水能、太阳能和风能等可再生能源的利用一直未取得增长㊀。然而，尽管能源供应源源不断，仍有近 20%的人口无法用上电，约 45%的人口无法获得清洁炉灶，转而用薪柴和木炭生火做饭。经济和能源需求迅速增长，加上城镇化进程的加快和依赖生物质能的传统做法，对空气污染构成了严重威胁。该地区多个国家已颁布空气质量标准（见表 9-1），而且一些标准已与 WHO 的中期目标同步，但其落实效果不好，排放浓度经常超标。

表 9-1　东南亚环境空气质量标准　（单位：μg/m³）

国家	$PM_{2.5}$		SO_2		NO_2	
	24 小时	全年	24 小时	全年	24 小时	全年
文莱达鲁萨兰国	—	15	—	—	—	—
柬埔寨	—	—	300	100	100	—
印度尼西亚	65	15	365	60	150	100
老挝人民民主共和国（PDR）	—	—	300	100	—	—
马来西亚①	—	35	105	—	—	—
缅甸	—	—	—	—	—	—
菲律宾②	50	25	180	80	150	—
新加坡	37.5（25）	12（10）	50（20）	15	—	40
泰国	50	25	300	100	—	57
越南	50	25	125	50	—	40

注：括号内的数值表示到 2020 年的长期目标。
① 2015 年中期目标。
② $PM_{2.5}$ 代表 2016 年修订后的标准。
资料来源：亚洲清洁空气中心，2016。

发电和工业加工所需的燃煤是当今东南亚与能源相关的 SO_2 排放的最大来源，合计占 SO_2 排放总量的 3/4（390 万 t）。印尼煤电厂的数量与其 SO_2 排放量一致，在数量上均

㊀ 深入分析本地区能源的发展、机遇和挑战，参见世界能源展望——2015 特别报道：东南亚能源展望，可登录 www.worldenergyoutlook.org/southeastasiaenergyoutlook 免费下载。

占该地区对应总量的一半左右。2015 年，东南亚与能源相关的 NO_x 的排放量有 570 万 t，其中约 2/3 是燃油造成的，且主要集中在运输业。自 2000 年到现在，东南亚的私家车数量翻番，从 1 000 万辆飙至现在的 2 000 万辆以上，反映出人民收入的增加。所以尽管两轮车、三轮车和公交车仍然是人员流动的重要载体，依旧造成了城市 NO_x 的排放增长，（见专栏 9-1）。在东南亚，来自能源行业的细颗粒物（$PM_{2.5}$）排放量非常高，2015 年有近 300 万 t，其中多数源自居住领域。超过 90% 的排放来源于家庭使用薪柴和木炭做饭取暖，有 2.75 亿左右的人口，占该地区总人口的 45% 无法获得清洁炉灶，其中约 9 800 万人在印尼。空气污染对该地区人体健康和环境产生了十分严重的危害。

专栏 9-1 从摩托车转向公共交通：雅加达

雅加达是印度尼西亚的首都，现在这座城市正在努力克服严重的空气污染：2013 年，市区监测到的 SO_2 年平均浓度达到 68 μg/m^3，NO_2 达 38 μg/m^3（BPLHD，2013）。自 2005 年以来，PM10 的浓度一直高于世界卫生组织标准，2012 年甚至达到 73 μg/m^3（24 h 小时平均值）（Firdaus R.，2013）。由此造成的影响异常严重：据印尼环境部开展的一项分析估计，2010 年雅加达每年为污染产生的健康影响花费的成本达 5.35 亿美元（Safrudin A. 等，2013）。

道路交通是雅加达空气污染的重要来源。2009 – 2014 年期间，雅加达客运汽车和摩托车的注册数量快速增加，年增长率达 12%。现在，雅加达路面上行驶了超过 300 万辆汽车和 1 300 万辆摩托车，加剧了交通拥堵和空气污染。另一个重要因素是 3 万辆公交大巴，大多数年久失修，有的大巴在生产时还没有执行任何排放标准，排放量非常高。公交车的购置税过高（16% ~ 20%，而私家车只有 6% ~ 10%），阻碍了对公交车的更新进程。

短期内，为减经环境污染对公共健康的影响，雅加达将继续减少燃料的硫含量，对所有载物货车和大巴进行升级，出台并严格执行燃料质量和尾气排放标准（Chambliss 和 Bandivadekar，2014 年）。类似的大部分措施由中央政府出台实施。为解决当地的与交通有关的空气污染问题，地方政府也可单独采取措施。鼓励低排量的燃料机动车就是一例，包括电动汽车和燃烧天然气的两轮车、三轮车、公交车和载物货车。另一个措施是针对雅加达多年来公共交通投资不足的情况，大力推进向替代性运输方式的转变，因为这座城市极端不利于步行和骑自行车，所以这成为该城市未来减排战略的重要组成部分。TransJakarta 是雅加达的快速公交系统，于 2004 年投入运营，2014 和 2015 年增添了专用车道。目前雅加达正在建设地铁系统。印尼可持续发展城市交通规划（NAMA SUTRI）将于 2014 – 2018 年实施 1 400 万欧元的项目，以资助交通需求管理项目，包括一些城市的步行和骑行，以及公共自行车设施建设。这些项目意义重大。总而言之，要解决雅加达的空气污染问题，就必须打破摩托车和汽车的垄断局面。

柬埔寨没有出台全国性的空气质量政策，但政府在 2000 年开始对空气污染施加严控，对固定污染源和移动污染源的环境空气质量制定了标准，对其排放量设了限值。柬埔寨的整体空气质量状况不容乐观。尤其在城市地区，PM 浓度非常高：柬埔寨首都金边是全球重度污染城市之一。空气质量、噪声和振动管理办公室负责管理和监测城市空气质量工作。然而，由于空气质量监测系统不健全（虽然国际社会的捐助在帮助制定相应的解决方案），整体的环境污染局势已对吴哥考古公园等世界遗产的保护构成重大威胁。目前，近 70% 的柬埔寨能源行业仍然依赖生物能源，近 30% 依赖石油，家庭的生物能源使用率占总量的 2/3，主要是使用生物能源做饭。柬埔寨在 21 届联合国气候变化大会上提出多项解决能源行业空气污染物排放的措施，如大力推广公共交通，提高建筑物能效，采用更高效的炉灶，扩大可再生能源的使用范围，这都将对缓解空气污染产生重大影响。

印度尼西亚（印尼）是东南亚最大的经济体，占该地区经济和人口总量的 40%，占主要能源需求的 36%。印尼对 PM 排放颁布的全国性环境空气质量标准符合 WHO 中期目标 1，但 SO_2 和 NO_x 则不然。印尼政府还针对空气污染制定了全国性的管制条例，规定工业活动和机动车辆的环境空气质量标准和排放标准。省级政府也可额外设定更严格的标准。在印尼，与能源有关的空气污染尤其来自运输业和发电过程，现在已演变成一个非常严峻的问题。空气质量监测系统虽然已经建立，但管制条例的执行力度明显不够，实时数据的采集能力也有限。能源行业以外的排放也大大加剧了印尼的空气污染：垃圾和森林的露天焚烧，通常来源于农业目的的非法造田，都是造成空气污染严重的重要原因。这也影响到邻国，引起最高政治层面的争议。

当前在满足印尼能源需求的能量中，36% 来自燃油，26% 来自生物质能，15% 来自煤炭。印尼是少数几个在 21 届联合国气候变化大会上公开表示决心解决能源行业排放问题的东南亚国家之一，其承诺要推出一项雄心勃勃的减排战略，其中包括到 2025 年"新能源和可再生能源"的占比增至 23%。马来西亚颁布的全国性环境空气质量标准整体与 WHO 的中期目标相符合，其最早可追溯到 20 世纪 70 年代晚期的环境空气质量（清洁空气）管制条例，并频繁进行审查。在空气质量的管理的历史背景下，马来西亚现在已建立了完善的监测体系，2011 － 2020 年环保战略规划也明确规定要保持良好的空气质量。目前来说，马来西亚能源需求的来源 43%来自天然气，35%来自石油，17%来自煤炭，其余很小一部分来自生物能源和水电。在 21 届联合国气候变化大会上，马来西亚无条件承诺，力争于 2030 年之前将温室气体的排放强度在 2005 年基础上减少 35%。具体方案有 2014 年排放强度减弱路线图（到 2030 年，CO_2 排放强度比 2005 年削弱 40%）和 2010 年可再生能源政策和行动计划。

菲律宾空气质量政策的基石是《1999 年空气清洁法令》，这部法案还给出了实施细则。现在，除了 SO_2 以外，菲律宾针对所有排放物颁布的全国性环境空气质量标准，均达到了世界卫生组织的中期目标或指导方针需求。近几年，菲律宾的减排事业取得了长足发展。尽管成绩不菲，且已制定了 44 套空气质量监测体系，《空气清洁法令》的实施力度和执行效果仍差强人意，其中运输业的排放和垃圾焚烧是最让人感到头痛的问题。现在，菲律宾能源的来源比较多元化：30%来自石油所占比重最大，24%来自煤炭，20%来自非生物质可再生能源，18%来自生物能源（其中一半用于家庭的烹饪和取暖），7%来自天然气。在21届联合国气候变化大会上，菲律宾在气候承诺中没有明确表示能源行业的减排目标，而是表示到2030年温室气体排放量较往常水平减少70%。

泰国正积极应对空气污染问题，其制定的空气质量标准部分达到WHO中期目标。泰国针对移动污染源和固定污染源颁布了法例，同时有53家空气质量监测站提供相关数据。长期被称为世界上污染最严重城市之一的曼谷已采取重大举措，减少运输业排放以提高空气质量(推行汽车和燃料排放标准、公交车改用天然气驱动和支持公共交通)。然而，由于泰国的能源和人员流动性需求持续强劲增长，管制条例的执行问题一直存在，所以空气质量仍然是一个重大的政策关切问题。现在泰国的能源有40%需要使用石油，28%来自天然气，13%来自煤炭，19%来自生物能源，这些能源的使用，在不同程度上造成了空气污染。在21届联合国气候变化大会的气候承诺中，泰国提出三个主要的能源政策支柱：电力发展规划、替代性能源发展规划和提高能效规划。这三项规划为实现后期目标提供了保障了准备，保证到2036年可再生能源在电力生产中占比20%，在能源总使用量中占比30%，以及同年的能源强度比2010年降低30%。

越南已采纳的环境空气质量标准符合WHO中期目标或推荐性标准。然而，其执行力度不够：在现实中，98%的人口暴露于$PM_{2.5}$含量超过WHO最终限值的环境中，其中运输业是主要的排放来源。越南正计划制定新的清洁空气法律。现在，越南能源使用量的3/4来自煤炭、石油和生物能源（其用量几乎相等），其余的14%来自天然气，8%来自水能。越南支撑气候承诺的措施包括能效政策，改变工业和运输业的燃料结构，在能源生产和使用中大力推广新能源与可再生能源。

9.2　2040年空气质量展望：新政策情景

在新政策情景中，东南亚地区的能源需求猛增，到2040年将达到1.1亿t油当量左右，是2013年水平的1.8倍。尽管近几年经济和人口增速放缓，人们纷纷放弃使用传统的生物质能，能效也有所提高，使得当前的能源需求有所降低，但其年均增长率仍比全球平均增长率高2.2%。能源需求的增长由电力行业的强劲增长驱动，其所需能源大部分来自燃煤，煤炭将超过天然气成为发电行业的主要燃料。尽管一些地区在做气候承诺时表示，要努力实现电力行业的去碳化，增加可再生能源的使用份额，但是据预计，到2040年，煤炭在电力生产中所占的份额将增加17个百分点，提高到近50%。在新政策情景中，单印度尼西亚就占了该地区能源总需求量增量的40%左右，以及占煤炭使用增量的45%，这是因为燃煤发电量在发电总量中的比重将从现在的一半左右增加至2/3左右。依赖使用薪柴和木炭生火做饭的人口占比，将从现在的45%降到2040年的30%，但届时仍有2.25亿人依靠传统的生物能源生火做饭。

预计能源需求的强势上升必然引起 SO_2 和 NO_x 排放量的飙升。SO_2 排放量随着发电过程中用煤量的增加而增加，后者占到 SO_2 排放增加量的 2/3，到 2040 年，SO_2 的排放量将在现有水平上增加 45%，达到 570 万 t（见图 9-1）。因此，2040 年左右，电力行业的 SO_2 排放量将与工业和转换部门的 SO_2 排放量平分秋色。到 2040 年，NO_x 的排放量将增加 50%左右，达到 830 万 t，其中总增量的 2/3 归因于电力行业用煤量的增加和运输业用油量的增加（汽车保有量将从现在每 1 000 名居民的 35 辆上涨至 2040 年的每 1 000 名居民的 80 辆）。工业和电力行业的 NO_x 排放量固然增势迅猛，但到 2040 年运输业仍是 NO_x 排放的最大来源，占总数的近一半。越来越少的地区使用传统薪柴和木炭生火做饭，因此 $PM_{2.5}$ 的排放量也缓慢下降，到 2040 年其降幅达 13%，减至 260 万 t 左右。然而，住宅领域仍然是 $PM_{2.5}$ 的最大来源，同时也是危害人类健康的关键因素。

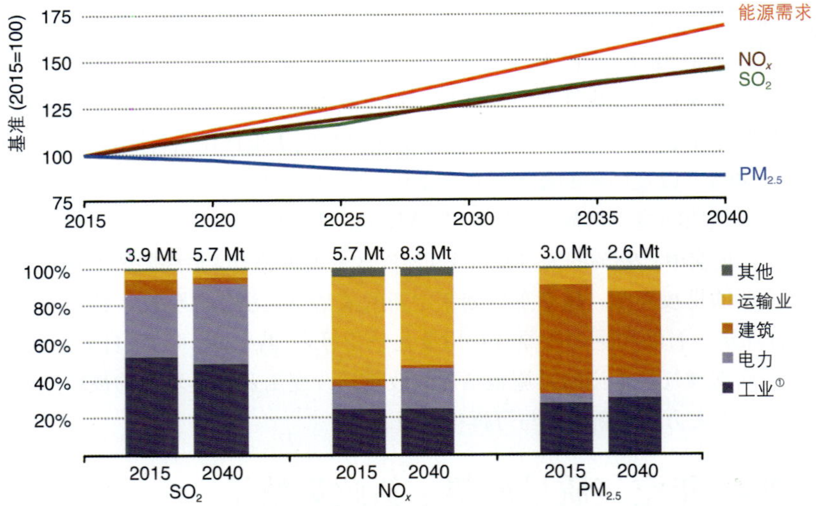

图 9-1　新政策情景下，东南亚地区空气污染物和能源行业的排放情况

注：① 包括转换部门（发电除外）。
资料来源：IEA，IIASA。

9.2.1　发电领域展望

虽然东南亚各国的电力系统发展情况不同，但在展望期内其电力需求都将强劲增长。从整个地区来看，到 2040 年，预计电力需求会增长两倍，接近 2 000 TWh。目前看，天然气是该地区发电最主要的燃料，比重达 45%。然而，该地区具有丰富廉价的煤炭储量，特别是印度尼西亚和越南，加之强劲的经济增长和电气化的普及，导致煤炭需求激增，将在 2020 年前后成为该地区电力生产的头号供应源。到 2040 年，其他所有电量都由燃煤产生。

该地区所有主要的煤炭消费国都制定了排放法规，但标准的严格程度不尽相同。比如说，泰国的新建工厂在一般情况下必须满足 180 mg/m^3 SO_2 排放级别（与欧盟和美国的规定大体相当），这项措施充分吸取了 20 世纪 90 年代的教训：一家褐煤发电厂引发了 SO_2 严重污染。印尼和越南对 SO_2 的排放标准就略显宽松（已建电厂和新建电厂要分别达到 750 mg/m^3 和 500 mg/m^3 的标准），但印尼低硫煤的普及会在一定程度上缓解 SO_2 的排放问题，现在印尼低硫煤正越来越多地输送到整个东南亚地区的电厂。PM 和 NO_x 的排放在所有主要的耗煤国同样受到监管，但严格程度因国家而异。一般来说，新建电厂的限值要比已建电厂的严格。例如，马来西亚和印尼对新建电厂 PM 排放的限值分别设定为 50 mg/m^3 和 100 mg/m^3，而越南规定，新建电厂的排放限值只需达到 200 mg/m^3 即可。

专栏 9–2 在东南亚地区，清洁用煤技术在缓解空气污染中发挥的作用

在新政策情景中，东南亚将在展望期至 2040 年期间日益依赖燃煤发电。该地区已有约 145 GW 的燃煤装机容量。故此遏制空气污染物排放量增长的关键在于采用最佳可行的技术。全球范围内的燃煤电厂正逐渐采用超超临界技术（使用效率通常在 40%～44%之间）。中国所有超超临界电厂装机容量达 130 GW，排第二位的日本有 16 GW，排第三位的欧盟有 8.5 GW。日本一直致力于开发高效率的燃煤技术：矶子区超超临界电厂早在 2002 年就已并网（第二组装机 2009 年并网）。矶子区电厂是日本为实现清洁高效用煤而采取的政策体现。该工厂位于东京市（日本人口最稠密的城市之一）附近的横滨，装有烟气脱硫设备和一个多功能污染物控制系统，可去除 NO_x、粉尘和汞。$PM_{2.5}$、SO_2 和 NO_x 的排放量相当低，分别只有 1 mg/m^3、6 mg/m^3 和 20 mg/m^3，实现了 42%的使用效率。

马来西亚是东南亚第一个采用超超临界发电技术的国家。位于吉隆坡北部约 200 km 的红土坎附近的曼绒 4 号机组，于 2015 年并网，使用效率达到 40%。该电厂装有海水烟气脱硫系统（FGD），去 SO_2 率高达 90%，使 SO_2 的排放量仅为 200 mg/m^3，远低于国家 500 mg/m^3 的监管标准。采用空气分级燃尽风设备，再结合其他减少 NO_x 排放的措施，使得电厂 NO_x 的排放量可降至 500 mg/m^3，做到与国家规定完全一致。曼绒 4 号机组采用纤维过滤器系统控制颗粒物的排放，使电厂 $PM_{2.5}$ 的排放低于 50 mg/m^3 的标准。泰国也即将效仿这项措施，在湄摩电厂安装了一套超超临界褐煤机组，预计于 2018 年并网。该电厂将安装一套 SO_2 去除率高达 98%的烟气脱硫系统和 PM 去除率高达 99.9%的静电除尘器。在东南亚地区推广更富效率的燃煤电厂的可能性巨大（IEA，2015）。然而，这一技术的部署面临诸多难题，包括财力不足，以及如何建立能够实现上述能效潜力的运行能力。

展望期内，东南亚电力生产排放的大气污染物显著增加：SO_2 排放量几乎翻番，$PM_{2.5}$ 排放量增加一倍，NO_x 排放量增长 2.5 倍。这一趋势主要是由用电量的强势上涨和煤炭使用量加大引起的。尽管东南亚的政府对新建煤电厂设定了更严格的排放标准，并致力于超临界和超超临界电厂的建设，上述趋势仍不可逆转（专栏 9-2）。另外，因为 3/4 的于 2040 年进入运营的燃煤电厂目前尚未建立，因此及时制定更严苛的排放标准意义重大，影响深远。展望期内，可再生能源比重增加，新建电厂执行更严格的排放限值，SO_2 和 $PM_{2.5}$ 的排放强度（以千吨污染物 / 每太瓦时表示）如图 9-2 所示将明显降低。预计对新建电厂 NO_x 的管制还不够严格，特别是考虑到天然气和燃煤电厂比重的强势增长，NO_x 排放强度将不会下降。

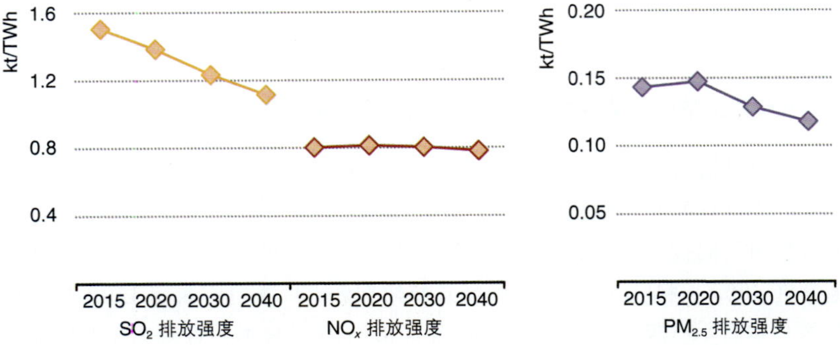

图 9-2　新政策情景中东南亚电力行业不同污染物的排放强度

资料来源：IEA，IIASA。

政府要应对电力行业大气污染物增加的问题，可对新建电厂制定更严格的排放标准，但据测算，污染物的排放仍以绝对数字增加，这引起人们的担心和忧虑，特别是在爪哇和越南北部等人口稠密区，这里的煤电厂更是密集如图 9-3 所示。从长远来看，通过对日后新建电厂降低排放水平，极力鞭策现有电厂运用有效控制技术进行技术改造，继续改善空气质量的空间还很大。

9.2.2　工业和转换行业展望

印尼、泰国和越南的工业化水平较高，在东南亚地区的经济权重较大（2014 年占该地区国内生产总值的 60%左右），该地区工业和转换行业的空气排放污染物占比很大。在东南亚，与工业活动有关的排放量增长惊人，目前来说，占与能源相关的 NO_x 和 $PM_{2.5}$ 排放量（分别为 140 万 t 和 80 万 t）的 1/4，SO_2 排放量（210 万 t）的一半。现在多数国家已制定排放标准并颁布律法，以遏制工业和转换行业空气污染物排量的继续增长。在印尼，早在 1988 年就首次推出排放标准，并于 1995 年和 2008 年相继对其重新修订。在工业锅炉方面，排放标准涵盖 PM、SO_2 和 NO_x。越南于 1995 年首次对排放量进行管控，并于 2009 年设定了最新的排放标准。与多数国家不同，越南制定排放标准的依据是基于工业设施的大小和坐落位置。泰国于 2006 年发布工业厂房的排放标准，其中涵盖了从燃

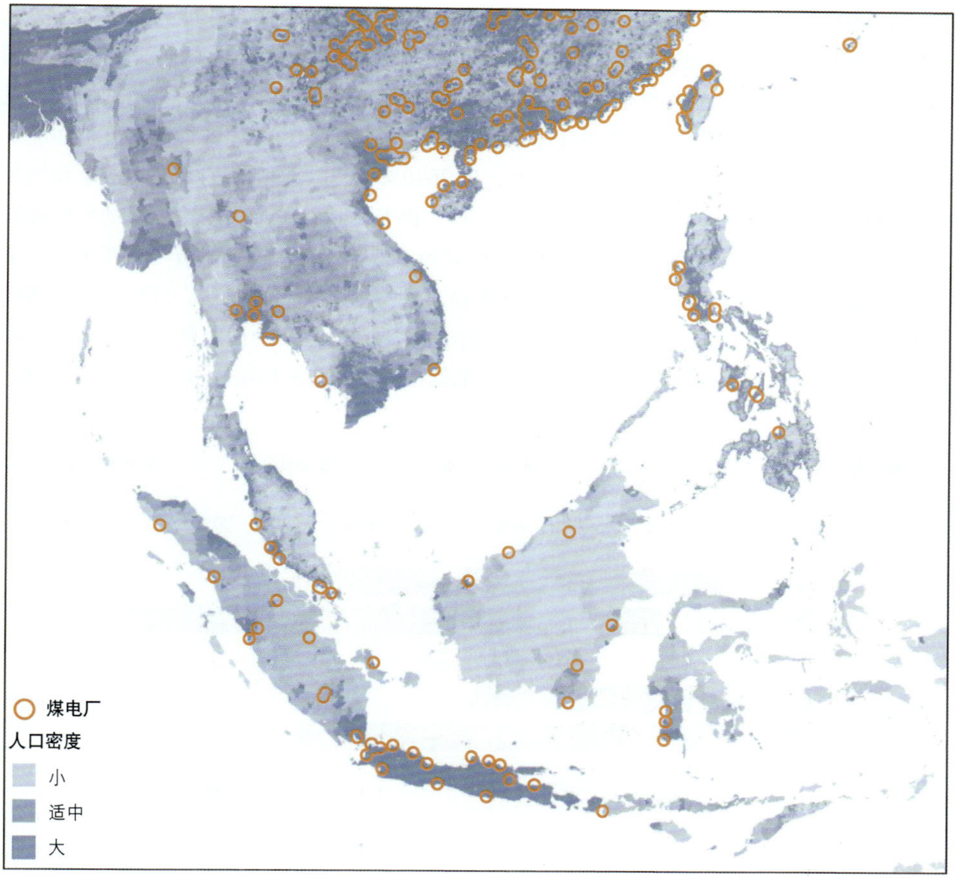

图 9-3　2015 年东南亚燃煤电厂和人口密度的分布概况

资料来源：IEA 基于普氏全球电厂数据库和 CoalSwarm 的分析。

烧到与加工有关的工业活动中所有的主要污染物。另外针对炼油厂、水泥厂、钢铁工艺和化学品生产做了具体规定。菲律宾于 2000 年设定了排放限制，将燃料燃烧设备与其他工业固定污染源做了区分，并规定，将根据排放源与城市地区的距离，设定不同的限制条例。马来西亚早在 1978 年就对工业和转换行业制定了排放标准，其范围包括现有厂房和新建厂房。这一标准还对某些行业（如沥青混凝土和水泥工厂、硝酸或硫酸制造商）实施了具体的灰尘限制。工业排放是新加坡一个重要的空气污染源。《环境保护和管理（空气杂质）条例》于 2001 年颁布，其中对大气污染物的排放标准做了规定，该条例可以取代自 20 世纪 70 年代以来一直沿用的所有法规。2015 年，新加坡对包括 NO_x、SO_2 和 PM 在内的污染物提高了工业排放标准，体现了政府为改善空气质量和保障公众健康将持续作出努力。另外还设定了燃料含硫量的限值，对 SO_2 的排放量实行严格管控。

许多东南亚国家在制定排放标准的同时，还积极致力于提高工业能效。最突出的就是印尼发布的《国家节能总体规划》、越南的《最低能效执行标准》和泰国的《未来 20 年提高能效规划》。这些政策合力一改以往的趋势，有效限制工业活动污染物的增加，但仍无法完全抵消该地区日益增加的工业活动的影响，在 NO_x 和 SO_2 的排放上更加印证了这一点，如图 9-4 所示。在新政策情景中，到 2040 年，与工业相关的 SO_2 排放量将增加 1/3，NO_x 排放量增加一倍。在工业和转换行业，涉及支持经济增长的建筑活动所排放的污染物增长最快：从现在到 2040 年，虽然纸浆和造纸工业是污染物排放十分严重的污染源，尤其是 SO_2 排放，但其严重性不及钢铁和水泥业，这两个行业占了 SO_2 和 NO_x 增排量的 1/3 以上。鉴于印尼在该地区工业活动中的权重，仅这一个国家就占该地区 SO_2 和 NO_x 增排量的 40%以上。截止 2040 年，单印尼钢铁业中这 3 种污染物的排放就翻了两番。

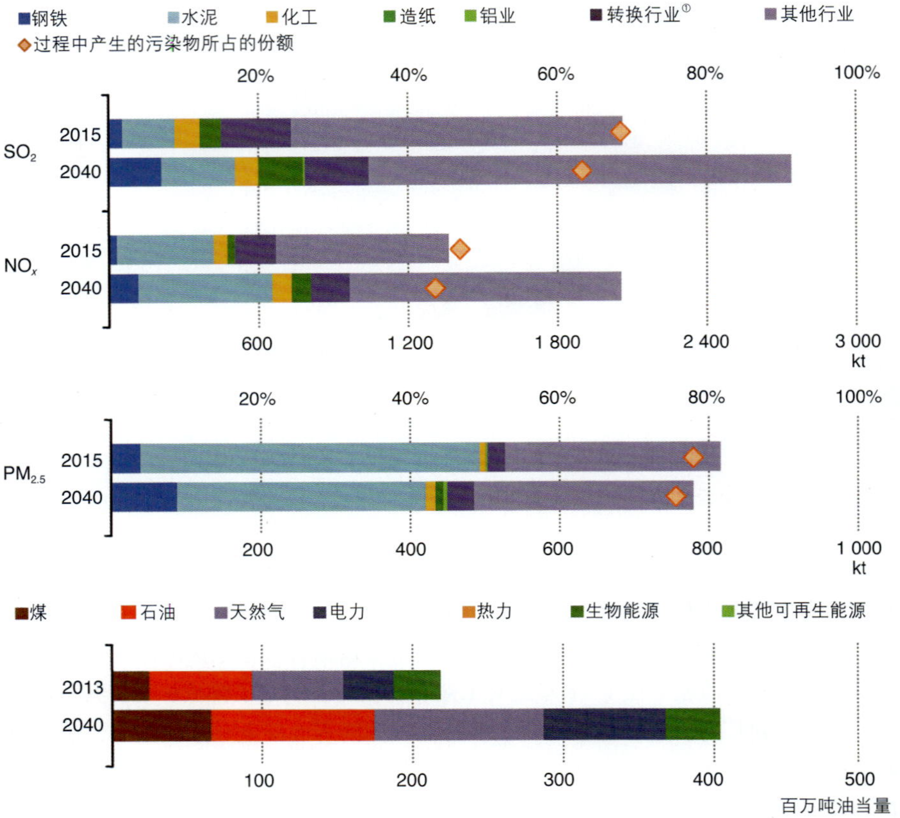

图 9-4　新政策情景中，东南亚地区工业和转换行业的空气污染物排放和能源结构

注：① 转换指化石燃料生产（如炼油、石油和天然气开采液化天然气终端），但不包括发电和供热。工业和转换行业包括与能源无关的使用（主要是石油化工原料）。

资料来源：IEA，IIASA。

由于东南亚新出台了空气质量措施，$PM_{2.5}$ 的排放将得到较好的管控。新政策情景中，水泥行业的 PM 排放将在 2040 年回落。

在东南亚地区，如图遏制工业活动中污染物排放的不断增加，是一个相当棘手的难题，对经常出现无序管控的中小型企业和城市周边地区的砖窑来说，情况更是如此。但这仍是改善亚洲这一人口最密集地区的公众健康的优先解决事项。

表 9-2　东南亚地区道路交通中几类大气污染物的排放限值

国家	尾气排放标准			燃油中的含硫标准 1×10^{-4}%	
	轻型车	摩托车	重型车	汽油	柴油
文莱达鲁萨兰国	柴油－欧 1 标准 汽油－欧 2 标准 2016 年开始实行欧 4 标准			1 000	500
柬埔寨				1 000；通常低于 50	1 500；通常低于 500
老挝				500	2 500
缅甸				无限值；可用含铅燃油	2 000
新加坡	欧 4 标准－汽油 欧 5 标准－柴油 2018 年都实行欧 6 标准	欧 3 标准	欧 V 标准，自 2018 年实行欧 VI 标准	10	10
印度尼西亚	欧 2 标准－正计划在近期实行欧 4 标准		欧 II 标准	500	3 500
马来西亚	自 2001 年实行欧 2 标准－正计划在近期实行欧 4 标准	计划在 2016 年实行欧 3 标准		500	500
菲律宾	欧 2 标准 2016 年实行欧 4 标准			50	50
泰国	欧 4 标准：现行标准规定了汽油燃料车 CO 和碳氢化合物以及柴油车黑烟的排放限值		欧 IV 标准：现行标准规定了黑烟的排放限值	50	50
越南	欧 2 标准 计划在 2007 年实行欧 4 标准，2022 年实行欧 5 标准	欧 2 标准 计划在 2017 年实行欧 3 标准		500；计划在 2018 年达到 50	500；计划在 2018 年达到 50

资料来源：亚洲清洁空气中心，2011 和 UNEP，2015。

9.2.3 交通运输领域展望

东南亚国家的交通政策差异性很大：举例来说，柬埔寨、老挝和缅甸对机动车不施加任何排放标准，而新加坡对尾气排放的监管可以追溯到20世纪80年代，现在对轻型汽油车实行欧4标准，对轻型柴油车实行欧5标准，对重型车实行欧V标准（见表9-2）。新加坡的公共交通网络十分发达，其交通总体规划力争到2030年将公共交通工具的比重增至75%。越南也正在进行几个重大的公共交通项目，其中包括计划到2018在河内建起地铁轨道系统。东南亚十国中有五个国家在2016年前制定了等于或高于欧4标准的排放标准，但只有三个国家对重型车辆的尾气排放（占与运输相关的NO_x排放量的2/5以上）进行管制，只有新加坡的重型车标准达到欧V标准。多个国家的燃油质量低劣，含硫限值高达0.35%。虽然泰国自2012年就对轻型车实施了欧4标准，对重型柴油车实施了欧Ⅳ标准，交通仍然成为城市地区的一大重要污染源。

交通运输业是东南亚地区空气污染的一个重要来源：该地区与能源相关的NO_x排放量的半数以上来自交通运输业，2015年其排放量达到310万t，NO_x全部源自石油的燃烧，大部分（95%左右）源自道路交通，如图9-5所示，剩余的5%来自航空、航海和铁路运输。在新政策情景中，交通运输NO_x的排放强度到2040年将下降1/4，这是推行更为严格的排放标准的结果。而随着交通运输服务需求量的不断攀升，NO_x的绝对排放量仍会增加80万t：道路运输对石油的需求量将从现在的210万桶/天增至2040年的320万桶/天。在2015年道路运输排放的NO_x中，载物货车排放占到一半左右，且由于载物货车的排放量到2040年几乎翻番，届时载物货车将占到整个运输业NO_x排放量的3/5。导致这一结果最主要的原因是，在预计中，道路货物运输将快速增长，同时对能源的需求也增加近一倍，而在对载物货车的现行管制条例下，NO_x的排放强度只下降9%。相比

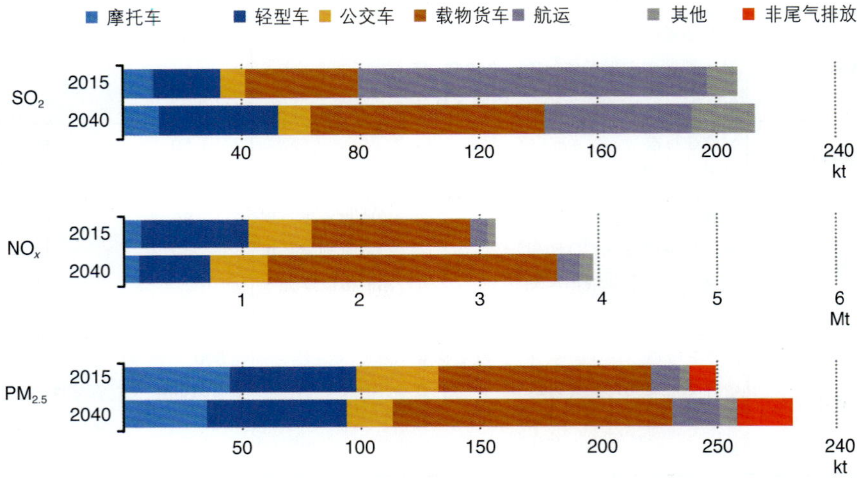

图9-5 新政策情景中，东南亚地区不同运输工具的空气污染物排放情况

资料来源：IEA，IIASA。

之下，尽管能源需求量涨势迅猛，但轻型车的 NO_x 排放强度会下降 65%，使 NO_x 的总排量削减 1/3。目前公交车占与运输相关的 NO_x 排放量的 14%，加上其对能源的需求量只是略有增加，其排放量到 2040 年将降低 8%。

目前来说，东南亚交通运输业的 $PM_{2.5}$ 排放量达 25 万 t，占整个与能源相关排放量的 8%。与其他地区一样，多数排放（近 40%）来自载物货车，但鉴于摩托车在满足该地区人员流动性需求方面所发挥的关键作用，所以摩托车也是一个重要的排放源。而由此产生的排放量（占总数的近 20%）集中在城市地区，对人类健康产生不利影响。15% 的与运输相关的 $PM_{2.5}$ 排放源自公交车。非尾气排放占与交通运输相关排放量的 5%，作用甚微，但因为对其没有管束，而且转换交通模式也不足以遏制非尾气排放的增长，所以预计非尾气排放的增加会比其他排放源 PM2.5 排放的增加更快。在新政策情景中，与交通运输相关的 $PM_{2.5}$ 排放量至 2040 年将增长 13%，达到 28 万 t。届时，非尾气排放将成为最大的污染来源，占比 37%。

交通运输业排放只占 SO_2 排放量的 5%，其中 55%来自航海业。在东南亚，船舶排放是一个不容忽视的问题，困扰着许多港口。在新政策情景中，由于油品质量的改善，海运排放到 2040 年将下降 60%左右。但载物货车的增排抵消了部分海运的减排，载物货车排放的 SO_2 占整个交通运输业 SO_2 排量的 18%，但随着载物货车运输量的不断上涨，这一比重到 2040 年将增加一倍。

9.2.4 建筑领域展望

东南亚地区家庭所消耗能源的 3/4 来自固体生物质。由于高度依赖这种固体燃料，加上所用炉灶技术含量低，导致这些国家的 PM 排放水平很高，家庭排放的 $PM_{2.5}$ 占该地区排放总量的一半以上。但这些令人气馁的数据还是无法掩盖过去 25 年取得的巨大的进步：20 世纪 90 年代初，依赖固体燃料的人口比重达 3/4，现在只有 45%（2.76 亿人）。该地区鼓励居民摒弃煤油（用于做饭和照明），因为虽然煤油的排放强度低于固体生物质，但可能引发灼伤、火灾、中毒以及室内空气污染。2007 – 2011 年，印尼开展了一项煤油转液化气活动，让印尼 1/3 以上的家庭使用液化气，而煤油用户的比例也下降了 2/3（世界银行，2013）。然而，该活动未能惠及农村地区极端贫困人群，那里仍有 65%的人口依靠固体燃料生火做饭。

在所有东南亚国家，电力普及的情况稍许乐观。文莱、马来西亚、新加坡、泰国和越南 5 个国家已经实现或绝大部分实现全民用电。而在柬埔寨和缅甸，电力普及率依然很低，约 2/3 的人口无法实现家庭用电，主要靠煤油灯照明，效率低，不健康，释放出黑碳等高浓度有害物质。采用创新性商业模式推广电气化活动已在部分东南亚国家取得一定成功，如缅甸开展的有偿服务模式，让贫困用户只需支付少量电费，而无需为入网支付。柬埔寨成立了农村电气化基金会，目的就在于到 2030 年让 70%的人口都能用上电。

在新政策情景中，东南亚地区到 2040 年将基本实现电力的全面覆盖，这将降低煤油的消耗量。家庭排放的三种主要污染物也将减少，如图 9-6 所示。由于居民纷纷摒弃使用固体生物质，转而采用更高效的现代化能源，污染物的排放大为削减，其中减幅最大的是 $PM_{2.5}$，但是到 2040 年，各种污染物的排放量依然相当大。到 2040 年，建筑物的电力需求将增加两倍以上，但在电力生产过程中间接排放的 SO_2 和 $PM_{2.5}$ 将会减少。能源效率计划将减缓室内制冷和家用电器等终端用电量需求的增加。

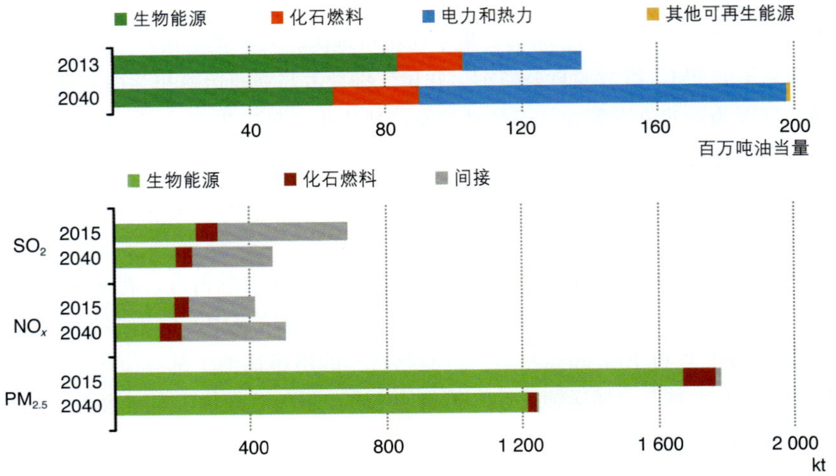

图 9-6　新政策情景中，东南亚地区的建筑物能源需求和不同燃料引起的污染物排放

资料来源：IEA，IIASA。

9.3　2040 年，更好的远景：清洁空气情景

新政策情景已经表明，东南亚地区在遏制日益增加的化石燃料使用对空气质量造成的不利影响方面，它取得了一定进展，但现有的政策和规划的政策都难以完全扭转污染物排放继续蔓延的态势。印尼是该地区拥有煤电厂最多的国家，在展望期内至 2040 年，因空气污染导致的预期寿命平均损失时间将从 16 个月降到 12 个月，但如今暴露于空气污染级别超过 WHO 中期目标 1（35 $\mu g/m^3$）的环境下的人口比重是 20%，到 2040 年仍是 20%，如图 9-7 所示。

在清洁空气情景中，东南亚地区经济发展迅速，用煤量一路上升，但及时落实更广泛更严格的空气质量政策和实施正确的能源行业规划仍有助于实现大幅减排。在印尼，到 2040 年，暴露于空气污染级别超过 WHO 中期目标 1 的环境下的人口比重将下降到零，80%以上的人口可以呼吸到符合 WHO 10 $\mu g/m^3$ 参考值的空气。到 2040 年，空气污染导致的预期寿命平均损失时间将降至 3 个月。

相对于新政策情景，东南亚地区 $PM_{2.5}$ 的排放量到 2040 年将跌落至 40 万 t，降幅达 85%。就当下来说，$PM_{2.5}$ 的最大来源是住宅，到 2030 年全面实现电力的普及，到 21 世纪 30 年代中期全面实现清洁灶具的普及，那么 $PM_{2.5}$ 的排放量到 2040 年将下降 90%，

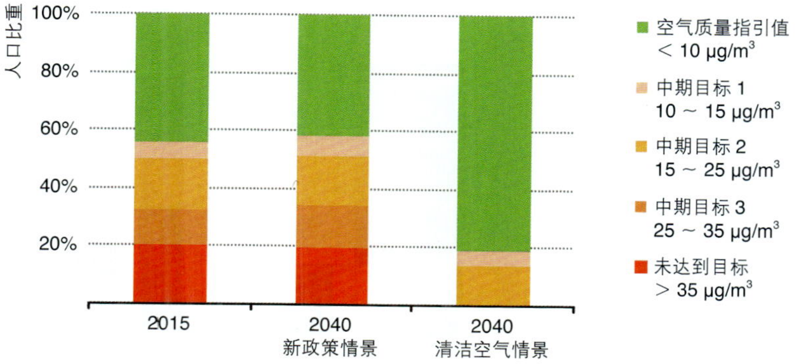

图 9-7　不同情景中，暴露于不同 PM2.5 浓度水平（以 WHO 目标为依据）的印尼人口

资料来源：IIASA。

降至 14 万 t。上述改善对室内空气污染的影响巨大：以印尼为例，由室内空气污染造成的早亡案例将从现在的 14 万例左右降到 2040 年的 4.5 万例左右，而这一数字在新政策情景中是 12 万例，如图 9-8 所示。

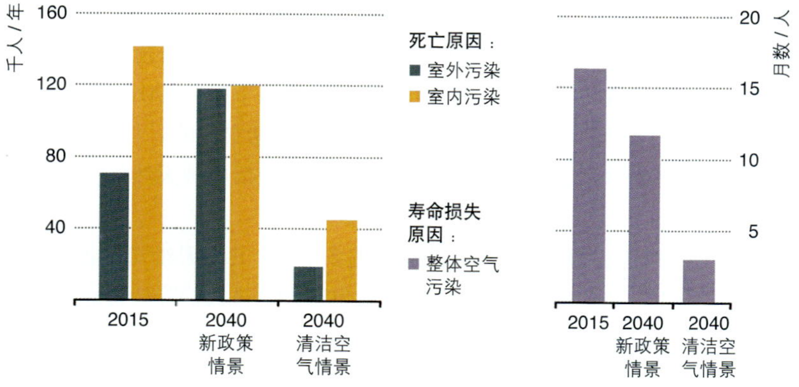

图 9-8　不同情景中，印尼的早亡案例和预期寿命损失时间

资料来源：IIASA。

相对于新政策情景，如图 9-9 所示，至 2040 年，工业、发电及运输部门的 $PM_{2.5}$ 减排量将占到 80% 以上。排放量降低的主要是重工业，尤其是钢铁和水泥制造业。到 2040 年，由于工业和转换部门将变成该区域最大的 $PM_{2.5}$ 排放源，反映出住宅领域的排放量将大幅降低，大约占能源相关 $PM_{2.5}$ 排放的 40%。如今电力业是东南亚 $PM_{2.5}$ 排放中一个相对次要的来源。但由于大部分燃煤发电厂位于人口密集的地区，如爪哇岛和越南北部，排放物对公共健康的危害十分严重；$PM_{2.5}$ 减排是实现清洁空气情景中健康承诺的一个重要因素。城市中汽车 PM 排放严重，因而进行城市减排也将有益健康。禁止二冲程发动

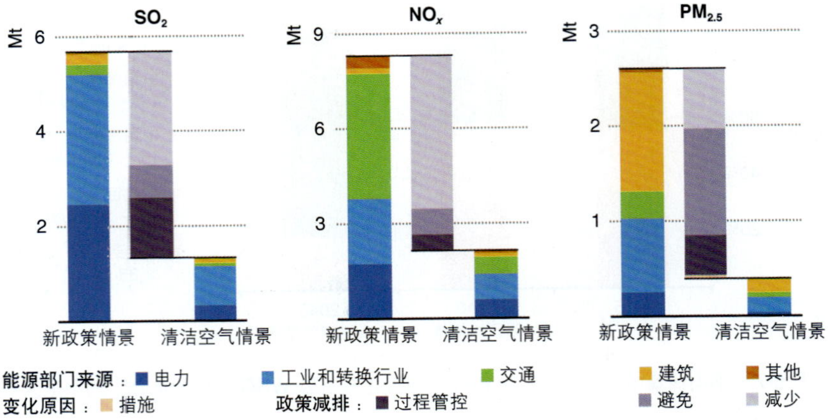

图 9-9　相对于新政策情景，清洁空气情景中，2040 年东南亚采取措施后的污染物减排量

资料来源：IEA，IIASA。

机摩托车上路，或提供替代的交通方式，如以电动自行车替代摩托车，都能极大地减少 $PM_{2.5}$ 的排放。

清洁空气情景要求，到 2040 年 SO_2 排放量应降低 2/3，从如今的近 4 Mt 降至 1.3 Mt，这相当于新政策情景（此情景中排放量持续增长）的 1/4。新政策情景规定，工业和转换部门的 SO_2 排放量将降低 1.9 Mt，电力业排放量将下降 2.1 Mt。电厂 SO_2 排放的下降，是由燃烧控制调节和发电组合多样元化的合力推动实现的。与新政策情景不同，清洁空气情景要求只能暂时将煤炭做为首要发电燃料，随后将被天然气和可再生能源长期取代。

截至 2040 年，东南亚的电力结构变的越来越多元化，其中天然气发电量占 34%；其次是可再生能源和煤炭，各占发电量的 32%。发电厂 SO_2 排放的降低将证明采用有力监管标准的效用，而标准主要用于限制尚未修建的 105 MW 的燃煤电厂（在 2040 年，占燃煤电厂的 3/4）。

2040 年，东南亚的 NO_x 排放下降到 2.2 Mt，相当于新政策情景水平的 1/4。至此，交通部门成为最大的 NO_x 排放源，占总排放量的 55%。清洁空气情景主要通过对重型车辆（载物货车和公共汽车）实施更严格的排放标准，实现 NO_x 排放量下降 90%（相对新政策情景而言），把交通部门在 2040 年 NO_x 排放总量中的占比降低到接近 1/4。新政策情景主要通过实施监管措施和提升效率来减排，工业 NO_x 排放将降低 60%。PM 和 SO_2 污染来源于固体和液体燃料的燃烧，燃煤发电也产生了大量的 NO_x 排放，2040 年，燃气电厂的 NO_x 排放量比新政策情景低了 10%，电力行业 NO_x 排放总量比新政策情景低了 2/3（主要是由于更严格的排放法规）。

由于燃气电厂数量日益增多，部分抵消了燃煤发电所减少的 NO_x 排放量，限制了电力行业的 NO_x 排放量相对新政策情景下降 2/3。

尽管清洁空气情景采取的政策措施主要是为了改善空气质量，但对于其他政策目标还有产生了衍生利益。提高终端使用效率、提高可再生能源使用率、降低煤炭在发电业的使用，对实现新政策情景中（见图 9-10）将 CO_2 排放于 2040 年降低 0.6 Gt 的目标起到很大的作用。相较于新政策情景，清洁空气情景中的化石燃料进口额要低 1 050 亿美元。

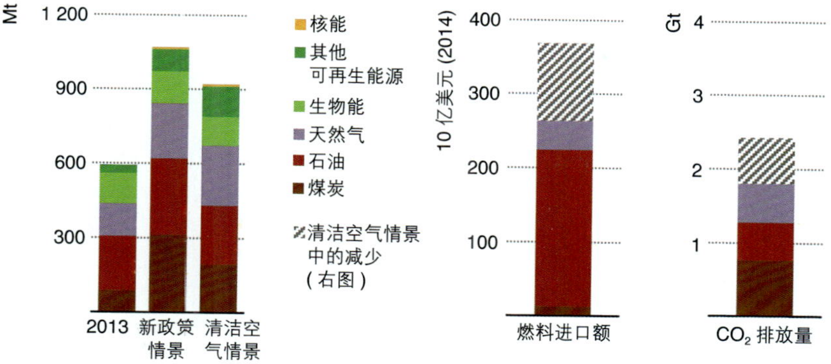

图 9-10　不同情景中 2040 年东南亚能源需求和能源行业关键指标

注：不含出口收入。

交通部门效率的提高，也将减少石油进口的需求，到 2040 年，石油进口将减少约 950 亿美元。新政策情景中，2040 年煤炭进口支出将减少 120 亿美元，燃料转换意味着增加天然气进口，其进口额将提高约 40 亿美元。

参考文献

[1] BPLHD (Badan Pengeola Lingkungan Hidup Daerah) (2013), Kualitas Udara Ambien di Provinsi DKI Jakarta, 2013, www.bplhd.jakarta.go.id/statusdashboard/detail/id/36, accessed 21 April 2016.

[2] Chambliss S. and A. Bandivadekar (2014), "Opportunities to Reduce Vehicle Emissions in Jakarta", The International Council for Clean Transportation, www.theicct.org/sites/ default/files/publications/ICCT_Jakarta-briefing_20141210.pdf, accessed 21 April, 2016.

[3] Clean Air Asia (2011), "Road Map to Cleaner Fuels and Vehicles in Asia, CAI-Asia", Factsheet No. 17, www.cleanairasia.org/wp-content/uploads/portal/files/documents/16_Roadmap_ to_Cleaner_Fuels_and_Vehicles_in_Asia_0.pdf, accessed 3 June 2016.

[4] — (2016), Guidance Framework for Better Air Quality in Asian Cities: Guidance Area 1: Ambient Air Quality Standards and Monitoring, Clean Air Asia, Pasig City, Phillipines.

[5] Firdaus, R. (2013), Benefits of Green Space for Air Quality Improvement and GHG Emissions Reduction in Jakarta, www.hdl.handle.net/2105/1.

[6] IEA (International Energy Agency) (2015), Southeast Asia Energy Outlook: World Energy Outlook Special Report, OECD/IEA, Paris.

[7] Safrudin A., A. Palguna and V. Adrison (2013), Cost-Benefit Analysis for Fuel Quality and Fuel Economy Initiative in Indonesia, Ministry of Environment, Jakarta, Indonesia.

[8] UNEP (United Nations Environment Program) (2015), "Status of Fuel Quality and Light- Duty Vehicle Emission Standards in East Europe, the Caucasus and Central Asia" , www.unep.org/Transport/new/PCFV/pdf/Maps_Matrices/CEE/matrix/CEE_Fuels_Vehicles_ June2015.pdf, accessed 7 June 2016.
[9] World Bank (2013), East Asia and Pacific Clean Stove Initiative Series: Indonesia Toward Universal Access to Clean Cooking, World Bank Group, Washington, DC.

第 10 章　非洲

• 非洲面临多重发展和环境挑战，其根源在于人口贫困和严重的人口健康负担。来自能源领域的空气污染逐渐成为一项主导的风险因素。在撒哈拉以南非洲地区，4/5 的人口依赖传统的固体生物质进行烹饪，蜡烛和煤油灯被广泛用于室内照明。与缺乏使用现代能源服务密切相关的家庭空气污染每年造成撒哈拉以南非洲地区大约 50 万人早亡。日益阻塞城市的车辆未经排放标准管制，通过使用备用发电机和普遍的废料燃烧来缓解电力供应短缺和不可靠。

• 新政策情景对非洲 2040 年的展望喜忧参半。即使总体上缺少现行政策措施以减轻空气质量负面影响，这与预计增长 75% 的能源需求相关，这也意味着截至 2040 年，非洲的 $PM_{2.5}$ 排放几乎增长 1/5，但因现代能源的使用，每年因室内污染而早亡的人数有所改善，减少了 11 万人。截至 2040 年，依赖传统烹饪方法的比例从当前的 68% 下降到 1/3，而未使用电力的人的比例从 57% 下降到 25%，超过 10 亿多人享有电能。这段时期的发电量预计达到当前水平的 3 倍。截至 2040 年，可再生能源（不包括生物质）将提供总量的 1/3，是当前份额的 2 倍。尽管有一些改善，但强劲的人口增长使得 6.55 亿人仍然无法使用清洁炉灶，5 亿人无法享用电能，这致使 2040 年仍然有 36 万多人因室内空气污染早亡。

• 与新政策情景相比，清洁空气情景 2040 年 $PM_{2.5}$ 的排放量下降将超过 80%，这主要是由于能源实现了普遍使用。就新政策情景而言，由于交通、工业和电量排放标准的引进，SO_2 排放将下降一半以上，NO_x 排放将下降 3/4。相比之下，截至 2040 年，清洁空气情景可以减少每年来自室内空气污染造成的 22 万人的早亡。与新政策情景相比，清洁空气情景全部的一次能源需求减少了 1/4；能源使用效率提升，所有化石燃料消耗下降，结果是 2040 年的 CO_2 排放从新政策情景中的 1.8 Gt 下降到 1.5 Gt。

10.1 能源与空气质量背景

非洲部分地区正经历相对强劲的经济增长。自 2000 年以来，撒哈拉以南非洲地区的经济产出翻了一番，但总量仍低于德国，尽管人口超过德国 10 倍以上。整个非洲大陆总体的人均国内生产总值在过去 10 年里增长了 1/4。非洲大陆的人口在迅速增长和城市化，与 1971 的 10% 和今天的 16% 相比，2040 年非洲人口预计将占全球人口的 22% 左右。非洲是当今世界最多乡村的大陆（只有大约 40% 的人口居住在城市地区），但也是城市化进程最快的世界区域之一——截止到 2040 年，预计超过一半的人口将居住在城市地区。

自 2000 年以来，非洲能源需求已经增长了一半，尽管人均能源需求仍低于世界平均水平的 1/3。生物质在能源结构中占主导地位，占据非洲几乎一半的能源需求，并占据撒哈拉以南非洲地区（不包括南非）高达 3/4 的份额。非洲大陆只有 1/3 的人口享受现代烹饪燃料——与印度的低水平相当，广泛使用生物质充当烹饪燃料。电能的获得也是世界最低的：当前 57% 的人口，大约有 6.35 亿人无法使用电能。非洲的人均电力消耗是全球平均水平的 1/5，国家之间有着巨大差异：几乎所有北非人都可以使用电，但在撒哈拉以南的非洲地区，只有 1/3 的人可以使用电，而农村人口则仅有 17% 可以使用电。仅尼日利亚就有 9 600 万人无法使用电。由于供应不足和基础设施老化（世界银行，2016）而定量配给，用电的人口也频繁的经历停电，尼日利亚平均每个月经历 33 次停电。电力供不应求导致许多非洲国家电力的成本显著高于世界其他地区（非洲发展银行，2013）。工业活动也因电价昂贵而受到损害。为了供应整个非洲大陆的电力而做出的积极努力并没有充分减少未使用电的人口数；自从 2000 年以来，虽然在北非和撒哈拉以南的国家，包括南非、加蓬、博茨瓦纳和加纳等国，无电人口数明显减少，但非洲仍是世界唯一无电人口数实际增长的地区。

化石燃料支配着电力生产，占电力供应总数的 80% 以上。南非从煤中获得 94% 的电力，并生产撒哈拉以南非洲地区将近 60% 的电量。南非也约占撒哈拉以南非洲地区总体石油消耗的 25%，尼日利亚所占比例也超过 20%，这意味着其余的 40 多个国家的总体石油消耗比荷兰还少。虽然国际上越来越多的人将目光聚焦在使用普遍清洁能源，例如非洲发展银行的对于非洲能源的新政策，但很显然根据对联合国 SE4All 的追踪，截止到 2030 年，其进度远远达不到清洁能源的使用要求（IEA 和世界银行，2015）。

不断增长的能源消耗，集中的城市人口和能源使用的持续缺乏这些因素造成室内和室外空气污染不断增长。当前非洲大约有 50 万人的早亡可以归咎于室内空气污染，这是一个与缺乏使用现代能源息息相关的健康问题。使用传统的生物质烹饪导致严重的 $PM_{2.5}$ 排放，照明蜡烛和煤油的使用亦是如此，许多家庭因无法使用可靠电力或替代解决方案而使用煤油，而它正是一半非洲国家主要的照明燃料，也是许多家庭火灾伤亡的重大来源（WHO，2016）；例如太阳能援助、全球离网照明协会以及照亮非洲这些项目正在促进使用太阳能灯具，这有助于淘汰照明燃料的使用。

的确，今天非洲每年排放 750 万 t 的 $PM_{2.5}$，其中 3/4 几乎来自室内生物质的燃烧。

这些来源对空气质量造成的危害主要影响了非洲的贫困人口：虽然北非几乎不依靠传统的固体生物质烹饪，但撒哈拉以南的非洲地区仅有 1/5 的人口使用现代烹饪燃料，还有 7.55 亿人使用固体生物质烹饪，这些人通常在没有烟囱并且通风不良的地方使用低效率的炉灶。撒哈拉以南超过 4/5 的国家，超过一半以上的人口依靠固体生物质进行烹饪，并且这些人口中的一半比例超过 90%。有几个国家已经实施方案来推广更清洁高效炉灶的使用，旨在减少室内烟雾对人们的健康影响。肯尼亚计划在 2022 年前淘汰使用家庭煤油，并已在城市地区使用改善过的生物质烹饪用炉。肯尼亚还通过了一项法律，要求新的建筑物安装太阳能热水系统。塞内加尔的政策强力支持改用液化石油气（LPG），并且现在少于 30% 的城镇人口使用固体生物质。其他国家，包括加纳和喀麦隆在内，也做出了承诺，增加石油气用于烹饪的比例，并制定相关的政策措施。然而，必须承认仅仅提升整体收入还不足以导致增加清洁燃料的使用，这一问题（第三章，聚焦点）将可能在人口聚集区恶化，并且当今市场上的生物质炉灶虽有改进，传统的烹饪方法取得改善，但仍会产生足够多危害健康的 $PM_{2.5}$。

在非洲，室外污染造成的死亡数在 2012 年以后每年超过 21 万人（WHO，2016a），这个数据低于家庭空气污染的 50%。由于经济活动有限，非洲室外污染的浓度相对于世界其他地区较低，但新经济活动区的排放强度较高。当前的室外空气污染的主要来源包括旧的和不受管制的车辆、室内及室外使用生物质造成的烟雾、不受管制的木材和废料的燃烧（包括有毒物质的燃烧，比如电子设备）、泥土路的灰尘还有燃煤发电等，这一情况在南部非州更为严重。为补充电网建设不足的电力供应，备用柴油发电机的使用（包括在住宅 / 公寓中一种未知但数量大的小型发电机）也是有害物质排放的原因之一（IEA，2014）。测量整体的室外污染是一个巨大的挑战：大多数非洲国家并不存在空气质量监测。对于监测到的非洲城市，可吸入 PM_{10} 和 $PM_{2.5}$ 年平均量超过世界卫生组织空气质量准则所有案例的水平（WHO，2016b）。卫星图像研究表明（Donkelaaer van 等，2015），在 2010 – 2012 年间，32% 的西部非洲和 28% 的北部非洲和中东部人口吸入的 $PM_{2.5}$ 超过 WHO 中期目标 1 规定的 35 μg/m³，而高收入国家该人口数为零。

2015 年，非洲 NO_x 排放量大约为 6.4 Mt，将近一半来自汽车尾气排放，1/4 来自工业。2015 年，非洲 SO_2 排放量为 5.8 Mt，42% 来自工业和转换行业、45% 来自发电厂，这很大程度上是南非燃烧煤炭造成的。整个非洲大陆已做出了一些努力，主要通过鼓励现代烹饪燃料的使用来减少 $PM_{2.5}$ 排放，如使用石油和天然气，但污染物排放量仍在上升，没有使用清洁炉灶的人数也在上升。然而，通过确立 2004 年国家环境管理空气质量法案，南非成为全面调节空气质量和排放标准的非洲国家之一，为新的和现有的发电厂和工业生产设备进行了限制。有效地遵守该规定仍然是南非面临的问题（正如世界许多地方一样）。

交通运输是非洲室外空气污染的主要原因之一。老旧的车辆与不断增长车辆总数、糟糕的燃料质量和快速却无规划的城市增长，导致了城市的日益拥堵。良好的城市规划及改善的公共交通系统能够减少道路上车辆的数量。提高燃料质量，特别是脱硫，是提升车辆尾气污染减排技术的一个必要步骤。本世纪初，含铅汽油大部分被淘汰，但燃油质量仍然在变化。尽管存在一些规定，但许多国家的柴油硫含量仍然很高：埃及的柴油硫含量达到 0.07% 超过欧洲标准 700 倍。只有少量的非洲炼油厂有能力生产低硫燃料，尽管炼油厂的健康效益价值远远超过其成本，但还是缺乏足够的投资动机。低质量的燃料不仅造成尾气排放，也阻碍了高汽车尾气排放标准的采用。这种标准的实施非常有限：仅尼日利亚和南非的排放标准达到或超过欧 2 标准的水平（1996 年在欧洲推出）。许多国家禁止进口，或施加关税于进口的旧车辆上，以阻止倾销过时和低效的车辆，但其低价格仍有很大的吸引力。车辆的超期服役和缺乏维护、地方法律执行不力和不一致的燃料质量，往往意味着测试标准（如果存在）与现实运作中的差距非常大。

10.2 2040 年空气质量展望：新政策情景

新政策情景对非洲 2040 年空气质量的展望喜忧参半：服务于 2040 年将近翻一番的人口、3.5 倍增长的经济，能源增长需求预计高于当前水平 75%。能源需求增长与缺乏清洁烹饪和电力供应有关，尽管取得一些进展，但现行政策缺乏对空气污染的调控，这造成 $PM_{2.5}$ 排放量增长 20%，NO_x 排放增长 50%，如图 10-1 所示。按绝对数量估算，$PM_{2.5}$ 也在增长，但人均水平则下降了 1/3。特别强调的是应在未来的 25 年内提供现代能源服务，以解除因缺乏及不稳定电力供应对经济增长的制约。在新的政策情景中，电气化人口将从今天 43% 扩大到 2040 年的 75%，与今天相比，将多出 1 亿多的人使用电力。这几乎

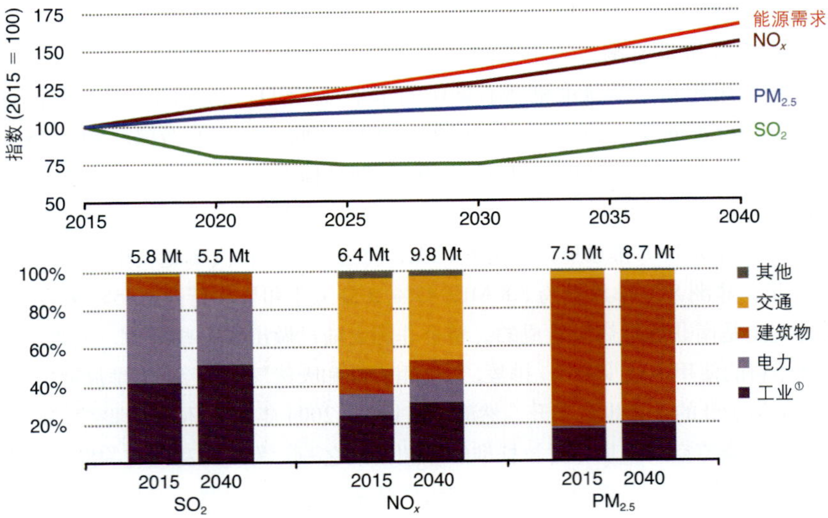

图 10-1 新政策情景中非洲能源领域和污染物的排放

注：① 包括转换行业（发电除外）。

资料来源：IEA，IIASA。

是现在电力用量的 3 倍，在 2040 年，可再生能源（不包括生物质）预计占电量的 1/3，是今天的两倍。

随着依赖传统生物质烹饪的人口比例由今天的 68% 到下降到 2040 年的 1/3，清洁烹饪的获得（包括改进的生物质炉灶和替代使用燃料比如液化石油气）也有所改善。尽管获得以上进步，但人口的增长则意味着未使用电力的人口数量并未下降；2040 年 6.55 亿人仍需依靠传统的生物质进行烹饪，略低于当前水平，然而，这也意味着额外 2.2 亿人需使用生物质及改进的炉灶进行烹饪。因此，尽管能源需求的生物质能比例从今天的一半下降到 2040 年的 1/3，但是在混合能源中生物能的绝对值增加了 1/3，与今天的 3/4 相比，2040 年有 2/3 仍然被用来烹饪。

用于烹饪的生物质的水平对 $PM_{2.5}$ 排放有影响。虽然未来生物质将用于改良的炉灶，但仍然是 $PM_{2.5}$ 排放的主要来源，新政策情景中，生物质到 2040 年将增加约 15%。这是由家庭使用生物质（50% 增长）烹饪而驱动的。$PM_{2.5}$ 排放量增长的 40% 左右来自于工业与转换部门，因为在整个非洲大陆（南非除外），这个区域的排放实际上没有受到现行或已发布政策的管制。撒哈拉以南非洲地区几乎完全要对 $PM_{2.5}$ 排放的增加负责。

截止到 2040 年，NO_x 排放量预计将增加超过 50%，从 6.4 Mt 增加到 9.8 Mt。现在交通领域是 NO_x 的主要排放来源，几乎占据一半的排放量。到 2040 年，货运活动将强劲增加 1.2 Mt NO_x 排放量（增加了 2/3）。工业和发电行业共同产生了当前 36% 的 NO_x 排放量，到 2040 年，其将推动增加近 60% 的 NO_x 排放量。与非洲其他国家相比，南非实现了 NO_x 排放量的下降，这是由于严格的运输业和发电的规定抵消了工业上 NO_x 排放量的增加。撒哈拉以南非洲地区的 NO_x 排放量翻了一翻，主要来自运输和工业领域。北非地区 NO_x 排放量增长了 1/4，主要来自工业活动。

与 NO_x 和 $PM_{2.5}$ 相反，从这个时期到 2030 年，SO_2 排放将会下降 1/4，主要是因为南非电力领域排放量的下降，抵消了非洲其他地区电力和工业领域的强劲增长。之后因为电力和工业活动超过了减排，SO_2 的排放量预计回涨到相当于今天的水平。电力需求的增长主要由天然气和可再生能源满足，而它们并不会释放 SO_2。2015 年建筑领域产生 10%SO_2 排放量，并且在展望期将会增加大约 20%。

10.2.1 发电领域前景

到 2040 年，整个非洲大陆的电力需求将增加 3 倍。截止到 2040 年，天然气仍将是第一位的电力来源。可再生能源强劲增长，在电力中的比例几乎快要超过天然气，成为电力的重要来源。非洲各国家电力行业的趋势差异较大，体现出了不同的经济发展阶段、自然资源优势、制度框架、人口趋势和经济增长前景。虽然撒哈拉以南非洲地区有优越的水力发电资源，但是地热、风和光伏也将充分促进未来的电力供应。当前南非约占非洲大陆燃煤发电的 90%。

南非电力结构中煤的主导地位促使《21 世纪中期电力污染物排放条例》的通过。它们于 2010 年生效，2015 年是第一阶段的中期目标。第二阶段要求 2020 年前所有工厂（现有的和新建的）遵守 $PM_{2.5}$ 排放 50 mg/m^3 的限制；NO_x 的限制为 750 mg/m^3，SO_2 是 500 mg/m^3，这表明相对中期目标有了显著的紧缩。未来几年，这些排放标准有望吸引大量的改造投资，尤其是 35 GW 的现有电厂和安装新控制技术的 10 GW 的在建工厂。

推进符合排放标准将促使 2020 年南非电力领域的 SO_2 排放减少 50%，2040 年煤电站的 SO_2 的排放几乎消失，如图 10-2 所示。截止到 2040 年，南非电力领域的 NO_x 和 $PM_{2.5}$ 排放分别减少了 40% 和 80%，主要是因为燃煤发电站执行了排放标准。没有排放条例的其他非洲国家（主要是非洲大陆的南部和东部地区）在新政策情景中扩大了燃煤发电，这导致污染物排放有着强劲的增长势头。当南非以外的地区与南非进行平均时，其发电的 $PM_{2.5}$ 排放可以忽略不计。然而，与 SO_2 一样，大规模发展燃煤发电、不执行空气质量条例将导致当地 $PM_{2.5}$ 高度集中。

由于非洲大陆的不同趋势，南非 SO_2 的减排因其他地区“黑”煤炭厂的增加反而削弱了，如图 10-2 所示。此外，非洲大量的 SO_2 排放来自油电站和柴油发电机。非洲石油发电占电力 SO_2 排放的 1/5，而在 2040 年这个比例会增加到 1/4。目前非洲天然气发电占电力 NO_x 排放的 1/5。

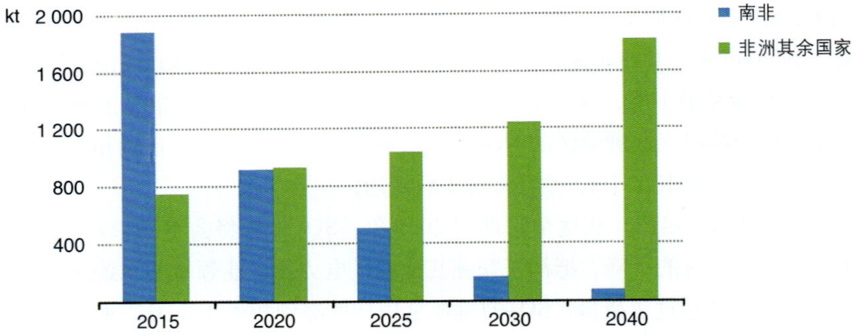

图 10-2 新政策情景中非洲电力领域 SO_2 的排放

资料来源：IEA，IIASA。

然而，天然气发电产量的提高与天然气发电国家 NO_x 监管条例的缺乏，造成 NO_x 排放的强劲增长。到 2040 年，电力产生的 40%NO_x 排放将源于燃气发电厂。

10.2.2 工业和转换行业展望

在南非，相关规制对工业和转换行业的排放趋势有重大影响：截止到 2040 年，SO_2 排放几乎减少到 48 万 t（减少了 40%），而 $PM_{2.5}$ 排放减少到 12 万 t（减少了 4%）。然而，这些燃烧引起的 NO_x 的减排被过程相关的排放增长抵消了。总的来说，到 2040 年，工业和转换行业相关的 NO_x 排放将增加约 1.25 倍。

然而，整个非洲大陆并没有反映出南非的趋势。非洲其他地区在很大程度上不受监管，工业和转换行业造成的主要污染物排放从当前到 2040 年在都将有所增长，如图 10-3 所示。在未来 10 年左右，虽然南非的衰落减少了非洲整个 SO_2 的排放，到大约 2030 年，非洲其他地区的强劲增长会扭转这个趋势。2040 年，SO_2 的排放增加到 280 万 t，增长了 14%，是由钢铁行业驱动的。在 2040 年，与当前相比，$PM_{2.5}$ 排放增长到 170 万 t，增加了 40%，很大程度上是来源于过程相关的排放。NO_x 的增长是最强劲的，在规划期内翻了一番。$PM_{2.5}$ 和 NO_x 的排放增长主要是建筑活动相关的行业驱动的，例如钢铁和水泥行业，总共约占额外排放的 60%。当前水泥行业已经约占了整个非洲工业和转换行业造成的 $PM_{2.5}$ 排放的 60%，它的排放将仍然是一个挑战。

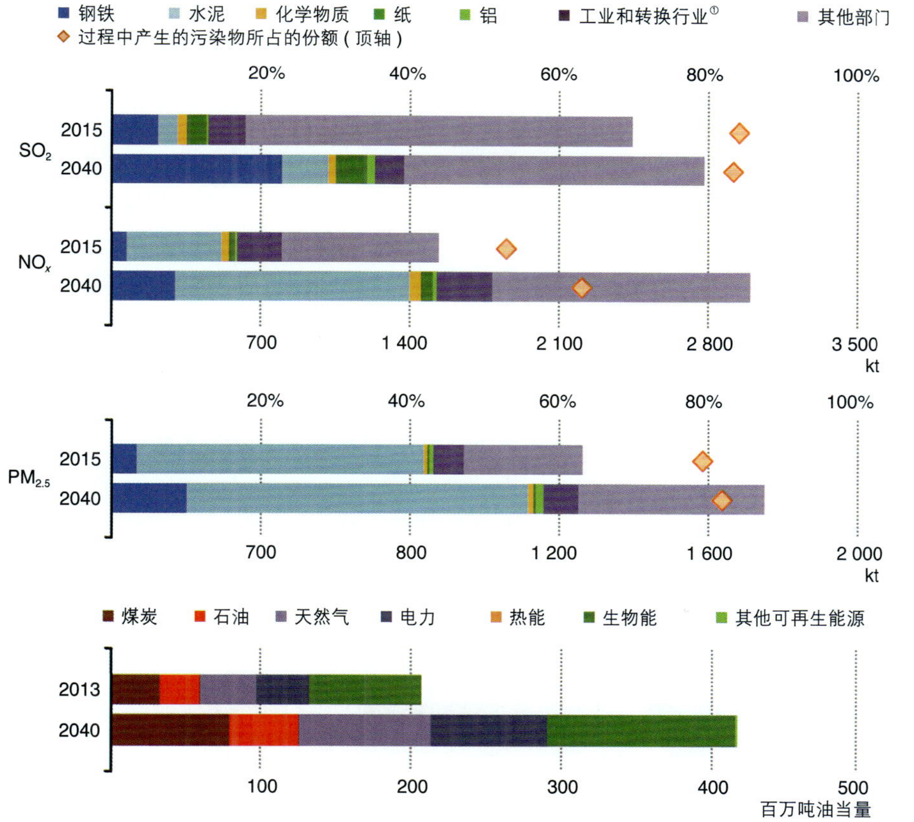

图 10-3　在新政策情景中，非洲工业和转换行业的空气污染物排放和能源组成

注：① 转换涉及到化石燃料生产（例如炼油、油气开采、液化天然气终端），但是不包括发电供热。工业和转换行业包括非能源使用（主要是石油化工原料）。

资料来源：IEA，IIASA。

10.2.3 交通运输领域展望

南非和尼日利亚是当前非洲仅有的实施车辆排放标准的国家。南非对轻型车辆实行汽车尾气排放标准 4，对重型车辆和火车实行汽车尾气排放标准 3，而尼日利亚对轻型车辆实行汽车尾气排放标准 2。虽然非洲大陆其他国家没有实行废气排放标准，但是如上提到的各国，都限制进口车辆的寿命或总里程，并对旧车辆征收额外的进口税。非洲各国车用汽油和柴油燃料许可的硫含量亦存在巨大区别，在 2008 – 2015 年之间，尽管许多非洲国家设定了目标以柴油燃料的硫含量降至 5×10^{-3}%，但几乎没有国家实现这个目标。城市糟糕的道路质量和交通拥堵进一步降低了空气质量。

交通运输领域中石油的使用是非洲空气污染的一个主要来源。在新政策情景中，交通运输需求与经济和人口增长保持同步。交通运输石油消耗增长了约 70%，道路货运的需求也增长很快。这对空气污染产生了直接的不良后果。当前 NO_x 排放是交通的最主要的污染物，有 300 万 t，是非洲与能源相关的 NO_x 排放的一半。载物货车几乎占了这些排放的 60%，到 2040 年这个比例将增至 70%，因为载物货车造成的 NO_x 增加了 2/3，如图 10-4 所示。约 90% 的载物货车排放的 NO_x 来自柴油。虽然到 2040 年，轻型车辆产生的 NO_x 排放强度减少了一半，但是载物货车的排放强度仅仅减少了 3%。交通的排放强度在整体上减少了 13%，并不足以抵消活动增加排放量。到 2040 年，因缺乏排放条例，公共交通污染将增加一半多。在不同非洲的区域中，南非的与交通相关的排放占非洲交通相关总排放的 15%，由于条例的成功实施抵消了活动增加的排放量，特别是在轻型商业车上取得的成就，让南非交通运输的排放实现净减少。南撒哈拉地区要为非洲大陆中能源相关排放的 100 万 t 的增加负责。交通领域的 $PM_{2.5}$ 和 SO_2 的排放分别占总排放的 4% 和 1%，是次要的关注点。按到 2040 年，计划中的燃料质量标准有助于进一步减少 4/5 的 SO_2。然而到 2040 年，来自交通领域的 $PM_{2.5}$ 排放增加了 2/5（主要来自载物货车）。

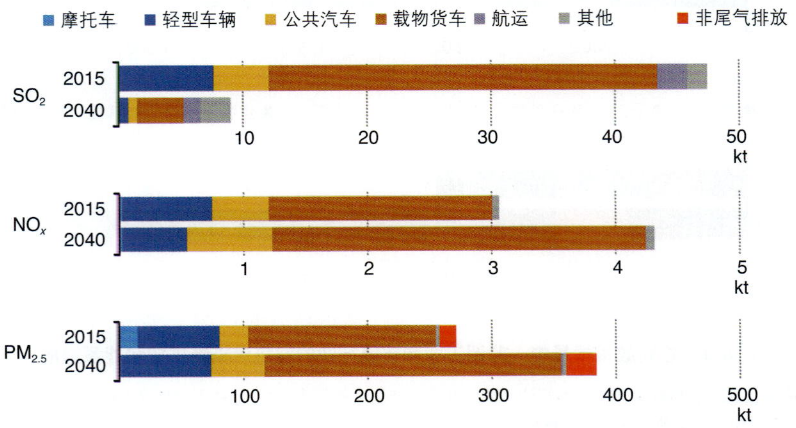

图 10-4 在新政策情景中，非洲交通相关的空气污染物排放

资料来源：IEA，IIASA。

10.2.4 建筑领域展望

缺乏清洁和现代化的能源是非洲许多地区发展的一个基本障碍。在撒哈拉沙漠以南的非洲地区，与发达国家的约 5% 相比，建筑领域约 80% 的能源消耗是因为烹饪。因此来自建筑领域的污染主要是家庭能源的使用—来自建筑物的约 90% 的能源需求和 98% 的 $PM_{2.5}$ 排放是由住宅部门引起的。在农村地区，固体生物质（主要是薪柴和农业废弃物）几乎完全用于烹饪，而在城市地区使用的是更多样化的燃料。在城市地区烹饪常用木炭，这造成森林砍伐和环境恶化。在南非，80% 的城市人口使用电力进行烹饪，但是在其他众多国家中，这个数字小于 5%。对于整个非洲大陆而言，建筑领域要对几乎 80% 的 $PM_{2.5}$ 排放负责。在传统的炉灶中固体生物质的不完全燃烧使得非洲建筑领域成为全世界 $PM_{2.5}$ 的主要排放地区，高于今天所有与能源相关的 $PM_{2.5}$ 排放的 15%。

在新政策情景中，到 2040 年，撒哈拉以南非洲地区约 10 亿人能够使用电力，而当前的数量大约只有这一半。即便如此，结合该地区的人口增长与世界其它地区的发展而言，该地区将成为世界上未使用电力的主要区域，承载着世界上 90% 的无电人口。这意味着，到 2040 年尽管有很多离网照明项目，但是撒哈拉以南非洲地区（主要在农村地区）仍然有 5 亿人无法使用电力，继续依靠煤油灯。虽然城市地区的前景不同，但农村地区（由于清洁炉灶使用较少致使消耗更高）依靠薪柴烹饪的人数在新政策情景时期几乎没有变化。收入的增加，只引起了烹饪燃料和使用技术的小幅提升。在新政策情景中，与建筑领域相关的 3 种污染物的排放略有增加，如图 10-5 所示。与电力使用相关的间接的 NO_x 的排放也增加了，这是由于 4 倍的电力需求了抵消更低的排放强度。许多与家庭能源使用相关的排放仍然是由生物能的燃烧引起的，尽管由于清洁烹饪计划的推广，截

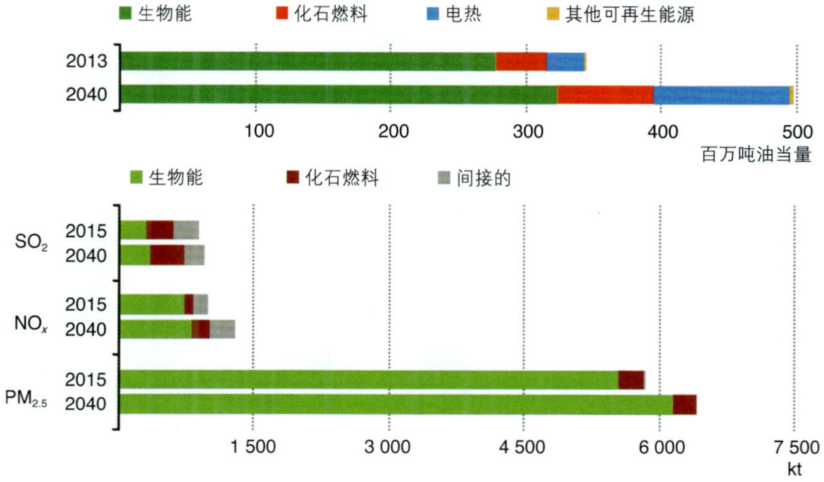

图 10-5　新政策情景中非洲建筑的能源需求和燃料相关的污染物排放

资料来源：IEA，IIASA。

止到2030年生物能增长趋于平稳。通过前景展望，缺乏清楚明确的加热烹饪炉灶质量标准的政策、广泛分布的人口的增加、以及继续依靠固体生物质烹饪等，都意味着与家庭能源使用相关的污染仍是非洲一个重要问题。

10.3 2040年，更好的远景：清洁空气情景

对于非洲增长的人口，可以采取很多措施来改善空气质量。在清洁空气情景中，能源获得的进步和燃料技术的规定将使得暴露在空气污染危险中的人数减少，空气污染的整体浓度减少，对人口带来实质性的健康效益。这些益处尤其可以从室内空气污染致使死亡数的减少来判断。撒哈拉以南地区清洁烹饪程度是当今世界上最低的，与2040年的新政策情景相比，每年有低于22万人因为家庭空气污染而早亡，2015年这个数字为33万人，减少了约70%。

清洁空气情景取得的健康改善是本报告中所考虑的三种污染物减少的结果，如图10-6所示。$PM_{2.5}$和NO_x都大幅减少，然而在新的政策情景中它们却增加了。在2040年，相对于新政策情景，清洁空气情景中的$PM_{2.5}$排放低了80%。这样大程度的排放量的改善是广泛使用现代能源的直接结果。到2040年，无电人口减少到零，然而在新政策情景中，2040年仍有5亿人口无法使用电。使用电力额外容量增加的超过60%是来自于离网和小型网格系统，其余来自于电网的延长和扩展。同样，额外的6.5亿人使用改良的炉灶，到2040年在非洲普遍使用清洁烹饪。超过1亿的额外液化石油气炉灶在城市地区发展起来，这个数字在农村达到9 000万，随之而来的是基础设施和燃料供应网络对液化石油气的需求。用于住宅区的传统生物质消耗量从今天的2.7亿t油当量减少到2040年的1亿t油当量。与新政策情景相比，清洁空气情景在达到全部使用清洁烹饪技术上，要求

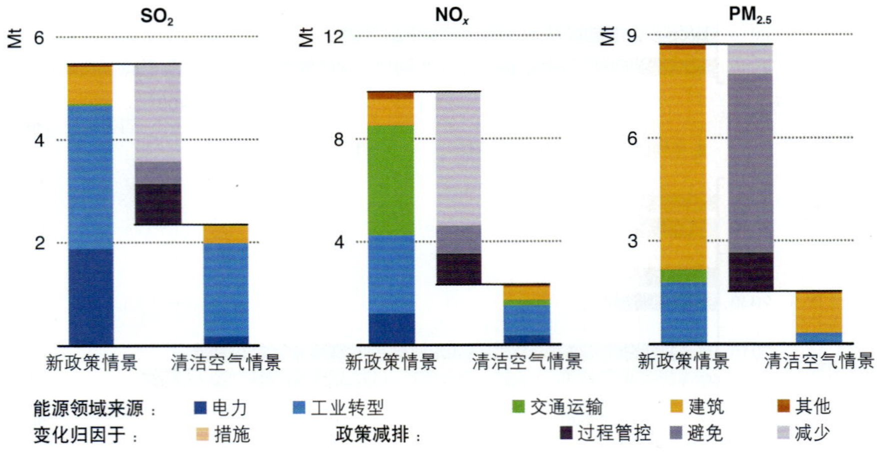

图10-6 相对于新政策情景，在清洁空气情景中，2040年非洲采用措施后的污染物减排量

资料来源：IEA，IIASA。

从现在到 2040 年的平均每年的投资翻一番（2040 年的新政策情景中并没有达到全部使用）。与新政策情景相比，清洁空气情景要求达到普及使用电力的投资也翻一番，每年总计达到 170 亿美元。

几乎 3/4 的 $PM_{2.5}$ 减排源于家庭的能源使用政策，而额外 20% 的 $PM_{2.5}$ 减排来自工业，相对于新政策情景而言，工业过程排放减少了 80% 多；其中 70% 的减排来源于更高效的水泥生产。相对于新政策情景，在清洁空气情景中，NO_x 的排放减少了 3/4（750 万 t）。低于 10% 的减排来自南非（它是目前遵循车辆排放标准的少数非洲国家之一），约 55% 的减排来自其余的撒哈拉以南的非洲地区（在清洁空气情景中，将执行更严格的标准），剩余的 1/3 来自北非。相对于新政策情景而言，全部的 NO_x 排放强度减少了 70%，交通运输领域的排放强度减少了 90%。相对于新政策情景而言，道路货运减排 300 万 t，私家车减排大约 30 万 t，公共交通减排约 65 万 t。超过一半的 NO_x 减排来自交通，电力领域减排了另外 15%。燃煤发电和燃气发电的污染管理措施实现了 35 万 t 的减排。建筑的有效能源的利用（由于使用了更高效的炉子）有助于进一步减排 55 万 t。剩余 NO_x 排放的一半是来自工业。

在清洁空气情景，SO_2 排放量下降近 60%，相对于新政策情景减排了 310 万 t。就 NO_x 的排放量来说，实现减排的主要手段就是排放管理条例，这是实现几乎 85% 减排（约 270 万 t）的原因。相对于新的政策情景，电力领域负责一半以上的减排。相对于新政策情景，燃煤发电的排放强度以 10 倍的系数减少，然而石油减少了 7 倍，这是由于在燃煤发电和燃油发电领域，使用了更多的可再生能源发电和更多的排放管理。与新政策情景对比，在工业和转换行业，更好的污染管理措施有助于减少 100 万 t 的 SO_2 排放。SO_2 减排主要来自撒哈拉以南非洲地区，不包括南非，因为南非在新政策情景政策下，在现有和规划中的政策下电力生产过程已经完成了脱硫。

除了健康效益之外，清洁空气情景预测了其他能源政策目标的额外利益，如图 10-7 所示。因为更有效率地使用能源，一次能源需求减少了 1/4：在 2040 年，相对于新政策

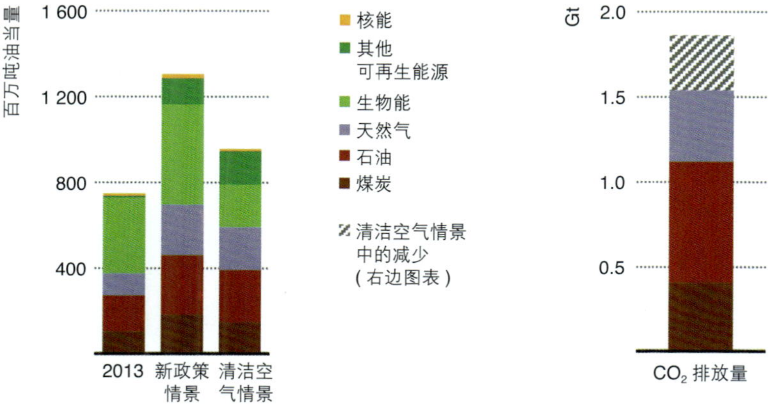

图 10-7　2040 年情景中非洲的能源需求和 CO_2 排放

情景，煤炭需求下降了 0.47 Gt 煤当量（18%）；石油需求每天下降了 80 万桶（13%）；天然气需求下降了 450 亿 m^3（16%）；生物质使用减少了 2.7 Gt 油当量（58%）。在一次能源需求中，在 2040 年，可再生能源的比例（生物质除外）从新政策情景中的 10% 增加到清洁空气情景中的 17%，就绝对值来说增加了 1/4。2040 年，生物能在全部能源需求中的比例从 36% 下降到 20%。能源的变化也促使了气候目标的达成：虽然截止到 2040 年，在清洁空气情景中，CO_2 的排放量从 1.1 Gt 增长到 1.5 Gt，这依然低于新政策情景中 CO_2 的 1.8 Gt 增量。

参考文献

[1] AfDB (African Development Bank) (2013), The High Cost of Electricity Generation in Africa www.afdb.org/en/blogs/afdb-championing-inclusive-growth-across-africa/post/the-high- cost-of-electricity-generation-in-africa-11496, accessed 30 May 2016.

[2] Donkelaaer van, A., et al. (2015), "Use of Satellite Observations for Long-term Exposure Assessment of Global Concentrations of Fine Particulate Matter" , Environmental Health Perspectives, Vol. 123(2).

[3] IEA (International Energy Agency) (2014), Africa Energy Outlook: World Energy Outlook Special Report, OECD/IEA, Paris.

[4] IEA and World Bank (2015), Sustainable Energy for All 2015 — Progress Toward Sustainable Energy, World Bank, Washington, DC.

[5] WHO (World Health Organization) (2016a), Air Pollution: A Global Assessment of Exposure and Burden of Disease, WHO, Geneva, forthcoming.

[6] — (2016b), Burning Opportunity: Clean Household Energy for Health, Sustainable Development, and Wellbeing of Women and Children, WHO, Geneva.

[7] World Bank (2016), World Development Indicators: Power Outages in Firms in a Typical Month, www.data.worldbank.org/indicator/IC.ELC.OUTG, accessed 30 May 2016.

附　录

索引

本附录提供了整个报告中所使用的专业术语的通用信息，其中包括：单位和通用转换系数，燃料、工艺和行业的定义，地区和国家分组，缩略词和首字母缩略词。

单位

面积	km^2	平方千米
煤	Mtce	百万吨煤当量（相当于 0.7 百万吨油当量）
排放	Mt	百万吨
	Gt CO_2-eq	10 亿吨 CO_2 当量（对于不同的温室气体，使用 100 年全球变暖潜能）
	g CO_2/km	每千米 CO_2 克数
	g CO_2/kWh	每千瓦时 CO_2 克数
能源	boe	桶油当量
	toe	吨油当量
	ktoe	千吨油当量
	Mtoe	百万吨油当量
	MBtu	百万英热单位
	kW · h	千瓦时
	MW · h	兆瓦时
	GW · h	吉瓦时
	TW · h	太瓦时
天然气	bcm	十亿立方米
	tcm	万亿立方米
质量	kg	千克
	kt	千吨
	Mt	百万吨
	Gt	吉吨
货币	\$ million 百万美元	1×10^6 美元
	\$ billion 十亿美元	1×10^9 美元
	\$ trillion 万亿美元	1×10^{12} 美元
石油	b/d	桶 / 天
	kb/d	千桶 / 天
	mb/d	百万桶 / 天
电力	GW	吉瓦

A

A 表 1-1　能源通用转换系数

转换为：	万亿焦耳	吉卡	百万吨油当量	百万英热单位	吉瓦时
从：	乘以：				
万亿焦耳	1	238.8	2.388×10^{-5}	947.8	0.2778
吉卡	4.1868×10^{-3}	1	10^{-7}	3.968	1.163×10^{-3}
百万吨油当量	4.1868×10^{4}	107	1	3.968×10^{7}	11 630
百万英热单位	1.0551×10^{-3}	0.252	2.52×10^{-8}	1	2.931×10^{-4}
吉瓦时	3.6	860	8.6×10^{-5}	3 412	1

注：对于桶油当量而言，目前还没有通用认可的定义；通常情况下，每吨油当量所使用的转换系数从 7.15 ～ 7.35 不等。

A 表 1-2　货币转换

汇率（2014 年平均数）	1 美元等于
英镑	0.61
人民币	6.14
欧元	0.75
印度卢比	61.74
印度尼西亚卢比	11 863.75
日元	105.69
南非兰特	10.84

定义

先进生物质炉灶：先进生物质炉灶是一种装有气化器的生物质炉灶，使用固体生物质，例如木屑和煤球。和目前大部分发展中国家在用的传统生物质炉灶相比，这些炊事设备排放量大为降低，效率大为提高。

农业：包括农田、林地和渔业中使用的所有能源。

大气污染 / 室外空气污染：大气 / 室外空气中存在的固体、液体和气体的浓度，对周围环境和人类造成负面影响。

生物能：指的是来自于生物质原料和沼气的固体、液体和气体产物中的能源含量。其中包括固体生物质、生物燃料和生物气。还包括用于运输的生物燃料以及用于发电和取暖的产品（例如：木屑、粒料和黑色液体）。城市固体废物和工业废料也包含在内。

炭黑：指的是由于化石燃料、生物燃料和生物质不完全燃料而形成的。它是颗粒物质中吸光能力最强的成分，是一种短期气候污染物。

建筑（领域）：建筑领域包括住宅（住户）、商业（例如：酒店、餐饮和商店）、机构大楼（例如：学校、医院和办公室）和非特定其他建筑物内使用的能源。建筑用能包括空间加热和制冷、水加热、照明、家电和烹饪设备。

燃油：包括国际海运燃油和国际航空燃油。

清洁烹饪设备：指的是比使用固体生物质（例如三石火）的传统烹饪设备更为安全、更为有效和更具有环境可持续性的烹饪设备。这些设备主要包括改进型固体生物质炉灶、生物气系统、液化石油气燃气炉灶、乙醇和太阳能炉灶。

燃气轮机联合循环（CCGT）：燃气轮机联合循环发电机由燃气轮机构成，通过余热蒸汽发生器（而非在简易循环涡轮中排气）将余热重新利用，进而生产额外电能。

除尘器：燃烧装置内颗粒物质最为有效的控制技术就是静电除尘器和纤维过滤器。静电除尘器通过静电吸附颗粒，利用电场将灰尘吸附到电极上。纤维过滤器有时也被称为“袋滤室”，它具有多孔过滤介质，能够从通过的废气中收集灰尘。

富营养化：指的是水体中营养物质含量过多引起藻类迅速繁殖，导致水体溶氧量下降，造成鱼类及其它生物大量死亡的现象。

烟气：指的通过烟道排放到大气中的气体，烟道指的是壁挂炉、烤箱、火炉、锅炉或者蒸汽发生器中用于排放废气的管道或者通道。通常情况下，烟气指的是电厂产生的燃烧废气。

烟气脱硫装置：指的是用于去除燃烧设备烟气流中的 SO_2 的控制技术装置（通常被称为洗涤器）。最常见的是湿式清洗器，它使用钙基吸附剂（通常使用石灰石）和 SO_2 发生反应，在专门设计的容器中产生石膏。用于控制 SO_2 的其他技术还包括：喷洒干式洗涤器、吸附剂注射或者循环流化床洗涤器。

住宅 / 室内空气污染：指的是对室内 / 住宅空气造成的化学、生物和物理性污染。

工业和转换（行业）：包括制造行业和建筑行业内所使用的燃料。关键的行业包括钢铁、化工和石化、水泥、造纸和铝业。一些将能源转化为其他形式或者用于生产燃料的行业也可以归入此类，这其中不包括发电和发热燃料。此外，此类燃料还包括化学原料行业内使用的非能源性燃料以及非能源性产品。运输货物时所消费的燃料可以归入运输领域，非公路用车消费的燃料也属于工业燃料。

国际航空燃油：包括国际航空领域内飞机的航空燃料。其中不包括航空公司相关公路车辆使用的燃料。根据起飞和着陆位置（而非航空公司所在国），可以确定国内和国际航班。许多国家错误地排除了国内自有航空公司在国际航班中所使用的燃料。

国际海运燃油：包括向国际航海船只提供的燃料。国际航海包括在海上、内陆湖、内陆航道及沿岸水域的航行。国内航行船只消费的燃料不属于此类别。国内、国际的划分依据是船只的出发港和目的港，而非船只所属国家。渔船及军舰消费的燃料也不属于此类别。

投资：所有的投资数据及其预测都反映了“隔夜投资”，即：所支出资本通常在生产（或者贸易）开始就已分配下去，而非其实际发生年份。对石油、天然气和煤炭的投资包括生产、转化和运输；电力行业的投资包括用于整修、改造、新建和更换所有燃料设施以及电网、微型电网和离网发电技术，以及输配电相关投资。2014 年的投资数据都以美元为单位。

现代能源利用：现代能源利用服务包括使用最低限度电力的住宅，使用更为安全、更具可持续性的炊具、加热燃料和炉灶的住宅以实现生产性经济活动的能源利用和公共服务能源利用。

新欧洲标准行驶循环（NEDC）：行驶循环用于评估客车每千米的平均燃料消耗和排放量，目前欧洲和联合国条例案文中采用了这一测试程序。

氮氧化物（NO_x）：NO_x 是具有毒性、高度反应性的气体族群。汽车、载物货车、各种非道路车辆、电厂、工业锅炉、水泥炉和涡轮机都可以排放出氮氧化物污染物。

NO_x 控制：使用低 NO_x 燃烧器和空气分级燃尽风是减少燃烧装置 NO_x 排放的主要措施。本质上而言，这些技术通过控制氧气流量和适合的燃烧温度来减少 NO_x 的生成。后燃 NO_x 控制技术可以添加到原有措施中来提高 NO_x 的控制效果。选择性催化还原法和选择性非催化还原法是目前最为常用的技术。这些技术使用化学试剂（通常为氨气或者尿素）来处理烟气，使之和 NO_x 发生反应，形成分子氮。

臭氧（O_3）：是一种具有高度反应性的氧气，其分子中含有三个原子。它是低层大气的一种主要空气污染物（地面臭氧，但是对于高层大气（臭氧层）而言，它却是一种有益的成分）。

颗粒物质（PM）：指的是固体 / 液体有机物和无机物的混合物，它也是一级或者二级污染物。颗粒物质由多种成分构成，其中包括各种酸（例如硝酸和硫酸）、有机化学物质、金属、泥土或者灰尘颗粒。

过早死亡：指的是由于一些风险因素，或者即使已经排除的风险因素，认为本可以避免，但是没有避免的死亡现象。所有的死亡都要平等对待，无论年龄大小。

固体生物质：包括木炭、薪柴、粪肥、农业残渣、废木以及其他固体废物。

二氧化硫（SO_2）：指的是一种无色、具有强烈刺激性气味的有毒气体。SO_2 在自然界中的存在形式为火山气体，含硫燃料在燃烧时会形成大量的 SO_2。

硫氧化物（SO_x）：泛指硫元素和氧元素的若干化合物。

三元触媒转换器：一种减排技术，这种技术通过氧化反应将 CO 和未经燃烧的碳氢化合物转化为 CO_2 和水，并通过还原反应将 NOx 转化为氮气和氧气。

一次能源需求总量（TPED）：包括发电和其他能源行业（电力和发热除外）、终端消费总量终端消费总量（TFC）（电力和发热除外）。TPED 不含来自加热泵或者电力贸易中的大气热能。涉及 TFC 的领域包括工业、交通、建筑（住宅、服务和非指定的其他建筑）以及其他领域（农业和非能源利用领域）。

固体生物质的传统用途：固体生物质的传统用途指的是通过基础技术使用固体生物能，例如三石火，通常不带或者带有性能较差的烟囱。

交通运输：在国家领土范围内运输货物或者乘客而使用的燃料，无论运输活动出现在哪些经济领域，包括公共道路车辆或者轨道车辆使用的燃料；国内航船使用的燃料；国内航空飞机使用的燃料；通过管道系统输送燃料所消耗的能源。国际海运和航空采用的燃料不分国界。

世界轻型汽车测试规程（WLTP）：用于评估每辆乘用车每千米平均燃料消耗和排放的测试程序，其中包括最新研发的循环测试（指的是 WLTC 世界轻型汽车测试循环）。2014 年，世界车辆法规协调论坛（WP.29）首次核准了世界协调轻型测试程序，并得到了进一步发展，在不久的未来将会成为轻型汽车测试的全球参考标准，从而逐步取代特定区域循环测试，例如：新欧洲标准行驶循环（NEDC）。

生命损失年数（YLL）：指的是由于过早死亡而造成的潜在减寿年数（相对于给定预期寿命所做的评估）。因此，生命损失年数考虑死亡年龄，并对于年轻年龄分配较高的权重，对于较大年龄分配较少的权重。

地区划分和国家分组

非洲：阿尔及利亚，安哥拉，贝宁，博茨瓦纳，喀麦隆，刚果，科特迪瓦，刚果共和国，埃及，厄立特里亚，埃塞俄比亚，加蓬，加纳，肯尼亚，利比亚，毛里求斯，摩洛哥，莫桑比克，纳米比亚，尼日尔，尼日利亚，塞内加尔，南非，南苏丹，苏丹，坦桑尼亚联合共和国，多哥，突尼斯，赞比亚，津巴布韦，津巴布韦和其他非洲国家和地区[1]。

里海国家地区：亚美尼亚，阿塞拜疆，格鲁吉亚，哈萨克斯坦，吉尔吉斯斯坦，塔

---

[1] 个别数据无法获取，预计总共包括：布基纳法索、布隆迪、佛得角、中非共和国、乍得、科摩罗、吉布提、赤道几内亚、冈比亚、几内亚、几内亚比绍共和国、莱索托、利比里亚、马达加斯加、马拉维、马里、毛利塔尼亚、留尼旺、卢旺达、圣多美和普林西比民主共和国、赛舍尔、塞拉利昂、索马里、斯威士兰、乌干达和西撒哈拉。

A

吉克斯坦，土库曼斯坦和乌兹别克斯坦。

中国：指的是中华人民共和国，包括香港，澳门和台湾地区。

亚洲发展中国家和地区：孟加拉共和国，文莱达鲁萨兰国，柬埔寨，中国，中华台北，印度，印尼，朝鲜民主主义人民共和国，马来西亚，蒙古，缅甸，尼泊尔，巴基斯坦，菲律宾，新加坡，斯里兰卡，泰国，越南等[二]。

发展中国家和地区：发展中亚洲、中东、非洲和拉丁美洲地区分组。

东欧/欧洲大陆国家：阿尔巴尼亚，亚美尼亚，阿塞拜疆，白俄罗斯，波斯尼亚和黑塞哥维那，保加利亚，克罗地亚，格鲁吉亚，哈萨克斯坦，科索沃，吉尔吉斯斯坦共和国，拉脱维亚，立陶宛，前南斯拉夫的马其顿共和国，摩尔多瓦共和国，黑山共和国，罗马尼亚，俄罗斯联邦，塞尔维亚，塔吉克斯坦，土库曼斯坦，乌克兰和乌兹别克斯坦，因为统计方面的原因，这个地区也包括塞浦路斯[三、四]，直布罗陀和马耳他。

欧洲联盟国家：奥地利，比利时，保加利亚，克罗地亚，塞浦路斯[三、四]，捷克共和国，丹麦，爱沙尼亚，芬兰，法国，德国，希腊，匈牙利，爱尔兰，意大利，拉脱维亚，立陶宛，卢森堡公国，马耳他，荷兰，波兰，葡萄牙，罗马尼亚，斯洛伐克共和国，斯洛文尼亚，西班牙，瑞典和英国。

拉丁美洲国家：阿根廷，玻利维亚，巴西，哥伦比亚，哥斯达黎加，古巴，库拉索，多米尼加共和国，厄瓜多尔，萨尔瓦多，危地马拉，海地，洪都拉斯，牙买加，尼加拉瓜，巴拿马，巴拉圭，秘鲁，特立尼达和多巴哥，乌拉圭，委内瑞拉和其他非经合组织美洲国家和地区[五]。

㊀ 个别数据无法获取，预计共包括：阿富汗、不丹、库克群岛、斐济、法属波利尼西亚、基里巴斯、老挝、澳门（中国）、马尔代夫、新喀里多尼亚岛、帕劳群岛、巴布亚新几内亚、萨摩亚群岛、所罗门群岛、东帝汶和汤加、瓦努阿图。

㊁ 个别数据无法获取，预计共包括：阿富汗、不丹、库克群岛、斐济、法属波利尼西亚、基里巴斯、老挝、澳门（中国）、马尔代夫、新喀里多尼亚岛、帕劳群岛、巴布亚新几内亚、萨摩亚群岛、所罗门群岛、东帝汶和汤加、瓦努阿图。

㊂ 关于土耳其备注：本文件中提及“塞浦路斯”，指的是该岛的南部。塞浦路斯岛上没有任何机构代表土族塞人和希族塞人。土耳其承认北塞浦路斯土耳其共和国（TRNC）的合法地位。在联合国斡旋找到持久公平解决方案之前，土耳其应当保留其“塞浦路斯问题”立场。

㊃ 关于经合组织欧盟成员国和欧盟的备注：除土耳其之外，联合国所有成员国都承认塞浦路斯共和国的合法地位。本文件的信息涉及到塞浦路斯共和国政府有效控制的地区。

㊄ 个别数据无法获取，预计共包括：阿提瓜和巴不达、阿鲁巴岛、巴哈马群岛、巴巴多斯岛、伯利兹、百慕大群岛、博内尔岛、英属维尔京群岛、开曼群岛、多米尼加、福克兰群岛（玛尔维娜）、法属圭亚那、格林纳达、瓜德罗普岛、圭亚那、马提尼克岛、蒙特塞拉特岛、塞伯伊王国、圣尤斯特歇斯岛、、圣基茨与尼维斯联邦、圣卢西亚、圣文森特和格林纳丁斯、法属圣马丁、苏里南、特克斯和凯科斯群岛。

中东国家：巴林，伊朗伊斯兰共和国，伊拉克共和国，约旦，科威特，黎巴嫩，阿曼，卡塔尔，沙特阿拉伯，阿拉伯叙利亚共和国，阿拉伯联合酋长国和也门。

北非国家：阿尔及利亚，埃及，利比亚，摩洛哥和突尼斯。

北美洲国家：加拿大，墨西哥和美国。

经济合作与发展组织国家：澳大利亚，奥地利，比利时，加拿大，智利，捷克共和国，丹麦爱沙尼亚，芬兰，法国，德国，希腊，匈牙利，冰岛，爱尔兰，意大利，日本，韩国，卢森堡公国，墨西哥，荷兰，新西兰，挪威，波兰，葡萄牙，斯洛伐克共和国，斯洛文尼亚，西班牙，瑞典，瑞士，土耳其，英国和美国。由于统计原因，这个地区也包括以色列[㊀]。

东南亚：文莱达鲁萨兰国、柬埔寨、印度尼西亚、老挝、马来西亚、缅甸、菲律宾、新加坡、泰国和越南。这些国家都是东南亚国家联盟成员。

撒哈拉沙漠以南的地区：非洲地区分组，不包括北非地区分组。

缩略语

APEC：Asia-Pacific Economic Cooperation 亚太经合组织

ASEAN：Association of Southeast Asian Nation 东南亚国家联盟

BC：Black carbon 炭黑

CAAGR：Compound Average Annual Growth Rate 平均年递增率

CAFE：Corporate Average Fuel-Economy 公司平均燃料经济性

CAS：Clean Air Scenario 清洁空气情景

CCGT：Combined-Cycle Gas Turbine 燃气轮机联合循环

CCS：Carbon Capture and Storage 碳捕获与封存

CH_4：Methane 甲烷

CNG：Compressed Natural Gas 压缩天然气

CO：Carbon Monoxide 一氧化碳

CO_2：Carbon Dioxide 二氧化碳

CO_2-eq：Carbon-Dioxide Equivalent 二氧化碳当量

COP：Conference of Parties (UNFCCC) 缔约方大会（联合国气候变化框架公约）

CTG：Coal-To-Gas 煤制气

CTL：Coal-To-Liquids 煤制油

㊀ 关于以色列的统计数据由以色列当局提供。经合组织以及 / 或者国际能源署使用这些数据，不影响依据国际法规定的戈兰高地、东耶路撒冷和约旦河西岸以色列定居点。

EPA：Environmental Protection Agency (United States) 环保署（美国）

EU ETS：European Union Emissions Trading System 欧盟碳排放交易体系

EV：Electric Vehicle 电动汽车

FGD：Flue-Gas Desulfurisation 烟气脱硫

GAINS：Greenhouse Gas and Air Pollution Interactions and Synergies 温室气体—空气污染相互作用和协同效益模型

GDP：Gross Domestic Product 国内生产总值

GHG：Greenhouse Gases 温室气体

GTL：Gas-to-Liquids 天然气合成油

HDV：Heavy-duty vehicle 重型汽车

HFO：Heavy-Fuel Oil 重质燃油

IIASA：International Institute for Applied Systems Analysis 国际应用系统分析研究所

LCV：Light-Commercial Vehicle 轻型商用车

LDV：Light-Duty Vehicle 轻型车辆

LNG：Liquefied Natural Gas 液化天然气

LPG：Liquefied Petroleum Gas 液化石油气

MEPS：Minimum Energy Performance Standards 最低能效性能标准

NEDC：New European Driving Cycle 新欧洲标准行驶循环

NGL：Natural Gas Liquids 天然气凝液

NOX：Nitrogen Oxides 氮氧化物

NPS：New Policies Scenario 新政策情景

O_3：Ozone 臭氧

OECD：Organisation for Economic Co-operation and Development 经合组织

PLDV：Passenger Light-Duty Vehicle 轻型客车

PM：Particulate Matter 颗粒物质

PPP：Purchasing Power Parity 购买力平价

PV：Photovoltaics 光伏

R&D：Research and Development 研发

SME：Small and Medium Enterprises 中小企业

SO_2：Sulfur Dioxide 二氧化硫

SO_x：Sulfur Oxides 硫氧化物

TFC：Total Final Consumption 最终能源消耗总量

TPED：Total Primary Energy Demand 一次能源需求总量

UN：United Nations 联合国

UNDP：United Nations Development Program 联合国开发计划署

UNEP：United Nations Environment Program 联合国环境规划署

UNFCCC：United Nations Framework Convention on Climate Change 联合国气候变化框架公约

YLL：Years-of-life-lost 生命损失年

WEO：World Energy Outlook 世界能源展望

WEM：World Energy Model 世界能源模型

WHO：World Health Organization 世界卫生组织

WLTC：World Harmonised Light-Test Cycle 世界轻型汽车测试循环

WLTP：World Harmonised Light-Test Procedure 世界轻型汽车测试规程

A

致谢

该报告由国际能源署可持续性、技术和展望（STO）部门世界能源展望（WEO）团队与国际能源署其他部门合作编制。STO 部门主任 Kamel Ben Naceur 在整个项目中提供指导。该研究由 WEO 能源需求前景部门的负责人 Laura Cozzi 设计和指导。TimurGul 负责总体策划第 2 章和所有国家概况。WEO 能源供应前景部门负责人 Dan Dorner 和 Tim Gould 共同负责第 1 章和第 3 章。该报告的主要撰稿人为 Ali Al-Saffar、ElieBellevrat、Philippe Benoit、Stephanie Bouckaert、PierpaoloCazzola、Hannah Daly、Olivier Durand-Lasserve、Matthew Gray、Sixten Holm、Peter Janoska、Fabian Kesicki、Claudia Pavarini、Kristine Petrosyan、Jacob Teter、Johannes Truby、David Wilkinson 和 Shuwei Zhang。其他撰稿人为 Zakia Adam、Liwayway Adkins、Carlos Andrade、lanCronshaw、Araceli Fernandez Pales、Nathan Frisbee、Vincenzo Franza、BartoszJurga、Markus Klingbeil、AtsuhitoKurozumi、Paul Hugues、Rodolfo Lobato、Christophe McGlade、Luis Munuera、PawelOlejarnik、Rakyung Park、Andrew Seah、Toshiyuki Shirai、Benjamin Smith 和 Brent Wanner。Teresa Coon 提供必要的支持。

Robert Priddle 承担编辑责任。

该报告受益于国际能源署高级管理人员和同事们的宝贵意见、评论和反馈：Paul Simons、KeisukeSadamori、RebeccaGaghen、DuncanMillard、LaszloVarro、PaoloFrankl、BrianMotherway、Simon Bennett、Florian Kitt、ChristinaHood、JoergHusar、CedricPhilibert 和 涂建军。感谢国际能源署通讯和信息办公室帮助编制最终报告，尤其感谢负责发行的 Astrid Dumond 和负责绘图的 Bertrand Sadin。Debra Justus 担任技术编辑。

国际应用系统分析研究所（IIASA）的专家为该报告的主要撰稿人，尤其是 Markus Amann、Jens Borken-Kleefeld、Janusz Cofala、Chris Heyes、Gregor Kiesewetter、Zbigniew Klimont、Pallav Purohit、Peter Rafaj、Robert Sander 和 Wolfgang Schoepp。

国际能源署于 2016 年 3 月 10 日在巴黎组织召开国际专家研讨会，收集该研究需要的重要信息。研讨会的参与者提供了宝贵的见解、反馈和相关数据。

如果没有日本经济贸易工业部、联合国环境规划署清洁空气联盟、气候工作基金会和丰田集团提供的支持，这项工作不可能完成。

许多国际能源署以外的专家提供了资料，评论了本项研究的基本分析工作和 / 或审读了该报告。他们提出了很有价值的意见和建议。这些专家有：

Heather Adair-Rohani	世界卫生组织
Martin Adams	欧洲环境署（EEA）
Shardul Agrawala	经合组织（OECD）
Rosemary Albinson	嘉实多
Doug Arent	美国国家可再生能源实验室（NREL）
Glynda Bathan	亚洲清洁空气中心
Markus Becker	通用电气
Anshu Bharadwaj	科学、技术和政策研究中心
Daniel Bongardt	德国国际合作机构

Jose Ignacio Botello Martinez	西班牙雷普索尔石油公司
Michael Brauer	英属哥伦比亚大学
Nigel Bruce	利物浦大学
Lilian Busse	德国环境局（UBA）
Emanuela Colombo	米兰理工大学
Audrey De Nazelle	帝国理工学院
Hem Dholakia	印度能源、环境和水委员会
Carlos Dora	WHO 公共卫生和环境部门
Jane Carlos Dora	人人享有可持续能源（SE4ALL）
Mats Fredriksson	国际天然气联盟（IGU）
David Hawkins	美国自然资源保护委员会（NRDC）
Kebin He	中国清华大学
Michael Holland	计量经济学研究和咨询（EMRC）
Florent Journet-Cuenot	道达尔
Marlis Kees	德国国际合作机构
Jiang Kejun	中国能源研究所（ERI）
Michael Kelly	世界液化石油气协会
Shinichi Kihara	日本能源、贸易和工业部（METI）
Patrick Kinney	哥伦比亚大学地球研究所
Vincent Kitio	联合国人类住区规划署
Takayuki Kusajima	丰田汽车公司
Johan Kuylenstierna	约克斯德哥尔摩环境研究所
Elisa Lanzi	经合组织
Francisco Laveron	伊比德罗拉
Karine Leger	Airparif
Sunday Leonard	联合国环境规划署气候和清洁空气联盟
Magnus Lindgren	瑞典交通运输管理局
Christine Loh	中国香港环境部
Julio Lumbreras	西班牙马德里工业大学（UPM）
Rob Maas	荷兰国家公共卫生和环境研究所（RIVM）
Antonio Mediavilla-Sahagun	墨西哥环境秘书处（SEDEMA）
Frangois-Regis Mouton	GasNaturally
Lauri Myllyvirta	绿色和平组织
Ted Nace	CoalSwarm
Hermine Nalbandian Sugden	国际能源署洁净煤中心
Anthony Nyong	非洲开发银行（AfDB）
Ari Rabl	高等矿业学院

致谢

Mark Radka	联合国环境规划署（UNEP）
Veerabhadran Ramanathan	加利福尼亚大学
Anil Razdan	印度政府，电力部前秘书长
Alan Reid	欧洲石油行业协会
Teresa Ribera	可持续发展和国际关系研究所（IDDRI）
Matteo Vincenzo Rocco	米兰理工大学
David Rodgers	全球环境基金（GEF）
Deger Saygin	国际可再生能源机构（IRENA）
Christoph Schmidl	生物能 2020
Sumit Sharma	印度能源和资源研究所（TERI）
Jitendra Shaw	亚洲开发银行
Jeb Stenhouse	美国环境保护署
Jessica Strefler	波茨坦气候影响研究所
Brian Sullivan	国际石油工业环保协会
Kuniharu Takemata	J-Power
Eddy Van Bouwel	埃克森美孚
Thomas Verheye	欧盟委员会
Elisabetta Vignati	欧共体联合研究中心（JRC）
Qiang Yao	中国清华大学

在该研究中作出贡献的个人和组织并不负责其中的任何意见或判断。所有错误和遗漏由国际能源署单独负责。参与和协助本研究的个人和组织对本研究中涵盖的任何观点和判断均不承担任何责任。本报告的所有错误和缺漏均由国际能源署（IEA）负责。

我们欢迎任何人作出评论和提问问题。将问题和评论发送至：

Laura Cozzi
世界能源展望能源需求前景部主任
可持续性、技术和展望（STO）部门
国际能源署
地址：rue de la Federation
75739 Paris Cedex 15
France
电子邮箱： weo@iea.org

关于世界能源展望的更多信息请登录 www.worldenergyoutlook.org.